AF521806

Seeing the World Within

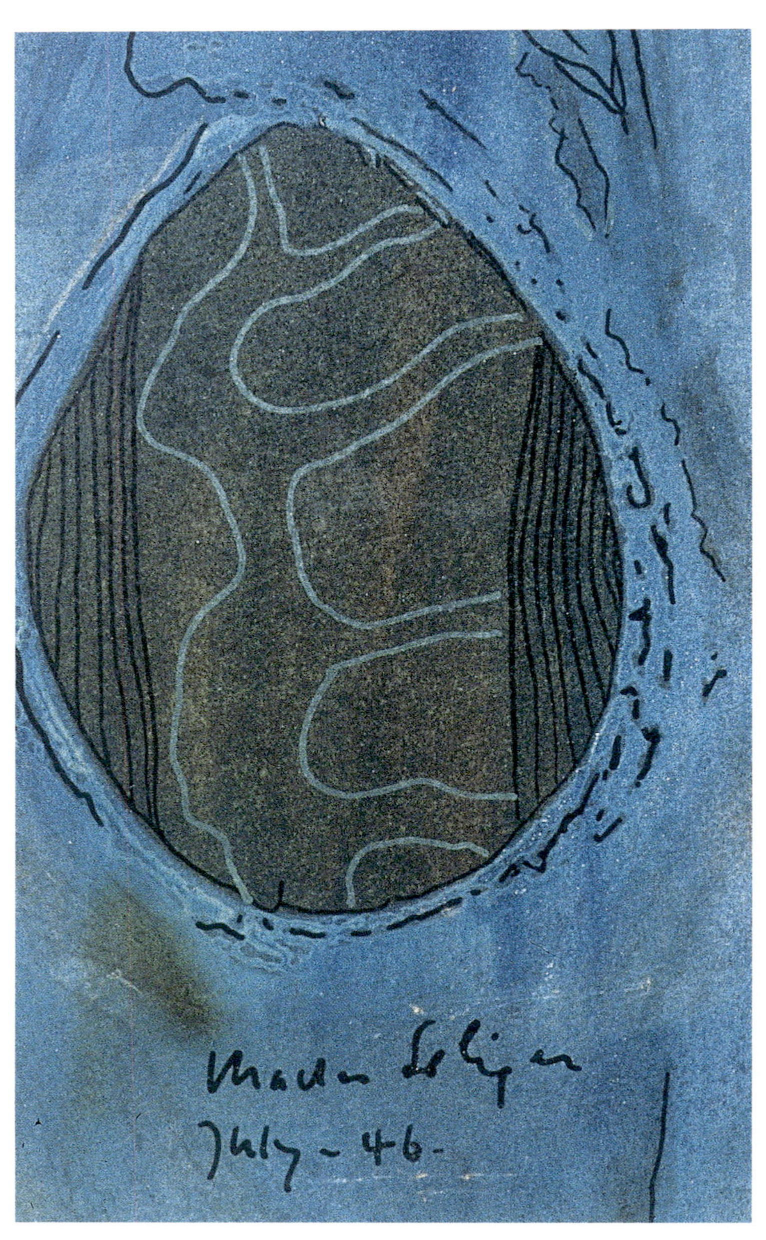

Seeing the World Within

Charles Seliger IN THE 1940s

JONATHAN STUHLMAN

MICHELLE DUBOIS

THE MINT MUSEUM

CHARLOTTE, NORTH CAROLINA

This book was published on the occasion of the exhibition *Seeing the World Within: Charles Seliger in the 1940s*, organized by The Mint Museum, Charlotte, North Carolina.

Mint Museum Uptown, Charlotte, North Carolina | 11 February – 29 April 2012
The Peggy Guggenheim Collection, Venice, Italy | 9 June – 16 September 2012
The Munson-Williams-Proctor Arts Institute, Utica, New York | 20 October 2012 – 20 January 2013

FRONT AND BACK COVER
Hidden Skeleton (*Scheletro nascosto*), 1945
Oil on canvas, 22 x 28 inches (55.9 x 71.1 cm)
Norton Museum of Art, Purchase R. H. Norton Trust, 2004.24

OPPOSITE TITLE PAGE
Natural History: Organic Forms (Plant and Animal) (detail)
Storia naturale: forme organiche (pianta e animale) (dettaglio), 1946
Watercolor and wax on illustration board, 18 ½ x 26 inches (47 x 66 cm)
Estate of Charles Seliger

Library of Congress Cataloging-in-Publication Data

Stuhlman, Jonathan.
Seeing the world within : Charles Seliger in the 1940s / Jonathan Stuhlman, Michelle DuBois.
pages cm
This book was published on the occasion of the exhibition Seeing the World Within: Charles Seliger in the 1940s, organized by The Mint Museum, Charlotte, North Carolina. Mint Museum Uptown at Levine Center for the Arts, Charlotte, North Carolina, 11 February-29 April 2012, The Peggy Guggenheim Collection, Venice, Italy, 9 June-18 September 2012, The Munson-Williams-Proctor Arts Institute, Utica, New York, 20 October 2012-20 January 2013.
In English and Italian.
Includes bibliographical references.
ISBN-13: 978-0-9831942-4-8
ISBN-10: 0-9831942-4-6
1. Seliger, Charles, 1926-2009--Exhibitions. I. DuBois, Michelle, 1963- II. Mint Museum of Art. III. Peggy Guggenheim Collection. IV. Munson-Williams-Proctor Arts Institute. V. Title. VI. Title: Charles Seliger in the 1940s.
ND237.S4374A4 2012
759.13--dc23
2011049220

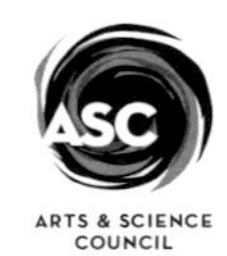

The Mint Museum is funded, in part, with operating support from the Arts & Science Council of Charlotte-Mecklenburg, Inc.; the North Carolina Arts council, a division of the Department of Cultural Resources; the City of Charlotte, and its members.

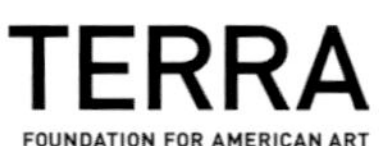

Seeing the World Within: Charles Seliger in the 1940s is made possible through support from the Mint Museum Auxiliary and awards from the Terra Foundation for American Art and The Dedalus Foundation, Inc.

Designed by Emily B. Walker
Edited by Emily D. Shapiro
Translated by Gianpaolo Battaglia
Printed and bound by Classic, Charlotte, NC

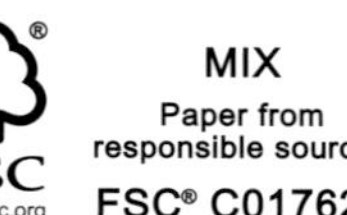

TABLE OF CONTENTS

INDICE DEI CONTENUTI

DIRECTORS' FOREWORD

This exhibition celebrates the remarkable body of work produced by the American artist Charles Seliger during the 1940s, the opening decade of his career. It traces his rapid evolution from a talented teenager to a mature, seasoned professional confident in his artistic vision and voice. It is rare to find an artist capable of producing such powerful, original paintings at so young an age. I have enjoyed the opportunity to learn more about Seliger and his art during my tenure at the museum. His dedication to his craft is truly inspirational. Through his paintings, Seliger offers viewers an invitation to slow down, look closely, and reflect upon the intricacy and complexity of the world around them.

The Mint Museum is proud to have organized and circulated *Seeing the World Within: Charles Seliger in the 1940s*, the first project to focus on this critical period in the artist's development as well as the first museum-generated loan exhibition of Seliger's work in more than thirty years. Endeavors such as this exemplify The Mint Museum's renewed commitment to scholarship and innovation. I am very pleased we were able to share this show with the Peggy Guggenheim Collection in Venice, Italy, and the Munson-Williams-Proctor Arts Institute in Utica, New York. Both are leading institutions in their field and both also have important historic connections to Seliger and his work. I am grateful to the directors of these museums, Philip Rylands and Paul Schweizer, as well as to their talented staffs, for being such wonderful partners.

Seeing the World Within will be on view in Charlotte alongside two other exhibitions also organized by the museum: *Double Solitaire: The Surreal Worlds of Kay Sage and Yves Tanguy* and *Gordon Onslow Ford: Voyager and Visionary.* Together these three projects, ably coordinated by the Museum's curator of American Art, Jonathan Stuhlman,

PREFAZIONE

La mostra celebra l'importante corpo di opere realizzato dall'artista americano Charles Seliger nel corso degli anni Quaranta, decennio di esordio della sua carriera. Intende tracciarne la rapida evoluzione da ragazzo di talento ad artista esperto e maturo, professionista sicuro di sé e della sua visione artistica. È raro trovare un artista capace di produrre quadri così potenti e originali in così giovane età. Ho avuto l'opportunità di imparare molto su Seliger e la sua arte durante il mio incarico al museo. La sua dedizione verso la propria attività è davvero di grande ispirazione. Attraverso i suoi dipinti, Seliger invita l'osservatore a dare attenzione al movimento lento, a guardare da vicino e riflettere sulla natura intricata e complessa del mondo che lo circonda.

Il Mint Museum è orgoglioso di aver organizzato e diffuso la mostra *Vedere il mondo all'interno: Charles Seliger negli anni Quaranta*, che è contemporaneamente il primo progetto che metta a fuoco questo periodo cruciale dello sviluppo dell'artista e, da oltre trent'anni, la prima mostra organizzata da un museo sull'opera di Seliger, con la presenza di opere in prestito. Tentativi come questo ben rappresentano il rinnovato impegno del Mint Museum verso la ricerca e l'innovazione. Sono davvero lieta che siamo riusciti a condividere questa mostra con la Peggy Guggenheim Collection di Venezia e con il Munson-Williams-Proctor Arts Institute di Utica, nello stato di New York. Due istituzioni di rilievo nel loro campo che hanno importanti collegamenti storici con Seliger e la sua attività. Sono grata ai Direttori di questi musei, Philip Rylands e Paul Schweizer, e ai loro straordinari collaboratori, per essere stati dei meravigliosi colleghi.

Guardare il mondo all'interno sarà visibile a Charlotte insieme ad altre due esibizioni organizzate dal museo: *Solitario doppio: i mondi surreali di Kay Sage e Yves*

constitute the first major examination of Surrealism and its impact ever presented in this region. I find it particularly fitting that they are among the first special exhibitions to be presented at the Mint Museum Uptown at Levine Center for the Arts. Their themes of risk-taking and visionary exploration seem well-matched to the aspirations of The Mint Museum, which is currently celebrating its 75th anniversary and looking forward to its next seventy-five years of bringing artistic excellence and leadership to the region.

Finally, I offer my thanks to those who have made this exhibition possible, particularly the Mint Museum Auxiliary, the Terra Foundation for American Art, and the Dedalus Foundation, as well as to all of those who generously support The Mint Museum and its endeavors.

DR. KATHLEEN V. JAMESON
President & CEO, The Mint Museum

It is with pleasure, and the conviction of absolute rightness, that the Peggy Guggenheim Collection, Venice, presents this exhibition dedicated to Charles Seliger. For many years until his death, Charles was the sole surviving artist to whom Peggy Guggenheim had given a one-man show in her celebrated New York gallery Art of This Century, from October 30 – November 17, 1945. He was nineteen years old at the time. No fewer than seven of the paintings exhibited then, some of which even belonged to Peggy, are included in this exhibition. Charles's recollections of the gallery, and of Peggy herself, of whose memory he was very fond, drew him close to the Peggy Guggenheim Collection's mission. We are glad to have the opportunity to offer our public a reprise of one of Peggy Guggenheim's exploits in her heroic New York period, and to exhibit great paintings from the 1940s, at once so original and yet characteristic of their time.

Before his exhibition at Art of This Century, Charles had earned the admiration and support of Howard Putzel, Peggy Guggenheim's friend and sometime secretary at Art of This Century. The Peggy Guggenheim Collection is grateful to Charles for his gift of a rare pencil portrait of Putzel—the only extant likeness of this talented man, who between 1940

Tanguy e *Gordon Onslow Ford: viaggiatore e visionario.* Questi tre progetti insieme, abilmente coordinati dal Curatore museale per l'Arte Americana, Jonathan Stuhlman, costituiscono la prima grande disamina sul surrealismo e sull'impatto che esso ha avuto e ha ancora oggi in questa regione. Trovo particolarmente appropriato che esse siano tra le prime mostre speciali ad essere presentate al Mint Museum Uptown del Levine Center for the Arts. I loro temi di esplorazione audace e visionaria sembrano ben combinarsi con le aspirazioni ideologiche del Mint Museum, che celebra quest'anno il suo 75° anniversario e che si augura, nei suoi prossimi settantacinque anni, di offrire alla regione eccellenza artistica e di rappresentare un punto di riferimento.

Rivolgo infine il mio ringraziamento a coloro che hanno reso possibile questa mostra, in particolar modo al Mint Museum Auxiliary, alla Terra Foundation for American Art e alla Dedalus Foundation, oltre a tutti coloro che hanno generosamente sostenuto il Mint Museum ed i suoi sforzi.

KATHLEEN V. JAMESON
Presidente e Amministratore delegato, The Mint Museum

È con piacere, e con assoluta convinzione, che la Peggy Guggenheim Collection di Venezia presenta questa esposizione dedicata a Charles Seliger. Per molti anni fino alla sua morte, Charles fu l'unico artista ancora in vita al quale Peggy Guggenheim offrì la possibilità di una mostra personale nella sua famosa galleria Art of This Century di New York, dal 30 ottobre al 17 novembre del 1945. In quel momento Seliger aveva diciannove anni. Almeno sette dipinti esposti allora sono stati inclusi in questa mostra, e alcuni di questi sono perfino appartenuti a Peggy. I ricordi di Charles di quella galleria d'arte e di Peggy stessa, alla cui memoria egli era legato con profondo affetto, lo hanno reso vicino alla missione della Peggy Guggenheim Collection. Siamo davvero felici di avere l'opportunità di offrire al nostro pubblico la replica di una delle imprese di Peggy Guggenheim durante i suoi anni eroici a New York, e di esporre magnifici dipinti degli anni Quaranta, al tempo stesso così originali e ancor'oggi caratteristici del loro tempo.

and his early death in 1945 was an influential hero of the New York avant-garde.

We would like to thank The Mint Museum and especially Jonathan Stuhlman, its Curator of American Art, for all it has done to create this exhibition, and for including the Peggy Guggenheim Collection in its tour. We would like to add our own expressions of gratitude to the Terra Foundation for American Art, and to all those lenders, private and institutional, who have made Charles's paintings available for loan to this exhibition. Finally we would like to thank Charles's widow, Lenore, for her husband's friendship towards the Peggy Guggenheim Collection.

PHILIP RYLANDS
Director, Peggy Guggenheim Collection

RICHARD ARMSTRONG
Director, Solomon R. Guggenheim Museum and Foundation

The relationship between Charles Seliger and the Munson-Williams-Proctor Arts Institute dates back more than a half century. One of the Institute's most important benefactors, Edward Wales Root, acquired eight of Seliger's paintings in 1949, leaving them to the Museum as part of his bequest of 227 works of art eight years later. His admiration for Seliger's art is reflected in the fact that only four other artists were represented by more works in the gift: Harry Bertoia (10); Charles Burchfield (21); George Luks (15); and Theodoros Stamos (16). Although the Institute has not hosted a solo exhibition of Seliger's work until now, the artist visited the museum in 1961, on the occasion of the first major exhibition of the Root Bequest.

Seliger's paintings have been on view at the Museum often since that 1961 exhibition, typically as part of the installation of the permanent collection and, more recently, as part of the 50th anniversary of the Root bequest, where they were much admired by our visitors. Seliger apparently developed a close relationship with Root during the short span of time that the two knew each other. He remembered Root as "probably one of the most superior art collectors" that he knew, and as "a remarkable, sensitive man . . . [who]

Prima della sua esposizione alla Art of This Century, Charles si era guadagnato la stima e il sostegno di Howard Putzel, amico di Peggy Guggenheim e per qualche tempo segretario alla Art of This Century. La Peggy Guggenheim Collection è grata a Charles per la sua donazione di un raro ritratto a matita di Putzel, l'unico tuttora esistente di quest'uomo talentuoso, che tra il 1940 e la sua morte prematura nel 1945 è stato un eroe di grande influenza dell'avanguardia newyorkese.

Vorremmo ringraziare il Mint Museum e soprattutto Jonathan Stuhlman, il suo Curatore per l'Arte Americana, per quanto ha fatto per realizzare questa esposizione e per aver incluso la Peggy Guggenheim Collection tra le sue tappe. Avremmo piacere di estendere la nostra personale gratitudine anche alla Terra Foundation for American Art e a tutti quei collezionisti, privati e istituzioni, che hanno concesso di prestare i quadri di Charles per questa esposizione Infine, vorremmo ringraziare la moglie di Charles, Lenore, per l'amicizia di suo marito verso la Peggy Guggenheim Collection.

PHILIP RYLANDS
Direttore, Peggy Guggenheim Collection

RICHARD ARMSTRONG
Direttore, Solomon R. Guggenheim Museum and Foundation

Il legame tra Charles Seliger ed il Munson-Williams-Proctor Arts Institute risale a più di mezzo secolo fa. Uno dei più importanti benefattori dell'Istituto, Edward Wales Root, acquistò nel 1949 otto quadri di Seliger, lasciandoli al Museo otto anni dopo come parte della sua eredità di 227 opere d'arte. La sua ammirazione per l'arte di Seliger si riflette nel fatto che solo altri quattro artisti erano presenti nella donazione con un maggior numero di opere: Harry Bertoia (10), Charles Burchfield (21), George Luks (15) e Theodoros Stamos (16). Sebbene l'Istituto non avesse mai ospitato un'esposizione personale della produzione artistica di Seliger fino ad oggi, l'artista visitò il museo nel 1961, in occasione della prima grande esposizione del Fondo Root.

followed your work with such devotion it was unbelievable." Their strength of their relationship was doubtless based in part on the fact that both men shared a deep love of the natural world: it is the dominant leitmotif of both Seliger's work and of Root's activities as a collector as well. After spending time with Root's widow in 1961, Seliger recorded in his journal his delight in the landscape around the Roots' home: "wonderfully raw yet cultivated rock gardens with loads of red apples lying where they fell and fine red clay all around," and its interior: "full of book and loads of odd natural forms: plants, rocks, minerals, fossils, etc.—pottery and the small painted stone I gave him."

Because of Seliger's connection to Root, the important role that the Root Bequest played in the development of the Institute's collection and identity, and the fact that many of the paintings by Seliger owned by the Museum fall within the chronological boundaries of the present exhibition, it is a great pleasure to bring *Seeing the World Within* to Utica and to give our visitors the opportunity to become familiar with this innovative, talented artist who was so highly respected by someone with so keen an eye as Edward Root.

DR. PAUL D. SCHWEIZER
Director and Chief Curator,
Munson-Williams-Proctor Arts Institute

I quadri di Seliger sono stati spesso esposti nel museo dopo quella mostra del 1961, solitamente all'interno dell'istallazione della collezione permanente e, più recentemente, come parte dell'evento per il 50° anniversario della donazione di Root, in cui sono stati molto apprezzati dai nostri visitatori. È noto che Seliger aveva sviluppato una stretta relazione con Root nel breve lasso di tempo della loro conoscenza. Egli ricordava Root come «probabilmente uno dei migliori collezionisti d'arte» che egli conoscesse, e come «un uomo notevole e sensibile [...] [che] seguiva il tuo lavoro con tanta ammirazione da sembrare incredibile». La forza della loro relazione era indubbiamente basata in parte sul fatto che condividevano un profondo amore per il mondo naturale: si tratta del *Leitmotiv* dominante dell'opera di Seliger e insieme dell'attività di collezionista di Root. Dopo aver trascorso del tempo con la vedova di Root nel 1961, Seliger annotava nel suo diario la piacevolezza del paesaggio intorno alla casa di Root: «giardini rocciosi meravigliosamente naturali eppure coltivati, con un sacco di mele rosse che giacciono dove sono cadute e fine terra rossa tutto intorno», e l'interno, «pieno di libri e di un mucchio di strane forme naturali: piante, rocce, minerali, fossili ecc. – ceramiche e la piccola pietra dipinta che gli avevo dato io».

Tenendo conto del legame tra Seliger e Root, del ruolo fondamentale che il Fondo Root ha giocato nello sviluppo della collezione e dell'identità dell'Istituto, e del fatto che molti dei quadri di Seliger posseduti dal museo rientrano nei limiti cronologici di questa mostra, è per noi un grande piacere portare *Vedere il mondo all'interno* ad Utica e dare ai nostri visitatori l'opportunità di entrare in confidenza con questo artista talentuoso e innovativo, che fu così altamente stimato da un uomo dall'occhio tanto acuto come Edward Root.

PAUL D. SCHWEIZER
Direttore e Capo Curatore,
Munson-Williams-Proctor Arts Institute

ACKNOWLEDGEMENTS

Seeing the World Within: Charles Seliger in the 1940s was brought to life only through the hard work of many talented and dedicated people who deserve to be recognized. I first began thinking about this exhibition after overseeing the acquisition of Seliger's painting *Hidden Skeleton* for the Norton Museum of Art in 2004. At the Norton, former Director and CEO Christina Orr-Cahall helped to ensure that the process of purchasing the painting went smoothly, while the Norton's former Chairman of the Curatorial Department, Roger Ward, was supportive of both my interest in Seliger and the idea of developing an exhibition inspired by *Hidden Skeleton*. The ensuing process of immersing myself in this fascinating period of the artist's work has been deeply rewarding. I hope that those viewing the exhibition will be as surprised and delighted as I was when I first encountered Seliger's art.

Charles Seliger was a humble, quietly passionate man who inspired admiration and devotion in all those whose lives he touched. I feel fortunate to have met him soon after the Norton Museum of Art acquired *Hidden Skeleton* and will always remember how graciously he welcomed me into his home and studio, how easy he was to talk to, and how kind he was to have shared his work so openly with me. Charles was supportive of this project from its inception and I hope that he would have been pleased with its outcome. It has likewise been a great pleasure to have worked so closely with Charles's wife, Lenore, over the past seven years. She has contributed to this project in countless ways. I thank her for continuing to welcome me into her home as the exhibition developed and, above all, for sharing her knowledge of Charles's life and work with me. I am also extremely grateful to Lenore for allowing so many paintings from the estate of the artist to be included in this exhibition. Thanks are also

RINGRAZIAMENTI

La mostra *Vedere il mondo all'interno: Charles Seliger negli anni Quaranta* ha potuto vedere la luce solo grazie all'intenso lavoro di molte persone esperte e appassionate che meritano di essere menzionate. Iniziai a pensare a questa esposizione già nel 2004, quando supervisionai l'acquisizione dell'opera *Scheletro nascosto* di Seliger per conto del Norton Museum of Art. L'allora direttore e amministratore delegato Christina Orr-Cahall contribuì ad assicurare che le procedure di acquisto del dipinto andassero per il meglio, mentre l'ex presidente del dipartimento curatoriale, Roger Ward, incoraggiò sia il mio entusiasmo per Seliger, sia l'idea di concepire una mostra ispirata a *Scheletro nascosto*. La fase successiva di immersione totale in questo affascinante periodo dell'attività dell'artista è stata profondamente gratificante. Spero che quanti vedranno la mostra rimangano sorpresi ed deliziati tanto quanto lo fui io quando mi imbattei per la prima volta nell'arte di Seliger.

Charles Seliger era un uomo umile e appassionato pur nei toni discreti, che suscitò l'ammirazione e la stima in tutti coloro entrarono in contatto con lui. Mi reputo fortunato ad averlo incontrato poco che il Norton Museum of Art acquisì *Scheletro nascosto,* e ricorderò sempre il modo squisito con cui accolse nella sua casa e nel suo studio, la spontaneità con cui parlava con me e la gentilezza con cui condivise in modo così aperto il suo lavoro. Charles fu un sostenitore di questo progetto sin dalla sua ideazione e spero che il risultato sarebbe stato di suo gradimento. Allo stesso tempo è stato un grande piacere aver lavorato in questi ultimi sette anni strettamente a contatto con la moglie di Charles, Lenore, che ha contribuito a questo progetto in innumerevoli modi. Desidero ringraziarla per la sua continua ospitalità in casa sua man mano che la mostra prendeva forma e, soprattutto, per aver condiviso con me la sua conoscenza

due to the artist's sons, Robert and Mark, for their support.

I would also like to extend my sincere thanks to Michael Rosenfeld and halley k harrisburg. Michael and halley have been passionate advocates for Charles and his work for many years. They provided assistance with virtually every aspect of this project, from first introducing me to Charles in 2005 to helping locate key works and facilitating loan requests. The staff at the Michael Rosenfeld Gallery has also been tremendously helpful in preparing many of the works in this exhibition for travel. Marjorie Van Cura, in particular, went out of her way to locate numerous images for this catalogue.

It has been a distinct pleasure to work with Michelle DuBois on this project. I have benefitted greatly from her willingness to share her expertise on the artist, which she gained while writing her doctoral dissertation on him for Boston University. I would also like to thank Emily Shapiro for her sensitive and timely editorial work and Gianpaolo Battaglia for translating the text into Italian. Finally, I am grateful to Josh Nefsky for making space in his schedule to photograph two of the paintings in this catalogue and numerous examples of Seliger's working studies from the 1940s for the exhibition installation.

This exhibition would not have been possible without the generosity of numerous institutional lenders. I thank my colleagues at the following museums for allowing their paintings to be included in this show: at the Addison Gallery of American Art, Brian T. Allen and Susan Faxon; at the Greenville County Museum of Art, Thomas W. Styron; at the Museum of Modern Art, Glenn Lowry, Anne Temkin, and Cora Rosevear; at the Newark Museum, Mary Sue Sweeney Price and Beth Venn; at the Norton Museum of Art, Hope Alswang; at the Solomon R. Guggenheim Museum, Richard Armstrong and Susan Davidson; at the University of Iowa Museum of Art, Sean O'Harrow and Kathleen Edwards; at the Wadsworth Atheneum Museum of Art, Susan Talbott, Erin Monroe, and Eric Zafran; and at the Whitney Museum of American Art, Adam Weinberg and Barbara Haskell. Numerous private collectors also kindly lent to this exhibition, including Dennis Alter; Marjorie and Michael Levine; Tom and Susan O'Hanlan; Bella Walden Rosenfeld;

della vita di Charles e della sua attività artistica. Sono inoltre estremamente grato a Lenore per aver permesso che così tanti dipinti di proprietà dell'artista venissero esposti in mostra. Un ringraziamento va anche ai figli del pittore, Robert e Mark, per il loro sostegno a questa iniziativa.

Vorrei inoltre estendere la mia sincera gratitudine a Michael Rosenfeld e a halley k harrisburg, che per molti anni sono stati fautori appassionati di Charles e del suo lavoro. Hanno offerto la loro assistenza praticamente in ogni aspetto di questo progetto, dall'avermi presentato Charles nel 2005 fino al partecipare con il loro consiglio al posizionamento delle opere principali e al favorire le richieste di prestito. Il personale della Michael Rosenfeld Gallery è stato poi estremamente disponibile nella preparazione per il trasporto di molte delle opere presenti in mostra. Marjorie Van Cura, in particolare, si è fatta generosamente carico di individuare numerose immagini per questo catalogo.

È stato un vero piacere poi lavorare con Michelle DuBois alla realizzazione di questo progetto. Ho ricevuto grande beneficio dalla sua disponibilità a condividere le sue competenze sull'artista, competenze che ha acquisito scrivendo su Seliger la sua tesi di dottorato alla Boston University. Vorrei ringraziare anche Emily Shapiro, per il suo eccellente e tempestivo lavoro editoriale, e Gianpaolo Battaglia, per aver tradotto i testi in italiano. Infine sono grato a Josh Nefsky per aver trovato il tempo tra i suoi impegni per fotografare due dei dipinti presenti in questo catalogo e numerosi esemplari di studi di Seliger degli anni Quaranta per l'istallazione della mostra.

L'esposizione non sarebbe stata possibile senza la generosità dei molti prestatori istituzionali. Ringrazio i miei colleghi delle seguenti sedi museali per aver consentito che i loro dipinti venissero inclusi in questa mostra: Brian T. Allen e Susan Faxon della Addison Gallery of American Art, Thomas W. Styron del Greenville County Museum of Art, Glenn Lowry, Anne Temkin e Cora Rosevear del Museum of Modern Art, Mary Sue Sweeney Price e Beth Venn del Newark Museum, Hope Alswang del Norton Museum of Art, Richard Armstrong e Susan Davidson del Solomon R. Guggenheim Museum, Sean O'Harrow e Kathleen Edwards del University of Iowa Museum of Art, Susan Talbott, Erin

Michael Rosenfeld and halley k harrisburg; Ruby Tanner Rosenfeld; and Elaine Weitzen; as well as those collectors who wish to remain anonymous. I am extremely grateful to them for their participation. I would also like to echo Dr. Kathleen V. Jameson's thanks to those who have funded this project on both a local and national level and to the directors and staffs of the exhibition's two venues: the Peggy Guggenheim Collection and the Munson-Williams-Proctor Arts Institute. We could not have wished for two more appropriate or collegial partners.

Many individuals at The Mint Museum put a great deal of their time, energy, and expertise into ensuring that this project was a success. Dr. Kathleen V. Jameson, President & CEO, has given it her full support since her arrival at the museum in 2010. The ever-patient Kristen Watts, Director of Curatorial Affairs, has ensured that all of its myriad details were attended to. Curatorial Assistant Amber Smith diligently tracked down the images for this catalogue and contributed to its production in numerous other ways, both large and small. I thank her for her patience, sharp eyes, and efficiency. Associate Registrar Katherine Steiner oversaw the complex job of assembling the works in the show and ensuring their safe transit overseas (and back). Nelia Van Goor and her staff worked to ensure that critical funding was in place. Cheryl Palmer, Laura Everett, Leslie Strauss, and Rita Shumaker developed a range of engaging programs for our audience to enjoy. My colleagues Carla Hanzal, Annie Carlano, Brian Gallagher, and Charles Mo served as sounding boards for my ideas and, as always, I greatly appreciated their support and candor. Kurt Warnke, Head of Design and Installation, and his team, Leah Blackburn, William Lipscomb, and Mitch Francis, created another beautiful and thoughtful installation. And last but certainly not least, I greatly enjoyed working with Emily Walker, the museum's talented graphic designer, on this catalogue. Her sensitivity to the artist's aesthetic and thoughtful ideas led to the creation of another elegant publication.

A handful of additional people deserve recognition here as well. Over the years I have had numerous conversations about the art of this period with my dear friend Vivian Bullaudy. I always enjoy our discussions and look

Monroe e Eric Zafran del Wadsworth Atheneum Museum of Art e Adam Weinberg e Barbara Haskell del Whitney Museum of American Art. Anche molti collezionisti privati hanno gentilmente concesso le loro opere in prestito per questa mostra: Dennis Alter, Marjorie e Michael Levine, Tom e Susan O'Hanlan, Bella Walden Rosenfeld, Michael Rosenfeld e halley k harrisburg, Ruby Tanner Rosenfeld, Elaine Weitzen, oltre ad altri collezionisti che desiderano rimanere anonimi. A tutti sono estremamente grato per la loro partecipazione. Vorrei anche associarmi ai ringraziamenti della Dottoressa Kathleen V. Jameson a quanti hanno finanziato questo progetto, sia a livello locale che nazionale, e ai direttori e al personale delle altre due sedi della mostra: la Peggy Guggenheim Collection e il Munson-Williams-Proctor Arts Institute. Non avremmo mai potuto sperare in due partner più competenti e solidali.

Molte persone al Mint Museum hanno investito gran parte del loro tempo, delle loro energie e delle loro competenze per assicurarsi che questo evento fosse un successo. La Dottoressa Kathleen V. Jameson, Presidente e Amministratore delegato, ha dato a questa iniziativa pieno sostegno fin dal suo arrivo al museo nel 2010. La sempre paziente Kristen Watts, Direttore del Dipartimento di Curatela, ha fatto sì che tutti gli innumerevoli dettagli fossero seguiti. L'Assistente Curatrice Amber Smith ha scrupolosamente rintracciato le immagini per questo catalogo e ha contribuito alla sua realizzazione in molte altre cose, grandi e piccole: la ringrazio per la sua pazienza, la sua acutezza e la sua efficienza. Katherine Steiner, Responsabile di Segreteria, ha sorvegliato il complesso lavoro di assemblaggio delle opere nella mostra e si è assicurata che il loro viaggio oltreoceano (e ritorno) si svolgesse correttamente. Nelia Van Goor con il suo staff hanno lavorato per garantire i finanziamenti necessari. Cheryl Palmer, Laura Everett, Leslie Strauss, e Rita Shumaker hanno ideato molti programmi avvincenti da condividere con il pubblico della mostra. I miei colleghi Carla Hanzal, Annie Carlano, Brian Gallagher e Charles Mo hanno fatto da cassa di risonanza per le mie idee e, come sempre, sono molto grato per il loro sostegno e la loro franchezza. Kurt Warnke, Responsabile per il Design e l'Installazione, e la sua *équipe*, Leah Blackburn, William Lipscomb e Mitch Francis, hanno creato un'altra installazione

forward to those yet to be held; her knowledge and passion are truly inspirational. I would also like to acknowledge Jeffrey Wechsler for his pioneering work in this field and thank him for opening up new avenues of discovery and for broadening the canon for new generations of scholars. Finally I would like to thank my parents, Hester and Byron Stuhlman, for their ongoing support, and my wife Megan and sons Justin and Finnian for keeping me centered and grounded.

JONATHAN STUHLMAN
Curator of American Art, The Mint Museum

splendida e attentamente ragionata. Ringrazio per ultima, ma non certo per importanza, Emily Walker, la Disegnatrice Grafica di grande talento del museo, con la quale ho avuto il grande piacere di lavorare a questo catalogo: con la sua sensibilità all'estetica dell'artista e le sue idee ponderate ha creato i presupposti per un'altra elegante pubblicazione.

Ancora un gruppo di persone merita di essere ricordato in questa sede. Nel corso degli anni ho avuto numerose conversazioni sull'arte di questo stesso periodo con la mia cara amica Vivian Bullaudy. Ho sempre amato le nostre discussioni e spero di averne ancora molte: la sua conoscenza e la sua passione sono veramente una potente fonte di ispirazione. Vorrei ancora citare Jeffrey Wechsler per il suo pioneristico lavoro in questo campo, e ringraziarlo per aver aperto nuove strade di indagine e scoperta e per aver allargato il canone per le nuove generazioni di studiosi. Infine vorrei ringraziare i miei genitori, Hester e Byron Stuhlman per il loro continuo sostegno, e mia moglie Megan con i nostri figli Justin e Finnian per il loro aiuto a farmi sentire sempre in equilibrio e con i piedi a terra.

JONATHAN STUHLMAN
Curatore di arte americana, The Mint Museum

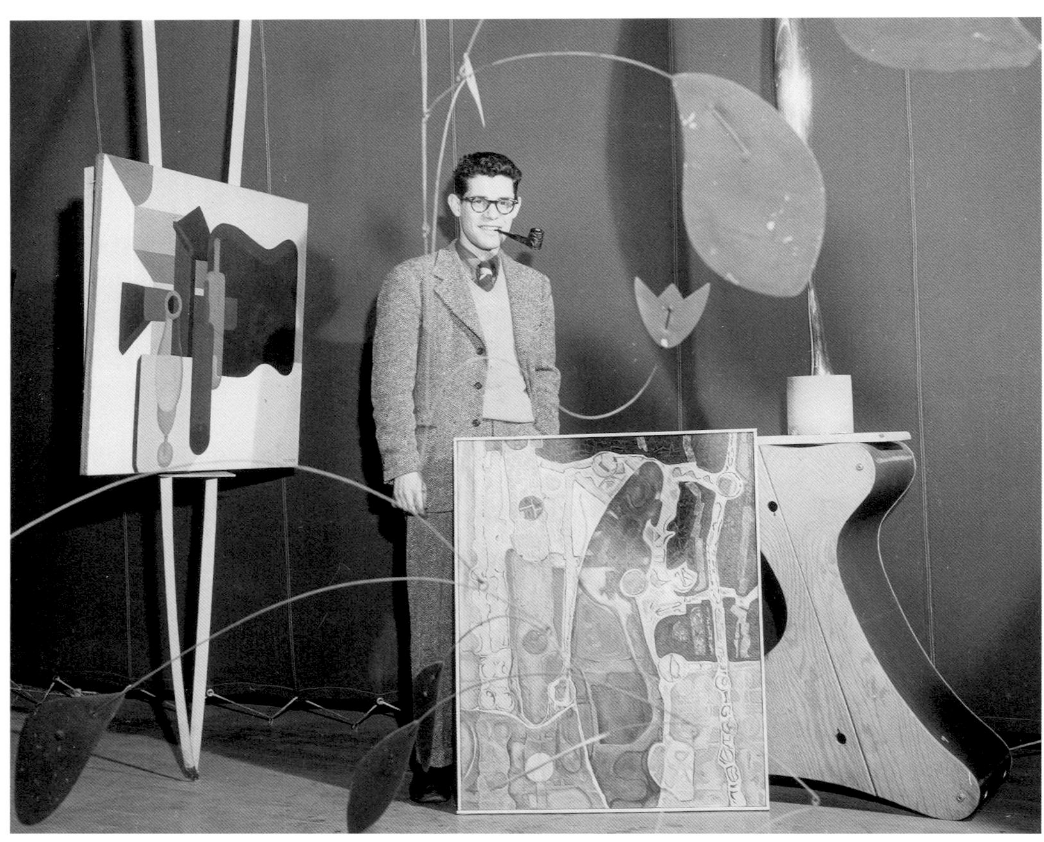

Charles Seliger with his painting *Sentinel* at Peggy Guggenheim's Art of This Century gallery, New York, in 1947.
Estate of Charles Seliger

Charles Seliger con il suo dipinto *Sentinella* alla galleria di Peggy Guggenheim Art of This Century di New York, 1947.

LENDERS TO THE EXHIBITION

Addison Gallery of American Art, Phillips Academy, Andover, Massachusetts

Dennis Alter

Greenville County Museum of Art, Greenville, South Carolina

Marjorie and Michael Levine

Munson-Williams-Proctor Arts Institute, Utica, New York

The Museum of Modern Art, New York, New York

Newark Museum, Newark, New Jersey

Norton Museum of Art, West Palm Beach, Florida

Tom and Susan O'Hanlan

Private Collection

Bella Walden Rosenfeld

Michael Rosenfeld and halley k harrisburg, New York, New York

Ruby Tanner Rosenfeld

Estate of Charles Seliger

University of Iowa Art Museum, Iowa City, Iowa

Wadsworth Atheneum Museum of Art, Hartford, Connecticut

Elaine G. Weitzen

Whitney Museum of American Art, New York, New York

Charles Seliger . . . is the youngest painter I have ever shown, being only nineteen years old. However, his work is not merely precocious, . . . and I have a great deal of faith in his development.

Charles Seliger [. . .] è il più giovane pittore che ho mai esposto, avendo solo diciannove anni. Tuttavia, il suo lavoro non è semplicemente precoce [. . .] e nutro una grande fiducia nel suo sviluppo futuro.

PEGGY GUGGENHEIM, 1946[1]

The painting career of Charles Seliger, practically a veteran artist at the age of 22, can only be described as fabulous.

La carriera di pittore di Charles Seliger, un artista praticamente veterano a ventidue anni, può essere solo descritta come favolosa.

MARYNELL SHARP, 1949[2]

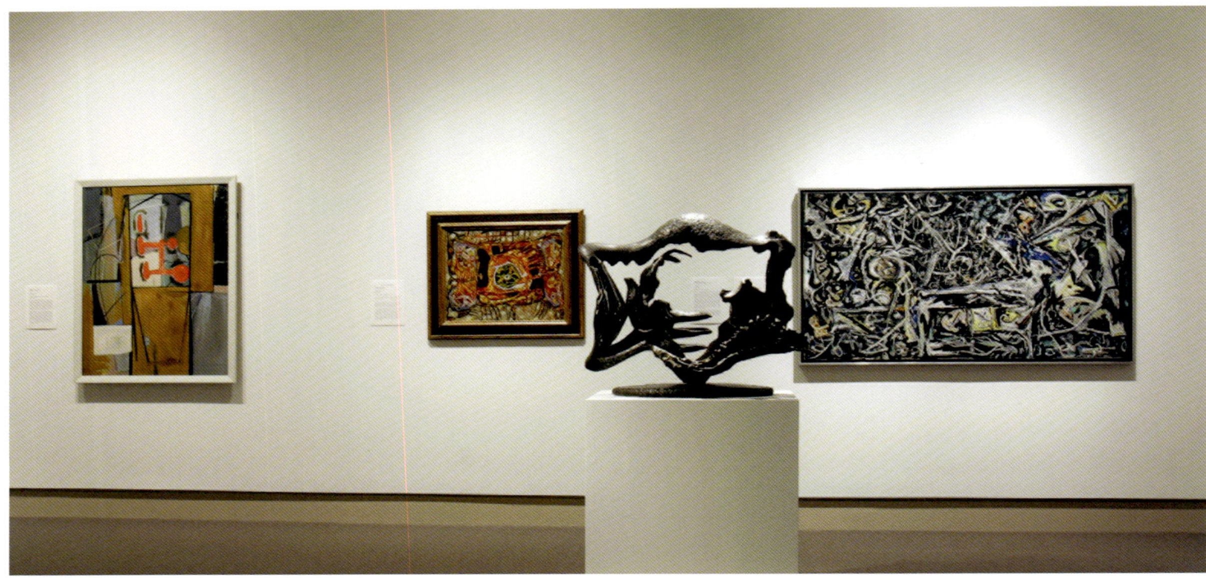

FIGURE 1

Installation at the Norton Museum of Art, West Palm Beach, Florida, 2004 [hanging, l to r: Robert Motherwell, *Personage* (1943); Charles Seliger, *Hidden Skeleton* (1945); Jackson Pollock, *Night Mist* (ca. 1945); on the pedestal: Theodore Roszak, *Sea Quarry* (1949)]

Installazione alla Norton Museum of Art, West Palm Beach, Florida, 2004 [appesi alle pareti, da sinistra a destra: Robert Motherwell, *Pesonaggio* (1943); Charles Seliger, *Scheletro nascosto* (1945); Jackson Pollock, *Foschia di notte* (ca. 1945); sul piedistallo: Theodore Roszak, *Cava marina* (1949)]

"Not Merely Precocious": Charles Seliger's First Decade

JONATHAN STUHLMAN
Curator of American Art, The Mint Museum

When Charles Seliger's remarkable painting *Hidden Skeleton* (1945, pl. 15) arrived at the Norton Museum of Art in 2004 to be considered for acquisition, I assigned it a difficult task, challenging the canvas to hold its own hanging among three powerful contemporaneous works of art from the museum's collection: Robert Motherwell's *Personage* (1943), Jackson Pollock's *Night Mist* (ca. 1945), and Theodore Roszak's *Sea Quarry* (1949, fig. 1). Although I knew *Hidden Skeleton* was a strong painting and an excellent example of Seliger's work, I still found myself just a bit surprised when it was installed. Despite being significantly smaller than the works flanking it, the canvas more than held its own. In fact, it dominated the wall, a fiery, visceral presence containing suggestions of skeletal parts, tissues, and tendons, ringed by flowing, flagella-like tentacles, peppered with circular forms bursting like sunspots, and anchored by a glowing, green orb at its center. *Hidden Skeleton* catches one's eye and refuses to let go, riveting the viewer with an intensity driven by its rich palette, vivid forms, and densely packed, multilayered surface.

An earlier encounter with an even smaller (approximately 9 x 12 inches) Seliger painting, *Organic Form: Air, Sea, Land Enveloped* (1948, pl. 30), had first alerted me to the visual power of his art. The diminutive panel's arresting colors, grid-like structure, and precisely rendered details read as a coherent whole from a distance, yet also reward close inspection. This painting was my introduction to the artist's oeuvre, and in particular to his work from the 1940s. Together, these two provocative pictures made me want to know more about Seliger, his artistic development, and the relationship of his work to broader trends in American art of the time.

I was surprised to discover that Seliger completed both *Hidden Skeleton* and *Organic Form: Air, Sea, Land*

«Non semplicemente precoce»: il primo decennio di Charles Seliger

JONATHAN STUHLMAN
curatore di arte americana, The Mint Museum

Quando nel 2004 l'importante dipinto di Charles Seliger *Scheletro nascosto* (1945, tav. 15) giunse al Norton Museum of Art per essere valutato ai fini di una possibile acquisizione, affidai a questa tela un compito difficile, sfidandola a sostenere il confronto appesa fra tre poderose opere d'arte degli stessi anni, conservate nella collezione del museo: *Personaggio* di Robert Motherwell (1943), *Foschia di notte* di Jackson Pollock (ca. 1945) e *Cava marina* di Theodore Roszak (1949, fig. 1). Per quanto sapessi che *Scheletro nascosto* fosse un dipinto vigoroso e un esempio eccellente del lavoro di Seliger, rimasi comunque un poco sorpreso quando lo vidi montato. Sebbene fosse di dimensioni significativamente più piccole rispetto alle opere che lo affiancavano, la tela riusciva in qualcosa di più che reggere semplicemente il paragone. Dominava di fatto la parete: una presenza ardente, viscerale, che aveva in sé suggestioni di parti di scheletro, di tessuti, di tendini, cinti da tentacoli fluttuanti simili a escrescenze filiformi, cosparsi da forme circolari che scoppiavano come macchie solari, e ancorati a un incandescente globo verde al centro. *Scheletro nascosto* afferra l'occhio e si rifiuta di lasciarlo andare, catturando l'osservatore con un'intensità determinata dalla sua ricca tavolozza, dalle forme vivide e dai tanti strati, densi e compatti, della sua superficie.

Un precedente incontro con un dipinto di Seliger ancora più piccolo (22,9 x 30,5 cm), *Forma organica, avvolta da aria, mare e terra* (1948, tav. 30), mi aveva subito messo in guardia sulla potenza visiva della sua arte: i colori così attraenti di quel minuscolo quadro, la sua struttura reticolare e i suoi dettagli resi con precisione, leggibili da una certa distanza come un tutto coerente, eppure capaci anche di dare soddisfazione ad un esame ravvicinato. Questo dipinto fu il mio primo impatto con l'opera dell'artista, e in particolare con il suo lavoro degli anni Quaranta. Insieme, questi due

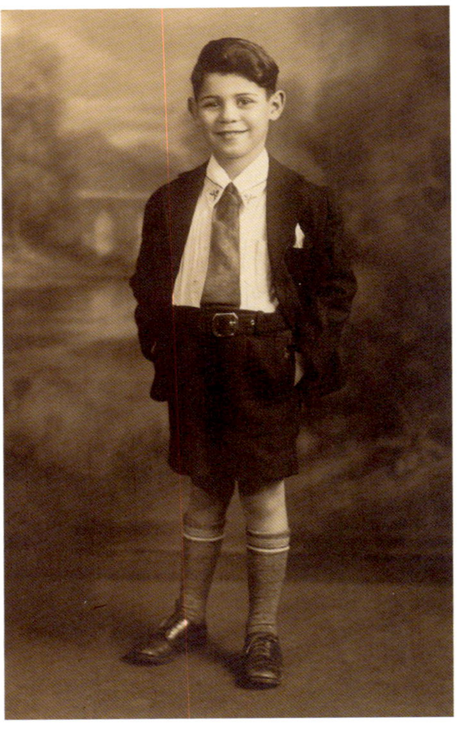

FIGURE 2
Charles Seliger at age six
(Charles Seliger all'età di sei anni)
Estate of Charles Seliger

Enveloped during the first decade of his career—the former when he was just nineteen and the latter at age twenty-two—for these paintings exude a sense of confidence and sophistication unrivaled in the work of many older and more experienced artists. The boldness that characterizes this portion of Seliger's oeuvre (a reflection, perhaps, of a youthful energy and enthusiasm) became more refined over time, yet the lessons he learned during the 1940s were to have a tremendous impact on his later work.

An Artist Emerges

Seliger was born in 1926 (fig. 2). After his parents divorced in 1928, he led a fairly transient life until young adulthood, living first with his grandmother and then with his mother in and around Baltimore, Newark, and New York City. Despite this domestic instability, he was a voracious and advanced reader with an inquiring mind; he also possessed a penchant for drawing and graphic arts from an early age. By his mid-teens, Seliger had begun experimenting with painting and become interested in modern art. Less than a decade later, when he was still in his early twenties, he developed the tools with which he would explore his chosen subject matter over the next half-century. This essay chronicles the evolution of Seliger's work over the crucial first decade of his career, tracing the path by which he arrived at his mature style and themes. These paintings set the tone for the type of work that he would produce until his death in 2009 at age eighty-three.

quadri provocatori mi spinsero a voler sapere di più su Seliger, sul suo sviluppo artistico, e sul rapporto tra la sua attività e le tendenze più generali dell'arte americana di quel tempo.

Mi meravigliai a scoprire che Seliger portò a termine sia *Scheletro nascosto*, sia *Forma organica, avvolta da aria, mare e terra* durante il primo decennio della sua carriera – il primo quando era solo diciannovenne, l'altro all'età di ventidue anni – poiché questi dipinti emanano già un senso di fiducia e un grado di finezza che non si ravvisano nell'opera di molti artisti più anziani e di maggiore esperienza. La sfrontatezza che caratterizza questa porzione dell'opera di Seliger (riflesso, forse, di un'energia e di un entusiasmo giovanili) si fece negli anni più raffinata; tuttavia, le lezioni che apprese negli anni Quaranta avrebbero avuto comunque un influsso enorme sulla sua produzione successiva.

Emerge un artists

Seliger nacque nel 1929 (fig. 2). Dopo il divorzio dei genitori nel 1928, ebbe una vita relativamente poco stabile fino all'adolescenza, vivendo dapprima con la nonna e poi con la madre nelle città e nei dintorni di Baltimora e di Newark, e infine a New York. Nonostante questa precarietà familiare, fu un lettore vorace e maturo con una mente avida di conoscenza; sin da piccolo, possedeva anche un'inclinazione al disegno e alle arti grafiche. Ancor prima dei quindici anni, Seliger aveva iniziato a sperimentare con la pittura e ad interessarsi all'arte moderna. Meno di dieci anni più tardi, quando era ancora poco più che ventenne, sviluppò gli strumenti con i quali avrebbe esplorato le questioni al centro della sua arte nel corso del mezzo secolo seguente. Questo saggio vuole essere una cronaca dell'evoluzione dell'opera di Seliger lungo il primo decisivo decennio della sua carriera, tracciando l'itinerario attraverso il quale raggiunse lo stile e i

As children, many people harbor the secret fantasy of becoming a professional artist. But few possess the rare combination of talent, intellectual curiosity, and perceptual acuity necessary to create enduring works of art like Seliger's, which are at once intensely personal and universal. While Seliger produced remarkably advanced paintings at a very young age, it is best to avoid the temptation to label him a prodigy, as the term might suggest attention-seeking and the pursuit of celebrity. These characteristics do not align well with a painter who spent much of his career toiling in relative anonymity in a small studio in the suburbs of New York City.

Until his eighteenth birthday, Seliger and his art attracted little public attention. Francis V. O'Connor and Melvin P. Lader's description of the artist's early years in their 2002 monograph suggests that he first became familiar with the history of modern art between 1939 and 1942 (between the ages of thirteen and sixteen), by reading books such as Amédée Ozenfant's *Foundations of Modern Art* (1928) and Herbert Read's *Art Now* (1933) and *Surrealism* (1936).[3] Yet by his late teens, when most people begin to wonder which career path they might choose, the mostly self-taught painter was busy meeting and exhibiting alongside artists who were often an entire generation older than he and many of whom would soon be celebrated as some of the century's most important figures in their field.

The decade of Seliger's creative coming-of-age was one of the richest, most fascinating moments in the history of American art: one that saw the emergence of a large group of painters, now commonly known as the Abstract Expressionists, seeking alternatives to the limitations of American realism (popularly known in as American Scene painting or Regionalism) and the equally tight constraints of geometric abstraction. Active engagement in this provocative environment must have been a heady, galvanizing experience for a shy boy still well under the age of twenty. This participation began when Seliger was invited to show two paintings at the Norlyst Gallery in New York City in March 1943. Although he had previously exhibited at local arts centers in New Jersey, the Norlyst Gallery's *Adventures in Perspective* marked his debut at a commercial space and the first time that his work was shown alongside that of older,

temi della sua maturità. Questi dipinti fissarono gli elementi chiave della produzione artistica che avrebbe portato avanti fino alla morte, nel 2009, all'età di ottantatre anni.

Da bambini, molte persone covano la fantasia segreta di diventare artisti professionisti. Ma pochi possiedono la rara combinazione di talento, curiosità intellettuale e acutezza nella percezione necessaria a creare opere d'arte durature come quelle di Seliger, che sono al tempo stesso intensamente personali e universali. Se pure Seliger abbia prodotto quadri notevolmente evoluti quand'era molto giovane, è meglio sottrarsi alla tentazione di etichettarlo come un "prodigio", termine che potrebbe suggerire la ricerca di attenzione o l'inseguimento della celebrità. Queste caratteristiche infatti non si adattano bene a un pittore che trascorse buona parte della carriera faticando nel relativo anonimato in un piccolo studio nei sobborghi di New York.

Fino al suo diciottesimo compleanno, Seliger e la sua arte attirarono poco l'attenzione del pubblico. La descrizione dei primi anni dell'artista fornita da Francis V. O'Connor e da Melvin P. Lader nella loro monografia del 2002 suggerisce che per prima cosa Seliger prese confidenza con la storia dell'arte moderna tra il 1939 e il 1942 (tra i tredici e i sedici anni), leggendo libri come *The Foundations of Modern Art* di Amédée Ozenfant (1928) e *Art Now* (1933) e *Surrealism* (1936) di Herbert Read.[3] Ma già prima di compiere i vent'anni, quando la maggior parte delle persone inizia a domandarsi quale strada lavorativa scegliere, questo pittore quasi del tutto autodidatta era impegnato ad esporre accanto ad artisti, spesso di una generazione piena più vecchi di lui, molti dei quali sarebbero stati presto celebrati nel proprio campo come alcune delle figure più importanti del secolo.

Il decennio in cui Seliger entrò nella sua maturità creativa fu uno dei momenti più ricchi ed affascinanti della storia dell'arte americana: quello che vide emergere un vasto gruppo di pittori, oggi comunemente noti come espressionisti astratti, che ricercavano delle alternative alle limitazioni del realismo americano (noto ai più come pittura di scene di vita americana, o col nome di regionalismo) e alle costrizioni altrettanto rigide dell'astrattismo geometrico. L'impegno attivo in questo ambiente carico di stimoli deve essere stata un'esperienza esaltante e galvanizzante per un ragazzo timido

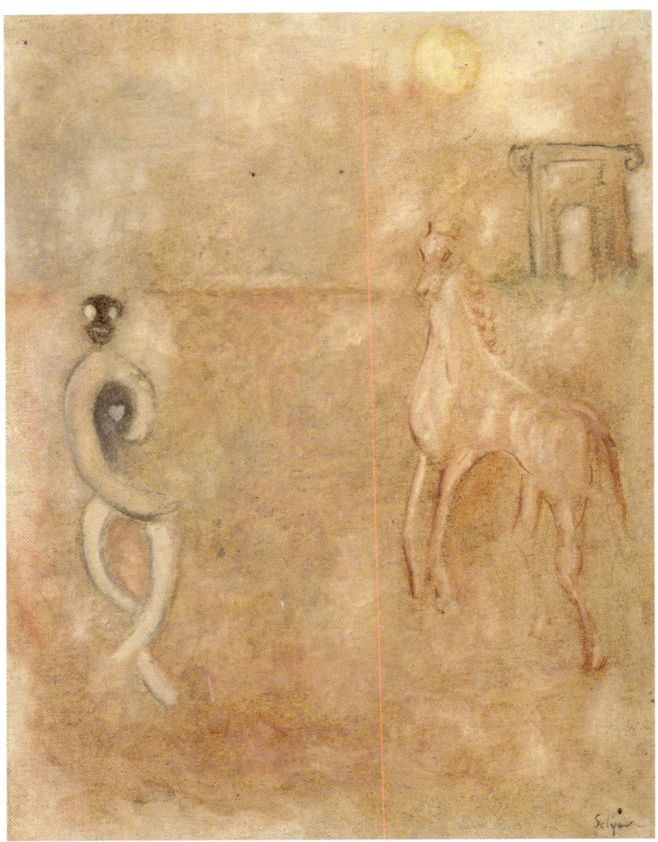

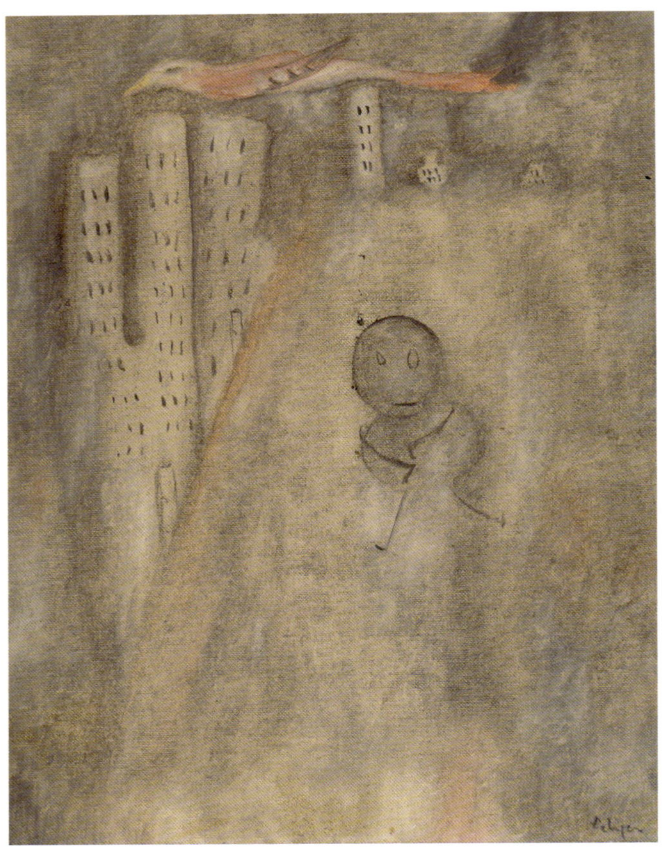

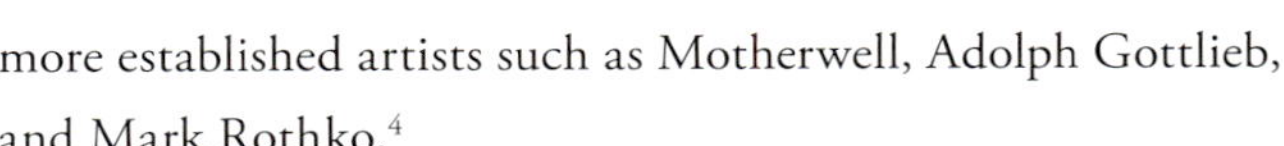

more established artists such as Motherwell, Adolph Gottlieb, and Mark Rothko.[4]

Seliger's two paintings in the Norylst show, *Rider* (1943, fig. 3) and *Tidings* (1943, fig. 4), were youthful experiments. Both feature ghostly figures situated in mysterious spaces. One is accompanied by a rearing horse and the other floats at the edge of a desolate urban landscape, with a fiery red bird flying overhead.[5] The atmospheric quality and focus on abstracted forms in these two paintings link them to the work of European Surrealists such as Giorgio de Chirico and Max Ernst. The relative sophistication of these images and their presence among the work of considerably more experienced and accomplished artists is remarkable. Even more noteworthy is the rapid evolution in style and subject matter that took place in Seliger's art over the next two years. Having acquired a baseline knowledge of the modernist styles and ideas that had developed during the first several decades of the twentieth century, Seliger moved with astonishing speed and sophistication from the simplified spaces and hazily rendered subjects of *Rider* and *Tidings* to the compositional complexity and striking forms of canvases such as *Interior Space* (1944, pl. 12) and *Hidden Skeleton* (1945, pl. 15).

This next step in Seliger's artistic maturation can be seen in *Bird and Flower*, *Primal Markings*, and *Primal*

ben al di sotto dei vent'anni. Questa partecipazione ebbe inizio quando Seliger fu invitato a presentare due dipinti nella Norlyst Gallery di New York nel marzo 1943. Sebbene avesse già esposto in centri d'arte locali in New Jersey, la mostra *Avventure in prospettiva* della Norlyst Gallery segnò il suo debutto in un ambito commerciale e fu la prima occasione in cui il suo lavoro era esibito al fianco di quello di artisti più anziani e affermati come Motherwell, Adolph Gottlieb e Mark Rothko.[4]

I due dipinti di Seliger in mostra alla Norlyst, *Cavaliere* (1943, fig. 3) e *Novità* (1943, fig. 4), erano esperimenti giovanili. In entrambi ci sono figure spettrali situate in spazi misteriosi: una è accompagnata da un cavallo rampante, mentre l'altra fluttua ai margini di un paesaggio urbano desolato, con un uccello rosso fuoco che vola alto nel cielo.[5] Il tipo di atmosfera e la concentrazione su forme astratte di questi due quadri li ricollegano ai lavori di surrealisti europei come Giorgio De Chirico e Max Ernst. La relativa complessità di queste immagini, e la loro presenza tra opere di artisti considerevolmente più esperti e rinomati, è notevole. Ma lo è ancora di più la rapida evoluzione nello stile e nei contenuti che avvenne nell'arte di Seliger nei due anni successivi. Dopo aver assimilato una conoscenza di base delle tendenze e delle idee moderniste che si erano

FIGURE 3
Charles Seliger
Rider (*Cavaliere*), 1943
Oil on canvasboard, 12 x 9 inches
(30.5 x 22.9 cm)
Estate of Charles Seliger

FIGURE 4
Charles Seliger
Tidings (*Novità*), 1943
Oil on canvasboard, 12 x 9 inches
(30.5 x 22.9 cm)
Estate of Charles Seliger

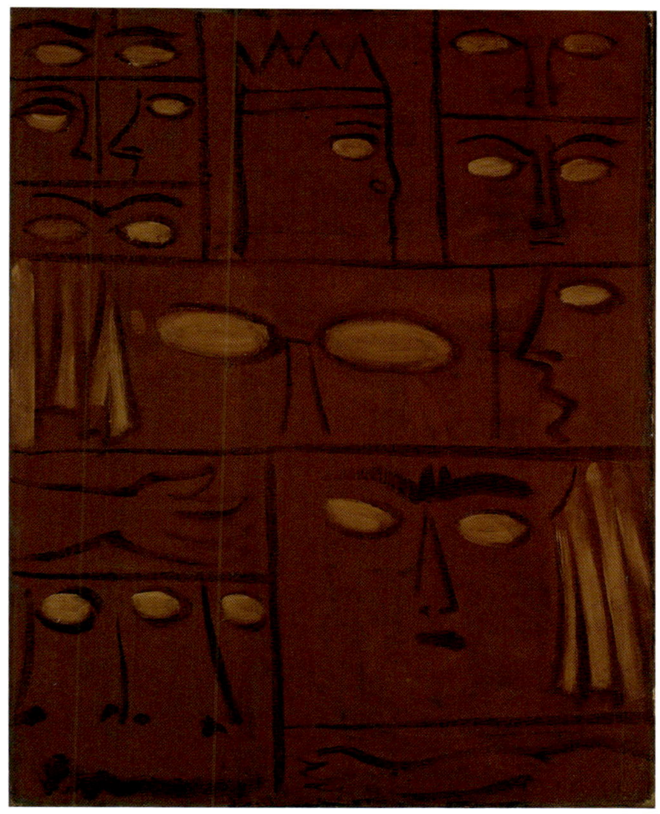

FIGURE 5
Adolph Gottlieb (1903–1974)
Eyes of Oedipus (*Occhi di Edipo*), 1941
Oil on canvas, 32 ¼ x 25 inches
(81.9 x 63.5 cm)
Adolph and Esther Gottlieb Foundation

Markings I (all 1943, pls. 2–4). The formal language of these three paintings, which is characterized by sketchy, linear marks and diffuse patches of color, links them to Paul Klee's work of the late 1910s and 1920s.[6] Seliger's interest in archaic symbols and his quest to create a new kind of symbolic language also aligned him with a number of his American colleagues, particularly Richard Pousette-Dart and Adolph Gottlieb, the latter of whom had recently begun his "pictograph" series, including *Eyes of Oedipus* (1941, fig. 5). Like Gottlieb, Seliger used imagery drawn from the natural world—a vocabulary consisting primarily of body parts, flora, and fauna. Both artists were clearly interested in seeking new ways to present such motifs as well as a new system by which to organize them. But while the rectangular constraints of Gottlieb's canvases inspired the formal structure of his paintings, Seliger took a more playful approach to his compositions.

In *Bird and Flower* (pl. 2), the stylized avian form from the painting's title appears on the right-hand side of the composition and the wavy petals of the flower on the left. The space in which the two forms are set is composed of a loose arrangement of sweeping lines, quick, repetitive brushstrokes, and broad planes of vibrant color. Together, these elements suggest a world filled with pulsing energy. The numerous

sviluppate nei primi decenni del XX secolo, Seliger si mosse in modo straordinariamente rapido e sofisticato dagli spazi semplificati e dai soggetti poco definiti di *Cavaliere* e *Novità* alla complessità compositiva e alle forme impressionanti di tele come *Spazio interiore* (1944, tav. 12) e *Scheletro nascosto* (1945, tav. 15).

Il passo successivo nella maturazione artistica di Seliger può essere riconosciuto in *Uccello e fiore*, *Segni primitivi* e *Segni primitivi I* (tutti del 1943, tavv. 2-4). Il linguaggio formale di questi tre dipinti, caratterizzato da segni abbozzati e lineari e chiazze diffuse di colore, li riporta ai lavori di Paul Klee della fine degli anni Dieci e Venti del Novecento.[6] Inoltre, l'interesse di Seliger per i simboli arcaici e la sua ricerca di un nuovo genere di linguaggio simbolico lo allineavano ad alcuni colleghi americani, in particolare a Richard Pousette-Dart e a Adolph Gottlieb, che aveva da poco iniziato la sua serie di pittogrammi, tra cui *Occhi di Edipo* (1941, fig. 5). Come Gottlieb, Seliger usava un immaginario ricavato dal mondo della natura – un vocabolario che consisteva fondamentalmente di parti anatomiche, flora e fauna. Entrambi gli artisti erano chiaramente interessati a cercare modalità nuove per rappresentare questi motivi, insieme a nuovi sistemi con cui organizzarli. Tuttavia, se la costrizione rettangolare delle

eye-like shapes scattered throughout the image reinforce the feeling that the natural world is wholly alive.[7] The oblong "petal" shapes at the center of *Primal Markings* (pl. 3) resemble the blossom in *Bird and Flower* but also suggest the wings of an insect. The loose divisions and repetitive patterning of the former painting are found here as well, and the whole scene is further activated by the vivid yellow and red stripes that dominate the lower half of the composition.

A third related painting, *Primal Markings I* (pl. 4), differs from the other two in an important way that indicates the direction in which Seliger's work was headed. Here, the artist extended some of the linear marks used in *Bird and Flower* and *Primal Markings* so that they stretch across the entire surface of the canvas, creating an all-over composition that suggests a swirling, boundless space. Several of Seliger's American colleagues, including Pollock, William Baziotes, and Arshile Gorky, were exploring similar types of pictorial structures at precisely this moment (see, for example, Baziotes's *Leonardo Da Vinci's Butterfly*, 1942, fig. 6). This strategy can be traced to the work of certain Surrealists, including Roberto Matta and Gordon Onslow Ford, whose work was frequently on view in New York in the early 1940s (see Michelle DuBois's essay in this volume).[8]

Paintings such as Matta's *Deep Stones* (1941, Peggy Guggenheim Collection), which was shown at the Pierre Matisse Gallery in 1941 and subsequently sold to Peggy Guggenheim, and *Years of Fear* (1941, fig. 7), which was exhibited at the Pierre Matisse Gallery in 1942, appear to have had a significant impact on Seliger's work over the next few years.[9] Many of Matta's compositions from the early 1940s forward were rooted in the tradition of landscape painting but sought to redefine the genre by creating fluid spaces that evoke the terrain of the subconscious. Matta called his works in this vein "psychological morphologies," a term defined by Elizabeth A. T. Smith and Colette Dartnall as "a fusion of the psychic and the physical that refers to the idea of interior landscape."[10] The artist stated that soon after arriving in the United States he "started talking about the earth. In these pictures I tried to show not landscape which is 'scenery,'—a scene of the earth—but the earth as something terrific, burning, changing, transforming, growing."[11]

tele di Gottlieb ispirava la struttura formale dei suoi dipinti, Seliger ebbe un approccio più giocoso alle sue composizioni.

In *Uccello e fiore* (tav. 2), la forma stilizzata dell'uccello del titolo dell'opera appare sul lato destro della composizione e i petali ondulati del fiore su quello sinistro. Lo spazio nel quale sono collocate le due figure consiste in una disposizione rarefatta di lunghe linee, pennellate veloci e ripetitive e ampi piani di colore vivace. Tutti insieme, questi elementi rimandano a un mondo pieno di energia pulsante: le numerose forme simili ad occhi disseminate in tutta l'immagine rafforzano la sensazione che il mondo naturale sia interamente vivo.[7] Le forme oblunghe "a petalo" al centro di *Segni primitivi* (tav. 3) sono simili al fiore di *Uccello e fiore*, ma ricordano anche le ali di un insetto. Le larghe ripartizioni e la modularità ripetitiva del dipinto precedente si ritrovano anche qui, e tutta la scena è resa ancora più attiva dal giallo vivido e dalle strisce rosse che dominano la metà inferiore della composizione.

Un terzo dipinto, *Segni primitivi I* (tav. 4), collegato ai due precedenti, differisce tuttavia da essi in un aspetto importante che indica la direzione verso la quale era diretto il lavoro di Seliger. In questo caso, l'artista ha prolungato alcuni dei segni lineari usati in *Uccello e fiore* e *Segni primitivi*, ed ora si distendono attraverso l'intera superficie della tela, creando ovunque una composizione che suggerisce uno spazio vorticoso e sconfinato. Diversi colleghi americani di Seliger, come Pollock, William Baziotes e Arshile Gorky, stavano esplorando tipologie simili di strutture pittoriche precisamente nello stesso momento (basti guardare, ad esempio, *La farfalla di Leonardo da Vinci* di Baziotes, 1942, fig. 6). Questa strategia può essere fatta risalire al lavoro di certi surrealisti come Roberto Matta e Gordon Onslow Ford, le cui opere erano frequentemente esposte a New York nei primi anni Quaranta (cfr. il saggio di Michelle DuBois in questo volume).[8]

Dipinti di Matta come *Pietre profonde* (1941, Peggy Guggenheim Collection), che fu in mostra alla Pierre Matisse Gallery nel 1941 e successivamente venduto a Peggy Guggenheim, e *Anni di paura* (1941, fig. 7), esposto alla Pierre Matisse Gallery nel 1942, sembrano aver avuto un influsso significativo sull'opera di Seliger degli anni seguenti.[9]

FIGURE 6
William Baziotes (1912–1963)
Leonardo DaVinci's Butterfly
(*La farfalla di Leonardo da Vinci*), 1942
Oil on canvas, 19 ¼ x 23 inches
(50.2 x 58.4 cm)
Private Collection

FIGURE 7
Matta (1911–2002)
Years of Fear (*Anni di paura*), 1941
Oil on canvas, 44 x 56 inches
(111.8 x 142.2 cm)
Solomon R. Guggenheim Museum,
New York. 72.1991

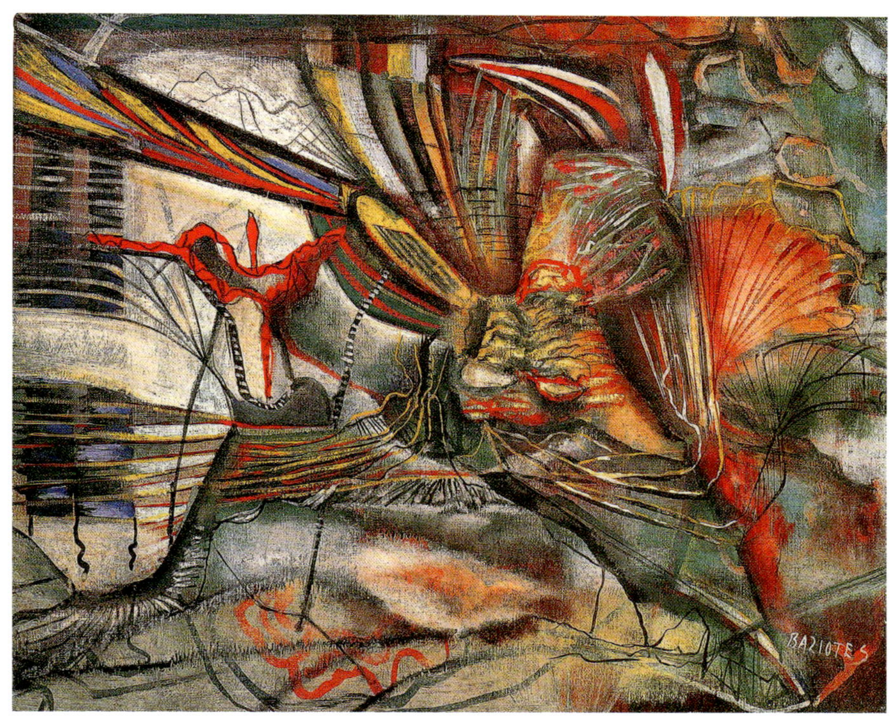

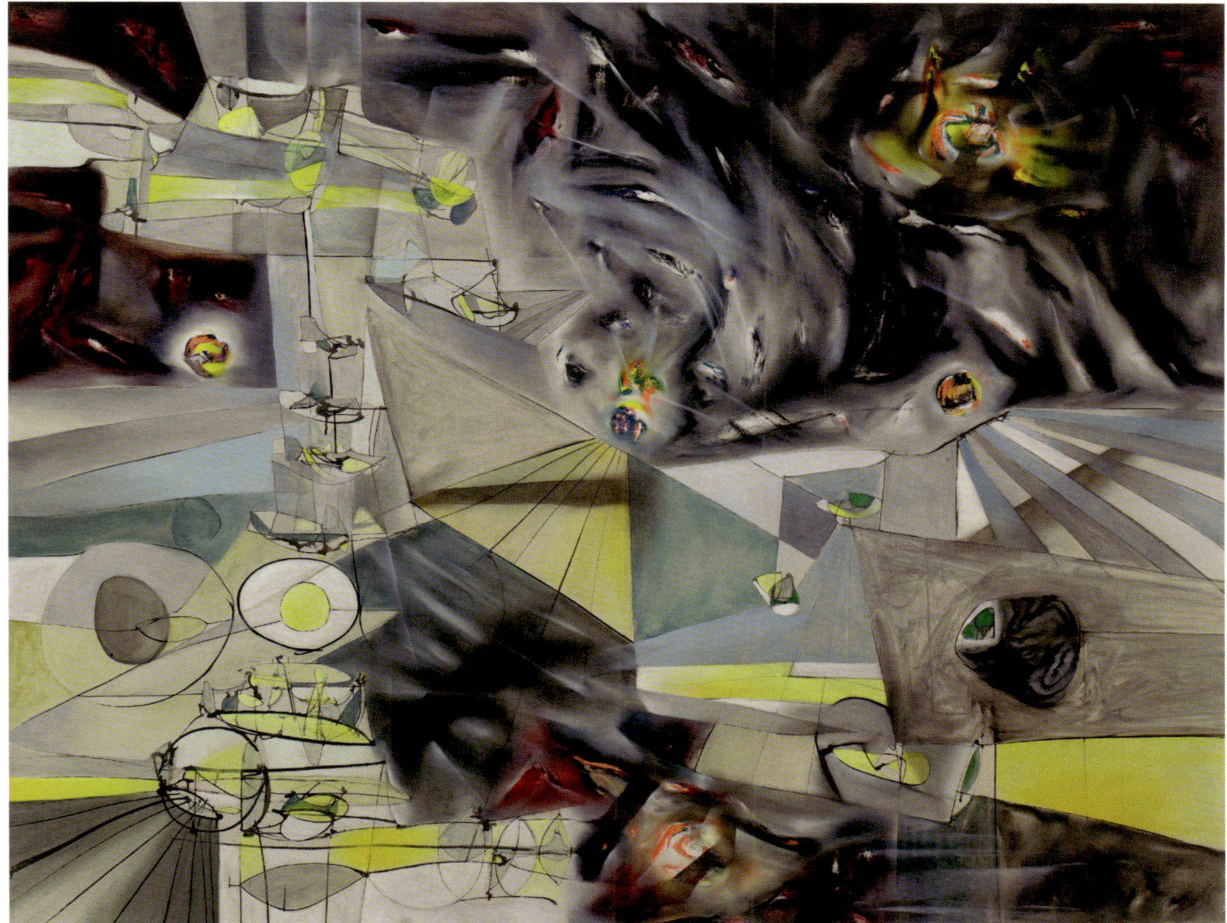

Comments such as this parallel Seliger's descriptions of his own art: "My work, even when most abstract, reflects the natural world. . . . There is a sense of something happening organically among the forms. The images are changing, there is a suggestion of movement in the earth, botanical development, always a sense of growth. A metamorphosis occurs."[12]

Although Seliger had not yet become friendly with the Surrealists, their intuitive, organic approach to the creative process resonated with him as he became familiar with their work. He learned to apply paint freely—in a linear fashion, in washes, in semi-liquid layers, and in myriad other experimental ways. As he later reflected,

> the randomness and the automatism and all of the things that we learned from the surrealists [*sic*] when they were in this country played . . . a role in my work. . . . The big difference [between myself and the Abstract Expressionists] was that I felt that I wanted to explore the results of automatism further. I wanted to examine it, I wanted to focus it, to detail it, to study its potential images.[13]

For Seliger, then, automatism (a method by which an artist allows images to flow to the surface, unmediated by plans or conscious decisions) was not an end in itself but rather a suggestive point of departure.

In 1944 Seliger paused briefly in his use of the all-over type of composition with which he had experimented in *Primal Markings I* to seek alternate means by which to explore the natural world. A number of the artist's works executed over the next year feature abstracted subjects set against (or within) enigmatic, similarly abstracted spaces representative of the realm of the subconscious that was one of the hallmarks of Surrealism. In *Confrontation* (1944, pl. 9), a hummingbird-like being hovers on the left-hand side of the painting, appearing to sip nectar from a blooming flower in the center. These pictorial elements, along with the veined tracery of a wing or leaf in the lower right, comprise the lightest areas of the canvas. Their glowing tones of yellow, orange, and white set them off against the nebulous blood-red background. The lower portion of the composition contains

Molte delle composizioni di Matta dai primi anni Quaranta in avanti affondavano le radici nella tradizione della pittura di paesaggio, ma cercavano di ridefinire il genere creando spazi fluidi che evocassero il terreno del subconscio. Matta chiamava i suoi lavori appartenenti a questo filone "morfologie psicologiche", una definizione descritta da Elizabeth A. T. Smith e Colette Dartnell come «una fusione di psichico e di fisico che rinvia all'idea di paesaggio interiore».[10] L'artista affermò che poco dopo il suo arrivo negli Stati Uniti «inizi[ò] a parlare della terra. In questi quadri ho tentato di mostrare non il paesaggio in quanto "scenario" – una scena della terra – ma la terra come qualcosa di formidabile e ardente, che cambia e si trasforma, che cresce».[11] Commenti come questo trovano un parallelo nelle descrizioni che Seliger proponeva per la sua arte: «il mio lavoro, perfino quando è estremamente astratto, riflette il mondo naturale. [...] C'è l'impressione che avvenga qualcosa di organico tra le forme. Le immagini cambiano, c'è la suggestione del movimento nella terra, dello sviluppo delle piante, c'è sempre un senso di crescita. Avviene una metamorfosi».[12]

Per quanto Seliger non avesse ancora stretto buoni rapporti con i surrealisti, il loro modo intuitivo e organico di relazionarsi al processo creativo risuonava in lui man mano che egli prendeva confidenza con la loro attività. Imparò ad applicare la pittura in modo libero – in modo lineare, a mani distinte, a strati semi liquidi e in una miriade di altre tecniche sperimentali. Come ebbe modo di riflettere più avanti,

> la casualità e l'automatismo e tutte le cose che abbiamo imparato dai surrealisti [*sic*] quando erano in questo paese hanno giocato [...] un ruolo nel mio lavoro [...] la grande differenza [tra me e gli espressionisti astratti] era che io sentivo di voler esplorare ancora di più i risultati dell'automatismo. Volevo esaminarlo, volevo metterlo a fuoco, descriverlo nei dettagli, studiarne le immagini potenziali.[13]

Per Seliger, dunque, l'automatismo (un metodo grazie al quale un artista permette ai prodotti dell'immaginazione di affluire in superficie senza la mediazione di alcuna programmazione o di decisioni coscienti) non era un fine in sé stesso, quanto

the darkest areas, some of which appear as hollow voids and others as cross-sections of subterranean roots. While not as densely layered or intricately detailed as subsequent works, *Confrontation* nevertheless anticipates the next phase of the artist's evolution by means of its biomorphic traceries, suggestion of organic life, use of broader and more fluid areas of paint, and its title's allusion to a loosely structured narrative.

Personal/Universal

Like many of his colleagues, Seliger appears to have been searching not only for a new style of painting but also for themes that would be meaningful on both a personal and a universal level.[14] His compositions of 1944 and 1945 often feature a lone subject: a Cyclops, a knight on horseback, an "orator," a figure on a trapeze. These forms tend to be centrally located and abstracted, their inner worlds exposed. At precisely this moment, a number of other American artists were exploring similar ways to abstract their subjects in a dreamlike space. Rothko, whom Seliger came to know at this time, painted numerous works in this vein, as did Pollock and Motherwell (see Rothko's *Slow Swirl by the Edge of the Sea*, 1944, fig. 8; Pollock's *The Moon-Woman*, 1942, fig. 9; and Motherwell's *Personage*, 1943, on the left in fig. 1). All three of these paintings were exhibited at Peggy Guggenheim's influential New York gallery Art of This Century between 1943 and 1945.

One can identify the subject of Seliger's *Don Quixote* (1944, pl. 11) with relative ease. The title of the painting refers to the seventeenth-century novel by Miguel de Cervantes that chronicles the quest of a country gentleman who comes to see himself as a knight. The book's themes of displacement and dissatisfaction with modern life resonated with both the uncertainties of the war years and the "quest" that Seliger and his peers had undertaken to find new means of artistic expression. Likewise, Don Quixote's inability to reconcile the inner world of his imagination with external reality was tailor-made for the interests of the Surrealists and those whom they inspired. Seliger's painting does not appear to illustrate a specific event from Cervantes's tale, but rather to render abstractly its basic components: the horse, the knight's

piuttosto uno stimolante punto di partenza.

Nel 1944 Seliger sospese brevemente il suo uso di composizioni estese all'intera superficie del dipinto, del tipo che aveva sperimentato in *Segni primitivi I*, per cercare mezzi alternativi con i quali indagare il mondo naturale. Numerose opere dell'artista eseguite negli anni successivi mostrano soggetti astratti posti contro (o dentro) spazi enigmatici altrettanto astratti, caratteristici del regno del subcosciente, a sua volta tema tipico del surrealismo. In *Confronto* (1944, tav. 9), un essere simile a un colibrì si libra nel lato sinistro del dipinto e sembra succhiare il nettare da un rigoglioso fiore situato al centro. Questi elementi pittorici, insieme al disegno innervato di un'ala o di una foglia in basso a destra, comprendono le aree più chiare della tela. I loro toni brillanti di giallo, arancione e bianco li contrappongono al nebuloso sfondo rosso sangue. La porzione inferiore della composizione racchiude le aree più scure, alcune delle quali appaiono come cavità vuote e altre come sezioni trasversali di radici sotterranee. Pur senza presentare la densa stratificazione e i dettagli intricati delle opere successive, *Confronto* anticipa comunque la fase successiva dell'evoluzione dell'artista attraverso i suoi disegni biomorfici, la suggestione di vita organica, l'uso di più ampie e fluide aree di colore e l'allusione del titolo a una narrazione strutturata approssimativamente.

Personale/Universale

Come molti suoi colleghi, Seliger sembra essere stato alla ricerca non solo di un nuovo stile di pittura, ma anche di temi potenzialmente significativi tanto a livello personale, quanto universale.[14] Le sue composizioni del 1944 e del 1945 presentano spesso un soggetto solitario: un ciclope, un cavaliere a dorso del suo destriero, un "oratore", una figura sul trapezio. Queste forme tendono ad essere collocate al centro e rese astratte, e i loro mondi interiori messi a nudo. In questo preciso momento, molti altri artisti americani stavano esplorando procedimenti simili per astrarre i propri soggetti in uno spazio onirico. Rothko, di cui Seliger fece la conoscenza in questo periodo, dipinse numerose opere seguendo questo orientamento, così come Pollock e Motherwell (si vedano *Vortice lento in riva al mare* di Rothko, 1944, fig. 8; *La donna luna* di Pollock, 1942, fig. 9; *Personaggio* di Motherwell, 1943,

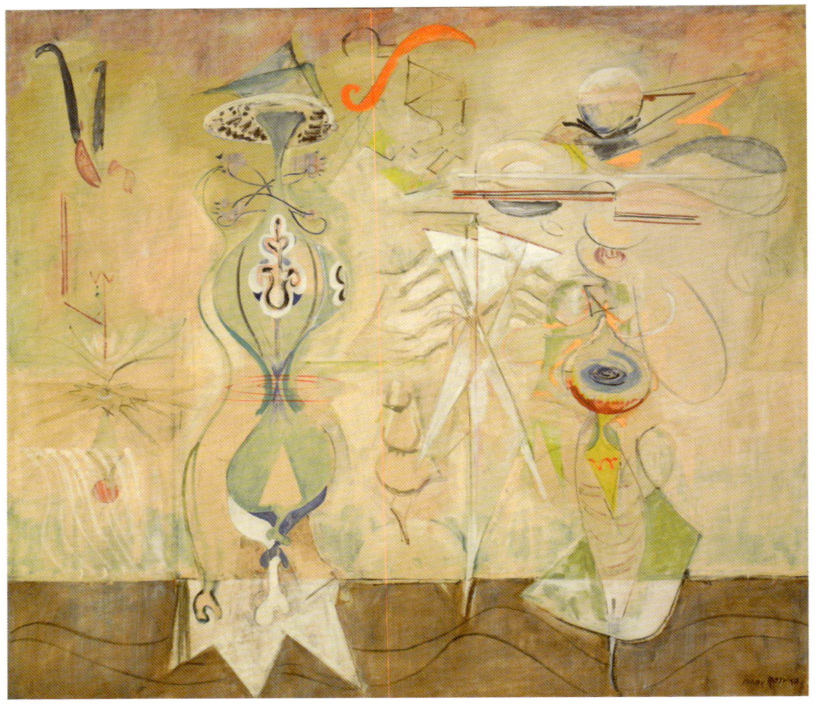

FIGURE 8

Mark Rothko (1903–1970)
Slow Swirl by the Edge of the Sea
(*Vortice lento in riva al mare*), 1944
Oil on canvas, 72 ⅜ x 84 ¾ inches
(183.8 x 215.3 cm)
The Museum of Modern Art, New York.
Bequest of Mrs. Mark Rothko through
The Mark Rothko Foundation, Inc.

FIGURE 9

Jackson Pollock (1912–1956)
The Moon-Woman (*La donna luna*), 1942
Oil on canvas, 69 x 43 $^{1}/_{16}$ inches
(175.2 x 109.3 cm)
The Solomon R. Guggenheim Foundation,
Peggy Guggenheim Collection, Venice,
1976. 76.2553.141

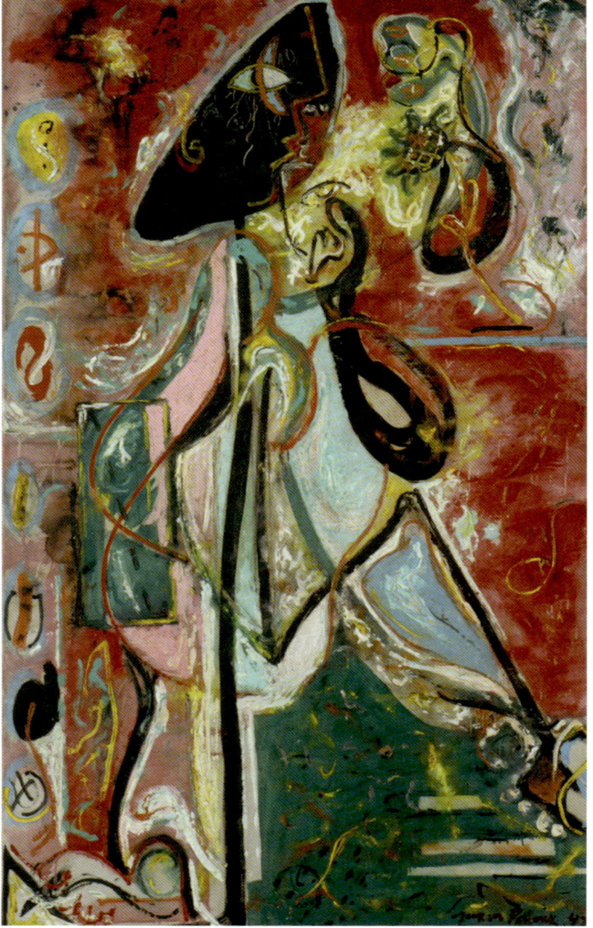

lance, and, perhaps, a tragic fallen figure in the foreground. The artist reveals the inner structures of these basic pictorial elements through multilayered surfaces comprised of paint splatters, weaving lines, and palette-knife scrapings pierced and stretched to suggest cellular structures, bodily cavities, and connective tissues, all of which are set against a stark black background. He also employed this strategy in *Orator* (1945, pl. 16), one of the largest paintings of his career. Here, the black background is overlaid with a mottled yellowish skin upon which a massive centralized form appears to open its dark, cavernous mouth as if preparing to speak.

In *Hidden Skeleton*, completed the same year as *Orator*, a centralized, horizontally oriented form with all the visceral suggestiveness of one of Chaim Soutine's "carcass" paintings (such as *Carcass of Beef*, fig. 10), exposes its multilayered innards. One can detect a spine-like shape on the left, ribs (or, perhaps, veins, tendons, or muscles) on the right, and an eerie green heart or eye at center.[15] In *Orator*, and to an even greater degree in *Hidden Skeleton*, the complexity of Seliger's layering and his use of a wide variety of gestural markings and textural effects began to increase. Smooth areas, either carefully brushed or scraped with a palette knife, are intermingled with and sometimes encircled by patches of thicker brushwork. The artist also utilized techniques such as combing and stippling. The entire surface of the canvas has an active feeling created not only by color and form, but also by the myriad ways in which the artist applied his paint. *Hidden Skeleton* illustrates perfectly one of Seliger's primary artistic aims: "[to] tear the skin from life and, peering closely, to paint what I see." His brain, he continued, was to "become a magnifying lens for the infinite minutiae forming reality."[16]

Perhaps inspired by the variety of abstracted realms (and the innovative ways of rendering forms within them) found in the work of foreign artists such as Roberto Matta, André Masson, and Wolfgang Paalen, and American colleagues such as Gerome Kamrowski (see fig. 11), Seliger also began to explore means of moving beyond the figure/ground compositions of images like *Don Quixote* and *Orator*. In *Interior Space* (pl. 12), for example, he inverted earlier spatial relationships, making the central area of the narrow, vertical canvas a void rather than a solid. The lighter

a sinistra in fig. 1). Tutti e tre i dipinti furono esposti tra il 1943 e il 1945 nell'autorevole galleria newyorkese Art of This Century di Peggy Guggenheim.

È possibile identificare il soggetto del *Don Chisciotte* di Seliger (1944, tav. 11) con relativa facilità. Il titolo del quadro rimanda al romanzo secentesco di Miguel de Cervantes che racconta la ricerca infinita e vana di un gentiluomo di campagna che arriva a concepirsi come un cavaliere. I temi, contenuti nel libro, dello spiazzamento e dell'insoddisfazione della vita moderna vibrano all'unisono sia con le incertezze degli anni della guerra, sia con la *quête* che Seliger e gli altri avevano intrapreso per trovare nuovi mezzi di espressione artistica. Allo stesso modo, l'incapacità di Don Chisciotte a riconciliare il mondo interiore della sua immaginazione con la realtà esterna era ritagliata su misura per gli interessi dei surrealisti e di chi si ispirava a loro. Il dipinto di Seliger non pare illustrare un evento specifico della storia narrata da Cervantes, ma rende invece i suoi componenti fondamentali in modo astratto: il cavallo, la lancia del cavaliere e, forse, una tragica figura caduta in primo piano. L'artista rivela le strutture intime di questi elementi pittorici di base utilizzando superfici stratificate ottenute con spruzzi di colore, linee che si intrecciano, raschiature di spatola profonde fino a perforare la vernice e allungate, che suggeriscono strutture cellulari, cavità anatomiche e tessuti connettivi, il tutto collocato contro uno spoglio sfondo nero. Ricorse a questa strategia anche in *Oratore* (1945, tav. 16), uno dei quadri più grandi della sua carriera. Qui lo sfondo nero è ricoperto da una pelle giallastra a chiazze sulla quale compare, ad occupare il centro, un'enorme figura che apre la sua bocca scura e smisurata come se si accingesse a parlare.

In *Scheletro nascosto*, portato a termine lo stesso anno di *Oratore*, una forma posta al centro e orientata orizzontalmente, dotata di tutta la suggestività di uno dei dipinti di carcasse di Chaim Soutine (come *Carcassa di bue*, fig. 10), mette in mostra tutti gli strati delle sue viscere. Si possono individuare una forma simile a una colonna vertebrale sulla sinistra, costole (o forse vene, tendini o muscoli) sulla destra e un inquietante occhio o cuore verde al centro.[15] In *Oratore*, e in misura ancora maggiore in *Scheletro nascosto*, la complessità con cui Seliger disponeva gli strati e

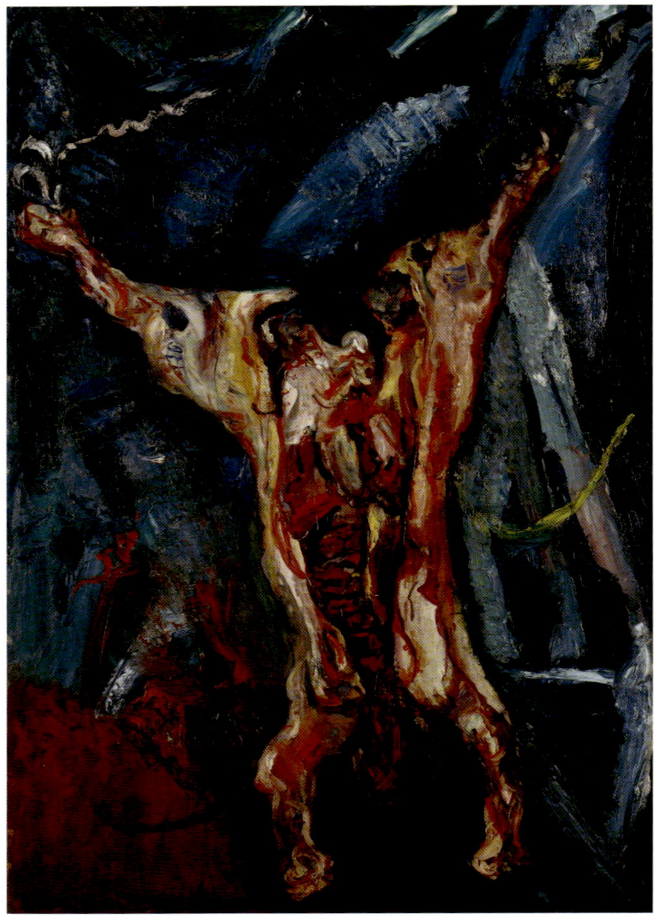

FIGURE 10
Chaim Soutine (1894–1943)
Carcass of Beef (*Carcassa di bue*), circa 1925
Oil on canvas,
45 ¾ x 31 ¾ inches (116.21 x 80.65 cm)
Minneapolis Institute of Arts, Gift
of Mr. and Mrs. Donald Winston
and an anonymous donor

zones at the edges of the composition are formed of layers of rich reds and white. These seemingly elastic, perforated membranes frame the darker heart of the image, in which a greenish-blue mass stretches downward, root-like, its ends interwoven with the outer membrane. This "window" effect, by which one layer is pierced to expose the next, appears in many of the artist's paintings from this point in his development. Seliger was not alone in using the tactic, which was a noteworthy feature of Paalen's *Paysage totémique de mon enfance* (1939), a painting Peggy Guggenheim acquired soon after it was completed, as well as contemporaneous works by Matta, Masson, and Kamrowski.[17] Each element is reflected repeatedly in the others, creating a visual metaphor for the interconnectedness of various natural realms and living things. Describing his work from this period, Seliger later noted: "[M]any of my images are habitats, forms within forms, seeds, wombs, boxes, interiors of a stone, images within images."[18] The type of structured, self-contained environment in *Interior Space* is also found in the similarly proportioned *Natural History: Botanical # 1* (1946, pl. 19).

As the decade progressed, Seliger's paintings increasingly evoked the hidden inner workings of the natural

il suo uso di un'ampia varietà di segni gestuali e di effetti di trama cominciò ad aumentare. Aree lisce, pennellate con cura o raschiate con la spatola, si mescolano a chiazze di pennellate più spesse, e talvolta ne sono circondate. L'artista utilizza anche tecniche come la finitura a pettine e la puntinatura. L'intera superficie della tela ha un senso di attività creato non solo dal colore e dalla forma, ma anche dalla miriade di modalità con cui l'artista applica la sua vernice. *Scheletro nascosto* illustra perfettamente uno dei principali obiettivi artistici di Seliger: «strappare la pelle dalla vita e, scrutando attentamente, dipingere ciò che vedo». Il suo cervello, continuava, sarebbe diventato «una lente d'ingrandimento per le infinite minime particelle che formano la realtà».[16]

Forse ispirato dalla grande varietà di mondi astratti (e dai metodi innovativi di presentare le forme al loro interno) riscontrata nelle opere di artisti stranieri come Roberto Matta, André Masson e Wolfgang Paalen e di colleghi americani come Gerome Kamrowski (si veda la fig. 11), Seliger iniziò anche a studiare modi per muoversi al di là della composizione fondata sulla dialettica figura/campo di dipinti come *Don Chisciotte* e *Oratore*. In *Spazio interiore* (tav. 12), per esempio, rovescia le relazioni spaziali precedenti, trasformando l'area centrale della tela stretta e verticale in un vuoto anziché un pieno. Le zone più chiare ai bordi della composizione sono formate da strati di rossi intensi e bianco. Queste membrane perforate, apparentemente elastiche, incorniciano il cuore scuro dell'immagine, nel quale una massa blu-verdastra si protende verso il basso come una radice, e intreccia le sue estremità alla membrana esterna. Questo effetto "finestra", per cui uno strato si lacera per scoprire il successivo, ritorna in molti dipinti dell'artista da questo punto del suo sviluppo in avanti. Seliger non era l'unico a usare questa tattica, che era infatti una caratteristica rilevante di *Paesaggio totemico*

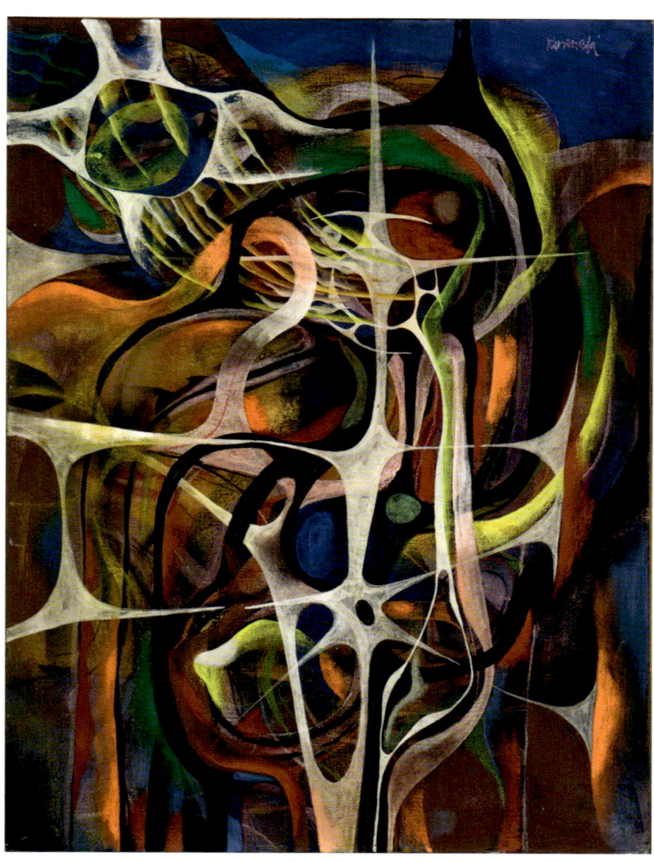

FIGURE 11
Gerome Kamrowski (1914–2004)
Membrane, No. 239
(*Membrana, n. 239*), 1942–43
Oil and pastel on canvas,
40 x 30 inches (101.6 x 76.2 cm)
Los Angeles County Museum of Art,
Los Angeles. Bequest of Fannie and
Alan Leslie. M.2006.73.14

world. This characteristic distinguished his approach from the more gestural, self-as-subject direction that many of his colleagues adopted as they continued to experiment with new forms of abstraction.[19] Perhaps the most prominent example of this trend is found in the development of Pollock's oeuvre during the 1940s. Pollock moved from producing paintings featuring abstracted figures or other mythical beings, like *The Moon Woman* and *The She-Wolf* (1943, Museum of Modern Art, New York), to embracing a more nonobjective aesthetic derived from his own movements, as in *There Were Seven in Eight* (ca. 1945, fig. 12).

A Year of Evolution

In 1945, the year that he painted *Hidden Skeleton*, Seliger reached a critical turning point in his artistic development. Over the preceding year he had begun to work out the basic methodology of what would become his mature creative process, in which automatism served as the inspiration for a complex series of subsequent tracings, overpainting, and refinements, sometimes achieved by working back through upper layers of paint to reveal portions of what lay beneath. The artist's dense paintings offered macroscopic views of a hidden, microscopic world; the invisible rendered visible; the natural structures, networks, and systems of flora and fauna.

della mia infanzia (1939) di Paalen, un quadro che Peggy Guggenheim acquistò poco dopo che fu ultimato, così come di altre opere contemporanee di Matta, Masson e Kamrowski.[17] Ciascun elemento si riflette ripetutamente negli altri, creando una metafora visiva della reciproca interconnessione tra i vari regni naturali e gli esseri viventi. Descrivendo la sua attività di questo periodo, Seliger avrebbe poi osservato: «molte delle mie immagini sono habitat, forme dentro forme, semi, uteri, scatole, interni di pietre, immagini dentro immagini».[18] Lo stesso genere di ambiente strutturato, contenuto in sé stesso di *Spazio interiore* si ritrova nel quadro, di proporzioni simili, *Storia naturale: Botanico #1* (1946, tav. 19).

Man mano che il decennio avanzava, i dipinti di Seliger evocavano sempre di più i meccanismi interni nascosti del mondo naturale. Questo tratto distingueva il suo modo di operare dalla direzione più gestuale, autocosciente adottata da molti suoi colleghi che continuavano a sperimentare con le nuove forme dell'astrazione.[19] L'esempio più evidente di questa tendenza si trova forse nello sviluppo dell'opera di Pollock negli anni Quaranta. Pollock si spostò dalla produzione di dipinti con figure astratte o altri esseri mitologici, come *La donna luna* e *La lupa* (1943, Museum of Modern Art, New York), per abbracciare un'estetica più non-oggettiva derivata dai suoi stessi movimenti, come in *C'erano sette in otto* (ca. 1945, fig. 12).

Un anno di evoluzione

Nel 1945, anno in cui dipinse *Scheletro nascosto*, Seliger raggiunse un punto di svolta fondamentale nel suo sviluppo artistico. Durante l'anno precedente aveva iniziato a mettere a punto la metodologia di base di quello che sarebbe diventato il suo processo creativo maturo, in cui l'automatismo funzionava come ispirazione per una serie complessa di ricalcature successive, di mani di colore sovrapposte e di raffinamenti, ottenuti talvolta ritornando a lavorare sugli strati superiori di vernice così da riportare alla luce porzioni

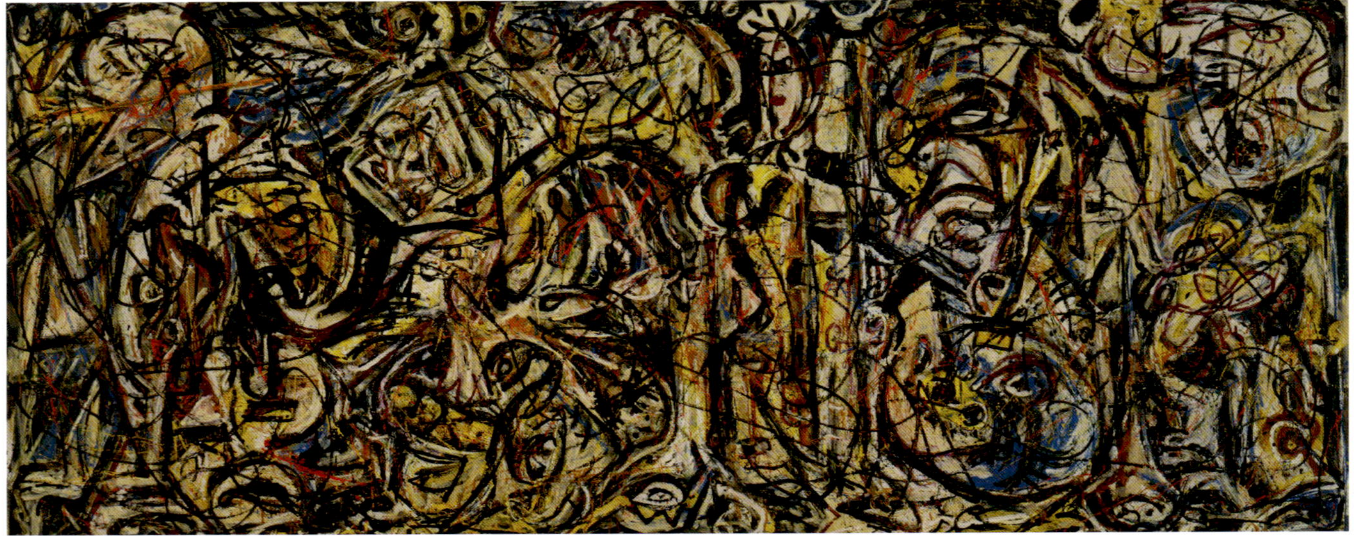

As he exhibited these paintings in groundbreaking exhibitions alongside those of older American artists including Jackson Pollock, Robert Motherwell, Mark Rothko, Arshile Gorky, and Willem de Kooning, Seliger garnered increased critical and public exposure.

One of these exhibitions, *Personal Statement: A Painting Prophecy, 1950*, on view at David Porter's G Place Gallery in Washington, D.C., from May 14 to July 7, 1945, aspired both to predict the direction of American art five years hence and to identify the artists who would become the most significant practitioners of this new style. Seliger was represented by *Cerebral Landscape* (1944, pl. 10), a canvas in which a network of biomorphic tracery expands, weblike, across almost the entire composition. *Cerebral Landscape* shares with paintings such as *Orator* and *Don Quixote* a solid, dark-colored background that creates a basic figure/ground relationship, but the individualized forms found in those two images are gone. Repeated structures suggest the continuity of forms and systems at infinite scales in the natural world. For example, the network of thick white lines in the uppermost layer of paint are echoed in the web of red lines in an underlayer, as well as in the thin lines etched into circular patches of white paint in the central and lower left-hand parts of the composition. Circles appear throughout the pictorial space, some suggesting eyes, others sperm or eggs, and still others cellular structures. This method of linking separate elements of a composition with linear traceries and repeated shapes can also be seen in some of Seliger's works on paper from this period, particularly collages like *Sex, Evolution, and the Man* (1944, pl. 14) and drawings from the artist's *Biomorphic Series* (1944, pls. 5–8).[20]

di quanto si trovava a livelli sottostanti. I dipinti densi dell'artista offrivano visioni macroscopiche di un mondo nascosto, microscopico; l'invisibile reso visibile; le strutture naturali, le connessioni e i sistemi della flora e della fauna. Esponendo questi quadri in mostre d'avanguardia insieme ad artisti americani più anziani come Jackson Pollock, Robert Motherwell, Mark Rothko, Arshile Gorky e Willem de Koonig, Seliger vedeva aumentare la sua esposizione alla critica e al pubblico.

Una di queste mostre, *Dichiarazione d'intenti: una profezia in pittura, 1950*, visibile presso la G Place Gallery di David Porter a Washington dal 14 maggio al 7 luglio 1945, aspirava a predire la direzione dell'arte americana da lì a cinque anni, e al tempo stesso a individuare gli artisti che sarebbero diventati i rappresentanti più significativi di questo nuovo stile. Seliger era rappresentato da *Paesaggio cerebrale* (1944, tav. 10), una tela nella quale un intreccio di tratti biomorfici si espande, come una ragnatela, attraverso quasi l'intera composizione. *Paesaggio cerebrale* condivide con dipinti come *Oratore* e *Don Chisciotte* lo sfondo scuro a tinta unita che crea una relazione elementare tra figura e campo, ma qui non ci sono più le forme individualizzate ravvisabili nelle due opere precedenti. Strutture ripetute suggeriscono la continuità di forme e sistemi in scale infinite nel mondo naturale. Per esempio, l'intrico di linee bianche spesse nel livello più superficiale di colore è riecheggiato nella rete di linee rosse in uno strato inferiore e nelle linee sottili incise nelle chiazze circolari di vernice bianca nella parte centrale e in quella inferiore sinistra della composizione. In tutto lo spazio pittorico appaiono cerchi: alcuni ricordano occhi, altri spermatozoi o uova, e altri ancora strutture cellulari. Questo

FIGURE 12
Jackson Pollock (1912–1956)
There Were Seven in Eight
(*C'erano sette in otto*), circa 1945
Oil on canvas, 43 x 102 inches
(109.2 x 259.1 cm)
The Museum of Modern Art, New York.
Mr. and Mrs. Walter Bareiss Fund and purchase.

Cerebral Landscape was purchased from Porter's exhibition by Peggy Guggenheim, who gave Seliger his first solo show later that year after his dealer, Howard Putzel, died unexpectedly.[21] The exhibition at Guggenheim's gallery Art of This Century served as a both point of pride and a chance for reflection for the artist. Certainly his accomplishments, considering his young age and limited education and experience, were impressive. But the show also allowed him to see what a large body of his work looked like when installed together. Based on the larger canvases and increasingly complex compositions that followed, Seliger appears to have been energized and encouraged by the exhibition. The increase in scale may also have been influenced by his commission to design a series of window displays for the New York department store Saks Fifth Avenue that summer, and by the fact that many of his new colleagues were also starting to work in larger formats.[22]

Guggenheim recognized that she had added a promising talent to her stable and that the opportunity to exhibit at her gallery had proved inspirational to Seliger. In February 1946, she wrote to Herbert Read (whose book had helped introduce Seliger to modern art just a few years before) that the artist's work was "not merely precocious—it shows a steady development, and his painting, which he has done since the show I gave him, represents a considerable advance on his earlier work. His painting is extremely organic, and his technique highly accomplished. . . . Seliger is an extremely serious painter, and I have a great deal of faith in his development."[23] Read was receptive to Guggenheim's praise and included a reproduction of Seliger's painting *Don Quixote* in the next edition of *Art Now*, published in 1948.

metodo di collegare elementi separati di una composizione con tratti lineari e forme ripetute può essere osservato anche in alcuni dei lavori su carta realizzati da Seliger nello stesso periodo, in particolare in collage come *Sesso, evoluzione e l'uomo* (1944, tav. 14) e nei disegni della *Serie biomorfica* (1944, tavv. 5-8).[20]

Paesaggio cerebrale fu acquistato alla mostra di Porter da Peggy Guggenheim, che offrì a Seliger la sua prima personale nello stesso anno, dopo la morte improvvisa di Howard Putzel, intermediario dell'artista.[21] L'esposizione alla galleria Art of This Century della Guggenheim fu per Seliger allo stesso tempo un motivo d'orgoglio e un'occasione di riflessione. Senza dubbio, i suoi risultati, considerando la giovane età e la formazione e l'esperienza limitate, erano impressionanti. Ma la mostra gli permise anche di rendersi conto che gran corpo formassero le sue opere, esposte tutte insieme. A giudicare dalle tele più grandi e dalle composizioni via via più complesse che seguirono, si direbbe che Seliger abbia avuto dall'esposizione un'iniezione di energia e di coraggio. L'aumento delle dimensioni potrebbe essere stata influenzata dalla commissione di disegnare una serie di vetrine, ottenuta quell'estate dal grande magazzino newyorkese Saks Fifth Avenue e dal fatto che molti dei suoi nuovi colleghi stessero iniziando a lavorare su formati maggiori.[22]

La Guggenheim comprese di aver aggiunto un talento promettente alla propria scuderia, e che la possibilità di esporre alla sua galleria si era rivelata una fonte di ispirazione per Seliger. Nel febbraio 1946 scriveva a Herbert Read (il cui libro, solo pochi anni prima, aveva aiutato Seliger a iniziarsi all'arte moderna) che il lavoro dell'artista «non è semplicemente precoce – mostra uno sviluppo costante, e i dipinti che ha realizzato dopo la mostra che ho fatto per lui rappresentano un avanzamento considerevole rispetto ai suoi lavori precedenti. La sua pittura è estremamente organica e la sua tecnica molto progredita. [...] Seliger è un pittore estremamente serio, e nutro una grande fiducia nel suo sviluppo futuro».[23] Read fu sensibile all'elogio fatto dalla Guggenheim, e inserì una riproduzione del quadro di Seliger *Don Chisciotte* nell'edizione successiva di *Art Now*, pubblicata nel 1948.

Shortly after his exhibition at Art of This Century, Seliger created two of his most technically sophisticated efforts to date. The large canvas *Homage to Erasmus Darwin* (1945–46, pl. 18), the title of which refers to a British naturalist poet and the grandfather of Charles Darwin, retains the basic figure/ground relationship seen in earlier works, but features one of the most abstract, complex forms the artist had yet produced.[24] *Natural History: Organic Forms, Plant and Animal* (1946, pl. 21), the largest painting of Seliger's career (54 x 46 inches), marked the artist's permanent departure from his practice of isolating a form or series of forms against a monochromatic background.

A Path of His Own

Soon after completing the tour-de-force *Natural History: Organic Forms, Plant and Animal*, Seliger made a career-changing decision that had a long-term effect on both the direction of his art and his visibility within the art world. At the exact moment that many of his colleagues decided to move beyond easel painting to create images of almost architectural proportions, Seliger did just the opposite and began to work on a much smaller scale. The increased level of detail in his paintings set his work even further apart from the open, broad gestures that came to define the mature oeuvres of the best-known artists of the era, such as Rothko, Pollock, Motherwell, De Kooning, Clifford Still, Franz Kline, and Barnett Newman. Discussing this issue with Michelle DuBois in 2008, Seliger recalled that, at the time, "there was all this stuff going on about scale and my gift was the ability to deal with small scale in a highly complex way, in a manner in which large would not be the same."[25]

Pollock, whose career Guggenheim had helped launch with a solo exhibition just two years before Seliger's, had begun working on a large scale by the early 1940s. Many of his canvases from the mid-forties regularly exceeded 48 x 60 inches. The monumental *Mural*, which Guggenheim commissioned in 1943, was almost eight feet high by twenty feet wide. Rothko, too, had begun increasing the size of his canvases by the middle of the decade, regularly completing paintings that surpassed 36 x 48 inches after 1945. Seliger jokingly referred to the epic proportions of Pollock's paintings

Poco tempo dopo la sua mostra alla Art of This Century, Seliger produsse due tra le opere tecnicamente più raffinate che avesse creato fino a quel momento. La grande tela *Omaggio a Erasmus Darwin* (1945-46, tav. 18), che si riferisce nel titolo al poeta e naturalista britannico nonno di Charles Darwin, conserva la relazione di base figura/campo osservata nei lavori anteriori, ma offre una delle forme più astratte e complesse che l'artista avesse mai prodotto.[24] *Storia naturale: forme organiche, pianta e animale* (1946, tav. 21), il dipinto più grande della carriera di Seliger (137,2 x 116,8 cm), segnò il distacco definitivo dell'artista dalla sua pratica di isolare una forma o una serie di forme contro uno sfondo monocromatico.

Una strada personale

Dopo aver portato a termine il *tour de force* di *Storia naturale: forme organiche, pianta e animale*, Seliger prese presto una decisione che avrebbe modificato la sua carriera, con effetti a lungo termine sia sulla direzione del suo lavoro, sia sulla sua visibilità nel mondo dell'arte. Nel momento esatto in cui molti suoi colleghi scelgono di andare oltre la pittura da cavalletto e di creare immagini di proporzioni quasi architettoniche, Seliger fece tutto il contrario e iniziò a lavorare su scala molto più ridotta. Il livello del dettaglio sempre più elevato dei suoi dipinti distanziò ancora di più il suo lavoro dai gesti ampi e aperti che ormai definivano l'opera matura degli artisti celebri del tempo, come Rothko, Pollock, Motherwell, De Koonig, Clifford Still, Franz Kline e Barnett Newman. Discutendo quest'argomento con Michelle DuBois nel 2008, Seliger ricordava che, a quel tempo, «c'era tutta questa questione sulle dimensioni, e il mio talento era l'abilità a trattare le proporzioni ridotte in un modo molto complesso, in una maniera che in grande non sarebbe stata la stessa».[25]

Pollock, il cui lancio come artista era stato favorito da una mostra personale organizzata dalla Guggenheim solo due anni prima di quella di Seliger, aveva iniziato a lavorare su grande scala già nei primi anni Quaranta. Molte delle sue tele della metà di quel decennio superavano sistematicamente i 120 x 150 cm. Il monumentale *Murale*, commissionato da Peggy Guggenheim nel 1943, era alto quasi 2,40 m e largo go 6 m. Anche Rothko aveva cominciato ad aumentare la

in a letter to Rothko about exhibiting in Venice, teasing, "Pollock has the only canvases large enough to float down the Grand Canal on."[26] His own work at this time was certainly *not* big enough for such purposes, as it rarely exceeded two feet in any dimension after 1946; *Sentinel*, completed in 1947 (pl. 26), is a rare exception at approximately 34 x 30 inches. Many of the artist's paintings, in fact, were in the neighborhood of just 9 x 12 inches. A handful of Seliger's colleagues, such as Gottlieb, Baziotes, and Mark Tobey, continued to focus on easel-scale paintings, but their work still tended to be larger than his.

The issue of the size of paintings by artists working in an abstract manner in the 1940s has been explored in the past. As Jeffrey Weschler's pioneering exhibition and catalogue *Abstract Expressionism: Other Dimensions* (1989) details, the small size of Seliger's paintings played a role in shaping the perception that they were not as important as those of his colleagues. Scale was certainly part of the reason that critics and art historians rarely considered his work alongside theirs. Indeed, as the pioneering Abstract Expressionism scholar Irving Sandler explained in Weschler's catalogue: "In the case of Seliger, the fact that he worked small, as did Tobey, seemed to put him outside of Abstract Expressionism. Right or wrong, this is what I think was the perception of the time. It [leaving him out of Sandler's book on Abstract Expressionism] may have been a terrible thing to do, but it was done."[27]

The increasing amount of visual information packed into Seliger's paintings during the late 1940s reflects the intensity of his vision and gives these works the visceral presence of much larger paintings whose aim was to immerse the viewer in their world (fig. 13). Large canvases by Pollock, Rothko, Newman, and Still create an absorptive visual field that often threatens to engulf the viewer. Seliger's modestly sized art, by contrast, draws one in with the strength of its color, the clarity of its basic organization, and the complexity of its space, creating a viewing experience that is more intimate yet equally absorbing. Others have also noted this quality: Weschler asserted that "people like . . . Seliger can be seen as concentrating their efforts down to a smaller scale while keeping the definitional attributes of a field painting,"

misura delle sue tele negli stessi anni, e i dipinti prodotti dopo il 1945 sorpassano regolarmente i 90 x 120 cm. In una lettera indirizzata a Rothko sulle mostre di Venezia, Seliger si riferiva scherzosamente alle proporzioni epiche dei quadri di Pollock e scriveva, prendendolo in giro: «Pollock ha le uniche tele grandi abbastanza per navigare sul Canal Grande».[26] Di sicuro, le sue opere di quegli anni *non* erano adatte, per dimensioni, a uno scopo del genere, in quanto difficilmente, dopo il 1946, superarono in altezza o larghezza i 60 cm; *Sentinella*, dipinto nel 1947 (tav. 26), è una rara eccezione con i suoi 85,1 x 75 cm. Molti dei quadri dell'artista si aggiravano infatti intorno ai 22 x 30 cm. Un gruppo esiguo di colleghi di Seliger, come Gottlieb, Baziotes e Mark Tobey, continuò a concentrarsi su quadri da cavalletto, ma i loro lavori tendevano comunque ad essere più grandi dei suoi.

Il tema delle dimensioni dei quadri creati negli anni Quaranta dai pittori che lavoravano in modo astratto è stato studiato in passato. Come chiariscono la pioneristica mostra e il relativo catalogo *Espressionismo astratto: altre dimensioni* (1989) di Jeffrey Weschler, le dimensioni ridotte dei dipinti di Seliger ebbero un ruolo rilevante nel formare la percezione che non fossero importanti come quelli dei suoi colleghi. La scala dei suoi quadri fu senz'altro una delle ragioni per cui critici e storici dell'arte hanno raramente considerato la sua opera accanto a quella degli altri. Effettivamente, come Irving Sandler, uno dei primissimi studiosi dell'espressionismo astratto, spiega nel catalogo di Weschler, «nel caso di Seliger, il fatto che egli lavorasse in piccolo, come Tobey, sembrava collocarlo fuori dell'espressionismo astratto. A torto o a ragione, questa è quella che ritengo essere la percezione di quel tempo. [Lasciarlo fuori dal libro dello stesso Sandler sull'espressionismo astratto] forse è stata una cosa terribile da fare, ma è stata fatta».[27]

La quantità sempre maggiore di informazioni visive che riempie i dipinti di Seliger nei tardi anni Quaranta riflette l'intensità della sua visione e conferisce a queste opere la presenza viscerale di quadri molto più grandi, il cui intento era quello di immergere l'osservatore nel loro mondo (fig. 13). Le grandi tele di Pollock, Rothko, Newman e Still creano un campo visivo dotato di una forte carica attrattiva che spesso minaccia di sopraffare l'osservatore. L'arte di dimensioni

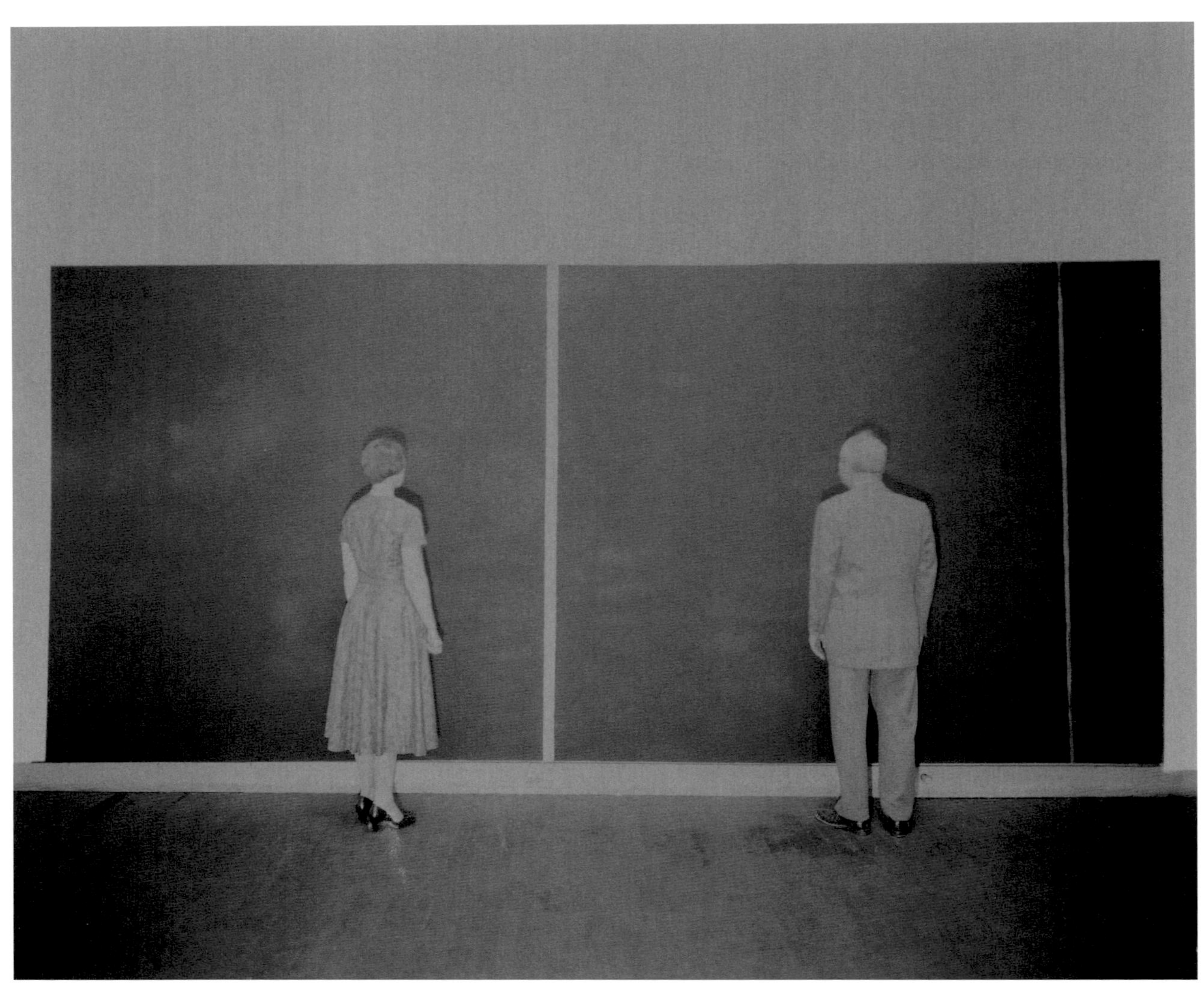

FIGURE 13
Barnett Newman in front of his painting *Cathedra* (Barnett Newman di fronte al suo dipinto *Cathedra*), 1958
Smithsonian Institution, Washington, D.C.

to which Sandler replied that the nature of Seliger's gesture (small and contained) was in keeping with the size of his paintings, while the nature of the gesture of an artist such as Pollock (large and sweeping) was better served by bigger canvases.[28] Pollock scholar Matthew Rohn has described the aggregate effects that highly detailed paintings like Seliger's can create: "None of the individual elements is significant enough to gain undivided attention, . . . but sufficient relatedness and redundancy do exist so that the elements can be perceived as part of a more comprehensive whole."[29]

"Natural" Selection

Although Seliger and many of his contemporaries shared an early interest in mythology and epic tales, as seen in the artist's *Don Quixote* and *The Last Cyclops* (1944, pl. 13), the natural motifs that dominated his work from the second half of the decade also illustrate Seliger's diverging path.[30] The theme of these paintings might suggest that the artist was an ardent naturalist. But there is no evidence that he spent significant amounts of time out of doors or studied objects under a microscope, although he had recently begun reading authors such as John Burroughs and John Henri Fabre, whose attitudes about nature were aligned with his own.[31] Instead, Seliger felt that his hand, guided by recollections of life carefully observed, could produce automatic gestures that would reveal something meaningful about the fundamental structures and rhythms of the world around him. As he explained in a statement for the catalogue of the exhibition *Visions of Inner Space: Gestural Painting in Modern American Art* (1987), his work is "wedded to the organic shapes and rhythms of nature and develops, as in nature, through a long, slow process of becoming."[32] Seliger believed that one did not need to be a botanist, biologist, or geologist to have an intimate bond with or knowledge of the natural world, asserting: "[T]here is something you get beyond self, where you reach into worlds, and things, that have nothing to do with your everyday biography."[33]

Indeed, the titles of many of his works from the late 1940s suggest that Seliger's subject was not the natural world itself, but rather the complex relationships that one might discover therein. At his second solo exhibition, held in 1948

modeste di Seliger, invece, ci tira dentro grazie alla forza del suo colore, alla chiarezza della sua organizzazione fondamentale e alla complessità del suo spazio, che creano un'esperienza visuale che è più intima ma ugualmente in grado di assorbirci. Altri hanno inoltre notato questo aspetto: all'affermazione di Weschler che «persone come [...] Seliger possono essere intese come persone che piegano e concentrano i propri sforzi su una scala più piccola pur conservando la capacità di definizione di una grande tela colorata», Sandler replica che la natura del gesto di Seliger (piccolo e contenuto) era in linea con le dimensioni dei suoi quadri, mentre la natura del gesto di un artista come Pollock (ampio ed esteso) era servita meglio da tele più grandi.[28] Lo studioso di Pollock Matthew Rohn ha descritto così gli effetti complessivi che possono essere creati dai dipinti altamente dettagliati di Seliger: «nessun elemento in sé è abbastanza significativo da ottenere un'attenzione esclusiva, [...] ma senz'altro esistono una relazionalità e una ridondanza tali che gli elementi possono essere percepiti come parte di un tutto più vasto».[29]

Selezione "naturale"

Sebbene Seliger e molti dei suoi contemporanei avessero in comune un originario interesse per la mitologia e i racconti epici, come si è visto per *Don Chisciotte* e per *L'ultimo ciclope* (1944, tav. 13), i motivi naturali che dominarono le sue opere a partire dalla seconda metà del decennio illustrano anche un percorso divergente.[30] Il tema di questi dipinti potrebbe suggerire che l'artista fosse un appassionato naturalista, eppure non esistono prove che trascorresse lunghi periodi all'aperto o che studiasse oggetti al microscopio, anche se in quei tempi aveva da poco iniziato a leggere autori come John Burroughs e John Henri Fabre, nei quali emergeva un atteggiamento verso la natura non dissimile dal suo.[31] Al contrario, Seliger avvertiva che la sua mano, guidata dalla memoria della vita osservata attentamente, era in grado di produrre gesti automatici che rivelavano un qualche significato delle strutture e dei ritmi fondamentali del mondo intorno a lui. Come spiegò in una presentazione scritta per il catalogo della mostra *Visioni dello spazio interiore: il dipinto gestuale nell'arte americana moderna* (1987), il suo lavoro è «sposato con le forme organiche e con i ritmi della natura e si

at the Carlebach Gallery (which represented the artist briefly after Guggenheim closed Art of This Century in 1947), one found paintings such as *Cross-Section: Earth Spine*; *Formation: Heart Within Stone*; *Organic Apparition*; *Plant Life: Botanical Structure #1*; and *Wasp: Vertebrate View*. Many of these titles evoke hybrid forms that one would not find in nature: the earth supported by a spine; a stone containing a heart, a ghostly form with organic characteristics. Yet it is precisely such surprising juxtapositions that drove much of the modern art Seliger had familiarized himself with over the past decade. In Masson's work, for example, seemingly abstract lines and shapes coalesce to form epic undersea battles (*Battle of Fishes*, 1926, Museum of Modern Art, New York) and oak leaves writ large contain shapes suggesting entire worlds of activity (*Meditation on an Oak Leaf*, 1942, fig. 14). In Ernst's paintings, patterns suggested by random *frottage*—rubbing over a textured surface—develop into fantastic creatures engaged in mysterious narratives (*The Antipope*, 1941–42, Peggy Guggenheim Collection), and Matta employed paintbrush and palette knife to juxtapose amorphous spaces and floating linear structures containing creatures neither fully human nor fully beast.

For Seliger, too, automatism was not an end but rather a means: a stimulating way to open up his artistic process in order to find new sources of inspiration and new ways to engage with his subject matter. His paintings are thus neither visually homogeneous nor merely illustrative, but rather a dynamic blend of color, line, and layering. They are visually and conceptually "active," and therefore suggestive of the cycles of life, growth, movement, and transformation that animate the natural world at both macroscopic and microscopic levels. Although his works bear little visual relation to the infinitely repeating fractal forms recently identified by scientists, one can imagine that Seliger would have appreciated the concept.[34] In fact, one of Seliger's sons, Mark, who works in the technology sector, recalled at the artist's memorial that he and his supervisor were amazed when his father, in town for a visit, looked at a complex bit of computer circuitry and intuitively understood its basic structure and functionality.[35]

The titles of Seliger's increasingly abstract late-

sviluppa, come in natura, attraverso un lungo e lento processo di divenire».[32] Seliger credeva che non fosse necessario essere un botanico, un biologo o un geologo per avere un intimo vincolo con il mondo naturale, o la sua conoscenza, ed affermava: «esiste qualcosa a cui arrivi al di là dell'Io, dove raggiungi mondi e cose che non hanno nulla a che fare con la tua biografia di tutti i giorni».[33]

In effetti, i titoli di molte delle opere della fine degli anni Quaranta fanno capire che il soggetto di Seliger non era il mondo naturale in sé, quanto piuttosto le relazioni complesse che vi si possono scoprire all'interno. Nella sua seconda mostra personale, allestita nel 1948 presso la Carlebach Gallery (che rappresentò l'artista per un breve periodo dopo che Peggy Guggenheim chiuse Art of This Century nel 1947), si trovano quadri come *Sezione trasversale: spina dorsale della terra*; *Formazione: cuore in pietra*; *Apparizione organica*; *Vita vegetale: struttura botanica #1* e *Vespa: vista vertebrata*. Molti di questi titoli evocano forme ibride che non si ritrovano in natura: una terra sorretta da una colonna dorsale, una pietra che contiene un cuore, forma spettrale dalle caratteristiche organiche. Eppure è proprio questa giustapposizione sorprendente a convogliare tanta arte moderna con cui Seliger si era reso familiare durante il decennio precedente. Nell'opera di Masson, ad esempio, linee e forme apparentemente astratte si stringono a formare epiche battaglie subacquee (*Battaglia di pesci*, 1926, Museum of Modern Art, New York), mentre foglie di quercia racchiudono in forma elaborata forme che evocano interi universi di attività (*Meditazione su una foglia di quercia*, 1942, fig. 14). Nei quadri di Ernst, *pattern* suggeriti da *frottage* casuali – sfregamenti su una superficie dotata di trama – si trasformano in creature fantastiche che prendono parte a racconti misteriosi (*L'antipapa*, 1941-42, Peggy Guggenheim Collection); allo stesso tempo Matta utilizzava pennello e spatola per sovrapporre spazi amorfi e strutture lineari fluttuanti che contenevano in sé creature né pienamente umane, né pienamente bestiali.

Per Seliger l'automatismo non era affatto un fine, ma un mezzo: un modo stimolante di spalancare il suo processo artistico alla ricerca di nuove fonti di ispirazione e di nuove strade per coinvolgersi con i suoi temi. I suoi dipinti,

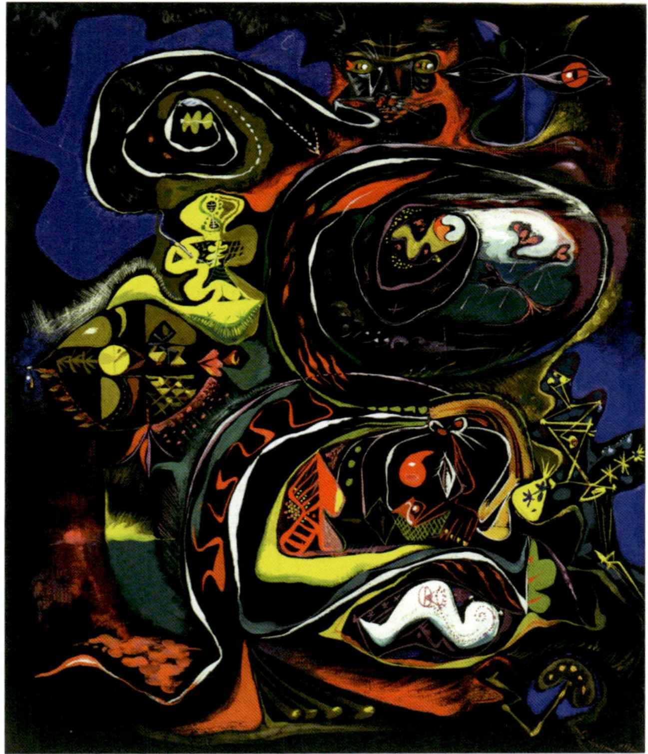

FIGURE 14
André Masson (1896–1987)
Meditation on an Oak Leaf
(*Meditazione su una foglia di quercia*), 1942
Tempera, pastel and sand on canvas,
40 x 33 inches (101.2 x 83.8 cm)
The Museum of Modern Art,
New York, NY. Given anonymously.

decade paintings also provide clues about their specific content. In *Organic Form: Air, Sea, Land Enveloped* (1948, pl. 30), the vibrant blue and red tones evoke the realms of air, sea, and land, while the more muted green, brown, and pink of the centralized cluster of shapes suggest the "organic form." The roughly perpendicular grid of brown and black lines (five verticals, two horizontals) that stretch to the edges of the panel interpenetrate all of the zones of the painting, simultaneously connecting and dividing them. A vast repertoire of outlines, hatch marks, scrapes, and layers of transparent and opaque paint add complexity and variety throughout the composition; there are very few areas of pure, uninterrupted color. The imposition of this loose geometry suggests that a basic structural logic informs the natural world at every level.

A similar armature appears in *Suspense* (1948, pl. 31), yet the panel's vertical orientation, darker tones, and hollow central structure collectively create a very different visual impression than that of *Organic Form: Air, Sea, Land Enveloped*. The "suspense" noted in the title seems to refer to the white tracery stretched across the panel that comprises the painting's outermost layer. Its light color and delicate framework suggest some kind of animal or insect skeleton, as opposed to the darker, more substantial grid in the former painting, which is thoroughly enmeshed with the other forms in the composition. Here one can even detect traces of the

dunque, non sono né visivamente omogenei, né meramente illustrativi, ma piuttosto una miscela dinamica di colore, linea e stratificazione. Sono "attivi", dal punto di vista visivo e concettuale, e di conseguenza capaci di alludere ai cicli della vita, alla crescita, al movimento e alla trasformazione che anima il mondo naturale a livello macroscopico e microscopico. Sebbene i suoi lavori abbiano un rapporto molto labile con le forme frattali che si ripetono all'infinito, recentemente individuate dagli scienziati, si può immaginare che Seliger avrebbe apprezzato il concetto.[34] Durante la cerimonia in memoria di Seliger, Mark, uno dei figli dell'artista che lavora nel settore tecnologico, ricordava difatti di essere rimasto sbalordito insieme al suo supervisore quando suo padre, che si trovava in città per una visita, osservando una porzione complessa della circuiteria di un computer, ne capì intuitivamente la struttura e la funzionalità di base.[35]

I titoli dei quadri sempre più astratti realizzati da Seliger alla fine del decennio offrono qualche indizio sul loro contenuto specifico. In *Forma organica, avvolta da aria, mare e terra* (1948, tav. 30), i toni vibranti di blu e di rosso evocano i regni dell'aria, del mare e della terra, mentre quelli più attenuati del verde, del marrone e del rosa del groviglio centrale di forme suggeriscono appunto la "forma organica". La griglia pressappoco ortogonale di linee marroni e nere (cinque verticali, due orizzontali) che si allungano fino ai bordi del pannello compenetrano tutte le zone del dipinto, mettendole in comunicazione e contemporaneamente isolandole l'una dalle altre. Un vasto repertorio di sagome, tratteggi, raschiature e strati di vernice trasparente e opaca aggiunge complessità e varietà in tutta la composizione; ci sono pochissime aree di colore puro, senza interruzioni. L'imposizione di questa geometria approssimativa fa pensare che una logica strutturale elementare pervada il mondo naturale a tutti i livelli.

Un'armatura simile si ritrova in *Tensione* (1948, tav. 31): eppure, l'orientamento verticale del pannello, le tonalità

artist's hand—or finger, to be precise—in the whorls found in various areas of the composition, which give it a rich texture and a subtle energy (see, for example, the blue and brown triangular form about one-third of the way up the left-hand side of the composition and the markings within the small, light pink triangular form just to the right of center at the bottom of the composition).

The subject of a third painting of this type, *Hidden Flower Under the Earth* (1949, pl. 34), is easier to identify: its ovoid, pale red petals radiate outward from the circular form at the center of the composition. The dark areas surrounding this central cluster and the purplish "frame" that contains them suggest the subterranean space. The terrestrial realm is rendered in light greens and earthy browns—colors that extend downward, into the flower's root structure. The veinlike passageways that connect the flower and the earth suggest the flow of life forces and the interconnection of the under- and above-ground regions.

The final development in Seliger's oeuvre during the 1940s was his brief return to the subject of small inhabitants of the natural world. One can understand the fascination these creatures held for the artist: their structural intricacy aligned well with his interest in the complex networks that comprise the environment in which they live. The full integration of subject and space in these paintings differentiates them from earlier canvases such as *Confrontation*, *Don Quixote*, and *Orator*. In *Undersea Starfish* (1949, pl. 35), for example, Seliger used color to define the radiating forms of the creatures: their white exteriors and black skeletons set them off against the blues and browns (sea and rocks) of the surrounding space and thus aid the viewer in determining their identity. Yet Seliger simultaneously integrated them into their environment by using similar calligraphic markings throughout the composition.

He took a similar approach with the dynamic *Confrontation: Scorpion and Tarantula* (1950, pl. 36), a painting that brings his early career almost full circle, as its title explicitly links it to *Confrontation* of 1943). Here, the tension of the conflict described in the title is suggested by the jagged nature of the brown forms that occupy the upper-right and lower-left portions of the composition as well as by

più scure e la struttura centrale vuota sono elementi che tutti insieme creano un'impressione visiva molto diversa rispetto a *Forma organica, avvolta da aria, mare e terra*. La "tensione" annotata dal titolo sembra riferirsi al tracciato bianco disteso attraverso il pannello che racchiude lo strato più superficiale del dipinto. Il suo colore chiaro e l'ordito delicato suggeriscono una sorta di scheletro d'animale o d'insetto, in contrapposizione con la griglia scura e più sostanziale del dipinto precedente, che è profondamente intrappolata insieme alle altre forme della composizione. Qui si possono perfino individuare tracce della mano – o del dito, per essere precisi – dell'artista nelle spirali che si trovano in diverse aree della composizione e che le conferiscono una trama ricca e una sottile energia (si osservino, ad esempio, la forma triangolare blu e marrone a circa un terzo della larghezza verso il lato sinistro della composizione, e i contrassegni all'interno della piccola forma triangolare rosa chiaro appena a destra dell'asse centrale nella parte bassa del dipinto).

Il soggetto di un terzo quadro di questo genere, *Fiore nascosto sotto la terra* (1949, tav. 34), è più facile da identificare: i suoi petali ovoidali rosso pallido si irradiano verso l'esterno a partire dalla forma centrale al centro della composizione. Le aree scure che circondano questo groviglio centrale e la "cornice" purpurea che le contiene danno l'idea dello spazio sotterraneo. Il regno terrestre è reso con verdi chiari e marroni di terra, colori che si prolungano verso il basso, fin dentro l'apparato radicale del fiore. I percorsi simili a vene che uniscono il fiore alla terra evocano il flusso delle forze vitali e la reciproca connessione tra la regione sotterranea e quella che si trova al di sopra del suolo.

Lo sviluppo finale nell'opera di Seliger negli anni Quaranta fu il suo rapido ritorno al soggetto dei piccoli abitanti del mondo naturale. È comprensibile il fascino che queste creature esercitavano sull'artista: la loro struttura intricata si allineava bene al suo interesse per le reti complesse che racchiudono l'ambiente in cui essi vivono. In questi dipinti la piena integrazione tra soggetto e spazio si differenzia molto dalle tele precedenti come *Confronto*, *Don Chisciotte* e *Oratore*. In *Stella marina sotto il mare* (1949, tav. 35), per esempio, Seliger usa il colore per definire le forme raggianti delle creature: le loro parti esterne bianche e gli scheletri neri

the elongated protrusions (legs? stingers?) that stretch between them and swirl, whiplike, around them. While here, as in *Undersea Starfish*, the artist unified his subjects and their setting with a uniform system of marks and segmentations, the blue space surrounding the scorpion and tarantula resembles less the creatures' native habitat than it does a secretive subterranean realm. This pictorial approach suggests that Seliger intended the violent interaction to be interpreted as both an isolated struggle in the natural world and an event with universal symbolism.

These late-decade paintings, whose subjects also included fish (see pl. 33), moths, beetles, and caterpillars, creatures that Seliger collector Edward Root called his "little beasties," represent what one might describe as the final phase of the first chapter of Seliger's career.[36] Over the course of the 1940s, the young artist had blazed a bold path, experimenting with a wide array of approaches to his craft. When considering the context in which this extraordinary body of work was created, it is difficult not to agree with John Yau's recent assessment: "In hindsight, it seems remarkable that Seliger was never overwhelmed by the circle of brilliant older artists to which he belonged. Despite the heady artistic and literary milieu in which he moved, he was able to establish and pursue his own direction."[37] These paintings provided a fertile ground from which the artist worked for the next sixty years, creating a legacy whose true impact and importance is still being discovered.

li contrappongono ai blu e ai marroni (il mare e le rocce) dello spazio circostante, aiutando così l'osservatore a distinguere la loro identità. Tuttavia, Seliger allo stesso tempo li integra nel loro ambiente, utilizzando contrassegni calligrafici simili in tutta la composizione.

Ebbe un approccio analogo con il dinamico *Confronto: scorpione e tarantola* (1950, tav. 36), un dipinto che chiude quasi il cerchio rispetto alla prima parte della carriera, come si intende dal titolo che si collega esplicitamente a *Confronto* (quadro del 1943). Qui, l'idea della tensione del conflitto descritto nel titolo è data dalla natura seghettata delle forme marroni che occupano le parti in alto a destra e in basso a sinistra della composizione, e dalle protrusioni allungate (zampe? pungiglioni?) che si tendono tra di loro e che attorno a loro ruotano come fruste. Mentre qui, come in *Stella marina sotto il mare*, l'artista unifica i suoi soggetti e i loro sfondi con un sistema uniforme di marchi e segmentazioni, lo spazio blu che circonda lo scorpione e la tarantola somiglia a un misterioso mondo sotterraneo più che all'habitat originario delle due creature. Questo approccio pittorico suggerisce che per Seliger l'interazione violenta andava interpretata sia come lotta isolata nel mondo naturale, sia come evento dotato di un simbolismo universale.

Questi dipinti di fine decennio, i cui soggetti comprendono anche pesci (si veda la tav. 33), falene, scarabei e bruchi, creature che il collezionista di opere di Seliger, Edward Root, chiamava le sue "bestiole", rappresentano quella che si potrebbe definire la fase finale del primo capitolo della carriera di Seliger.[36] Nel corso degli anni Quaranta, il giovane artista tracciò un percorso audace, sperimentando una vasta gamma di approcci alla sua arte. Quando si prende in considerazione il contesto nel quale questo straordinario corpo di opere fu creato, è difficile non essere d'accordo con il recente giudizio di John Yau: «*a posteriori*, è notevole il fatto che Seliger non sia mai stato sopraffatto dalla brillante cerchia di artisti più anziani a cui apparteneva. Nonostante l'esaltante *milieu* artistico e letterario in cui si muoveva, egli riuscì a fondare e perseguire la sua strada originale».[37] Questi quadri fornirono un terreno fertile a partire dal quale l'artista lavorò per i successivi sessanta anni, lasciando un'eredità di cui si sta ancora scoprendo la vera influenza e importanza.

Endnotes

1 Peggy Guggenheim to Herbert Read, 2 February 1946, quoted in Francis V. O'Connor, *Charles Seliger: Redefining Abstract Expressionism* (Manchester, VT: Hudson Hills Press, 2002), 40.

2 Marynell Sharp, "Charles Seliger: Youthful Veteran," *Art Digest* (15 April 1949): 21.

3 See Melvin P. Lader, "The Paintings of Charles Seliger: Nature and Vision," in O'Connor, *Charles Seliger*, 10.

4 Norlyst Gallery was a short-lived venture run by Jimmy Ernst, who had recently left Guggenheim's gallery Art of This Century. See Susan Davidson and Philip Rylands, *Peggy Guggenheim & Frederick Kiesler: The Story of Art of This Century* (New York: Guggenheim Museum Publications, 2004), 23, 373.

5 The horse and the bird, which appear in a number of Seliger's paintings over the next few years, were important symbols in the work of the Surrealist artists (and former partners) Max Ernst and Leonora Carrington. Ernst often depicted himself as a birdlike character known as "Lop-lop," while Carrington and Ernst both imagined her as a horse in their work. See, for example, Carrington's *Portrait of Max Ernst*, reproduced as pl. XX in Whitney Chadwick, *Women Artists and the Surrealist Movement* (New York: Thames and Hudson, 1985), and discussed in the text on pp. 74–80. Seliger may have seen such imagery in Peggy Guggenheim's collection, which included Ernst's painting *The Antipope* (1941–42, Peggy Guggenheim Collection) and Carrington's *The Horses of Lord Candlestick* (1938, private collection), both of which feature equine imagery and both of which were displayed at Art of This Century in the early 1940s. See installation photographs in Davidson and Rylands, *Peggy Guggenheim & Frederick Kiesler*, 192–93, 231. Seliger may have been particularly aware of these paintings because he had recently befriended Jimmy Ernst, Max Ernst's son.

6 Seliger would have been familiar with Klee's work from seeing reproductions of it in the books he had read on modern art (Klee's *Sun, Moon, and Flowers*, 1923, was a colorplate frontispiece for Read's *Art Now*, which also featured black-and-white illustrations of his work). Klee's paintings were regularly featured in exhibitions in New York during the early 1940s: he was the subject of a retrospective at the Museum of Modern Art in 1941; *City of Towers* was included in Peggy Guggenheim's spring salon at Art of This Century in 1943; and Klee shared an exhibition at the Buchholz Gallery with André Masson in early 1943. Additionally, Klee's painting *Magic Garden* (1926, Peggy Guggenheim Collection) was

Notes

1 Peggy Guggenheim a Herbert Read, 2 febbraio 1946; citato in Francis V. O'Connor, *Charles Seliger: Redefining Abstract Expressionism,* Manchester, Vermont, Hudson Hills Press, 2002, p. 40.

2 Marynell Sharp, *Charles Seliger: Youthful Veteran*, «Art Digest» (15 aprile 1949): p. 21.

3 Cfr. Melvin P. Lader, *The Paintings of Charles Seliger: Nature and Vision*, in O'Connor, *Charles Seliger*, cit., p. 10.

4 La Norlyst Gallery fu un'impresa di breve vita gestita da Jimmy Ernst, che aveva da poco abbandonato la galleria Art of This Century della Guggenheim. Cfr. Susan Davidson e Philip Rylands, *Peggy Guggenheim & Frederick Kiesler: The Story of Art of This Century*, New York, Guggenheim Museum Publications, 2004, pp. 23 e 373.

5 Il cavallo e l'uccello, che compaiono in molti dipinti di Seliger degli anni successivi, erano simboli importanti nell'opera degli artisti surrealisti (ed ex compagni nella vita) Max Ernst e Leonora Carrington. Ernst si raffigurava spesso come un personaggio simile ad un uccello noto con il nome di "Lop-lop", mentre sia Carrington che Ernst figuravano lei come un cavallo nelle loro opere. Si veda, ad esempio, il *Ritratto di Max Ernst* eseguito da Carrington, riprodotto nella tav. XX di Whitney Chadwick, *Women Artists and the Surrealist Movement,* New York, Thames and Hudson, 1985 e commentato nel testo nelle pp. 74-80. Seliger potrebbe aver visto immagini come queste nella collezione di Peggy Guggenheim, che comprendeva *L'antipapa* di Ernst (1941-42, Peggy Guggenheim Collection) e *I cavalli di Lord Candlestick* di Carrington (1938, collezione privata): entrambi i dipinti raffiguravano immagini di cavalli ed entrambi erano esposti alla Art of This Century nei primi anni Quaranta. Cfr. le fotografie dell'installazione in Davidson e Rylands, *Peggy Guggenheim & Frederick Kiesler*, cit., pp. 192-193 e 231. Seliger potrebbe essere stato particolarmente attento a questi dipinti, essendo diventato da poco amico di Jimmy Ernst, figlio di Max Ernst.

6 Seliger avrebbe conosciuto il lavoro di Klee vedendo le riproduzioni incluse nei libri di arte moderna che aveva letto (*Sole, luna e fiori* di Klee, 1923, era la tavola a colori del controfrontespizio di *Art Now* di Read, nel quale si trovavano, dello stesso pittore, anche altre illustrazioni in bianco e nero). I dipinti di Klee erano regolarmente in mostra a New York nei primi anni Quaranta: gli fu dedicata una retrospettiva al Museum of Modern Art nel 1941; *Città*

installed in the Kinetic Gallery at Art of This Century in 1942; see Davidson and Rylands, *Peggy Guggenheim & Frederick Kiesler*, 107.

7 Eyes had fascinated Pollock since the late 1930s. See paintings such as *Bird* (ca. 1938–41, Museum of Modern Art, New York); *Head* (ca. 1938–41, Sintra Museu de Arte Moderna); and *Male and Female* (ca. 1942, Philadelphia Museum of Art, which was shown at his first solo exhibition, at Art of This Century, in 1943). Circular forms representing solar bodies, screaming mouths, and eyes were a recurring motif in Roberto Matta's paintings from the 1940s forward. Examples include *The Earth is a Man* (1942, Art Institute of Chicago); *Dark Light* (1940, Solomon R. Guggenheim Museum, New York); *Here Sir, Fire, Eat!* (1942, Museum of Modern Art, New York); and *Years of Fear* (1941, Solomon R. Guggenheim Museum, New York), all of which were exhibited at the Pierre Matisse Gallery in 1942. See William M. Griswold, *Pierre Matisse and His Artists* (New York: The Pierpont Morgan Library, 2002), 186–91. Klee's painting *Magic Garden*, installed at Art of This Century in 1942, features figures with prominent eyes and numerous hovering circular forms. See Davidson and Rylands, *Peggy Guggenheim & Frederick Kiesler*, 107.

The eye was an important motif in Surrealist art. Nowhere is this more evident than in the infamous scene of an eye being cut by a razor blade in Salvador Dalí and Luis Buñuel's groundbreaking film *Un Chien Andalou* (1929). Gordon Onslow Ford, who interacted closely with many of the artists in Seliger's circle in the early 1940s, stressed the importance of paying heed to one's "cycloptic eye" located "in the middle of the forehead," with which one could "look inside [oneself] . . . at the internal landscape." See Onslow Ford, quoted in Martica Sawin, "The Cycloptic Eye, Pataphysics, and the Possible: Transformations of Surrealism," in Paul Schimmel, *The Interpretive Link: Abstract Surrealism into Abstract Expressionism* (Newport Beach, CA: Newport Harbor Art Museum, 1986), 37–38.

8 See the essays by Melvin P. Lader and Francis V. O'Connor in O'Connor, *Charles Seliger: Redefining Abstract Expressionism*, esp. 10–11 and 33–34, for more on the foreign artists Seliger came to know at this time. For additional information on the connections between the Surrealists and contemporary American artists, see Jeffrey Wechsler, *Surrealism and American Art, 1931–1947* (New Brunswick: Rutgers University Art Gallery, 1977); Schimmel, *The Interpretive Link*; Martica Sawin, *Surrealism in Exile and the Beginning of the New York School* (Cambridge, MA: The MIT Press, 1997); and Isabelle Dervaux, *Surrealism USA* (Ostfildern-Ruit: Hatje Cantz, 2005).

di torri era nel salone di primavera allestito da Peggy Guggenheim alla Art of This Century nel 1943; infine, a Klee e André Masson fu dedicata una mostra alla Buchholz Gallery all'inizio del 1943. Inoltre, il dipinto di Klee *Giardino magico* (1926, Peggy Guggenheim Collection) fu installato nel 1942 all'interno della Kinetic Gallery della Art of This Century; cfr. Davidson e Rylands, *Peggy Guggenheim & Frederick Kiesler*, cit., p. 107.

7 Gli occhi avevano affascinato Pollock sin dalla fine degli anni Trenta. Si pensi ad esempio a dipinti come *Uccello* (ca. 1938-41, Museum of Modern Art, New York), *Testa* (ca. 1938–41, Museu de Arte Moderna, Sintra) e *Maschio e femmina* (ca. 1942, Philadelphia Museum of Art; il quadro fu esposto alla sua prima mostra personale, allestita alla Art of This Century nel 1943). Forme circolari che rappresentano corpi solari, bocche urlanti e occhi erano un motivo ricorrente nei dipinti di Roberto Matta dagli anni Quaranta in poi. Ne sono esempi *La terra è un uomo* (1942, Art Institute of Chicago), *Luce oscura* (1940, Solomon R. Guggenheim Museum, New York), *Ecco, signore, il fuoco, mangi!* (1942, Museum of Modern Art, New York) e *Anni di paura* (1941, Solomon R. Guggenheim Museum, New York), tutte opere esposte nel 1942 alla Pierre Matisse Gallery in 1942. Cfr. William M. Griswold, *Pierre Matisse and His Artists*, New York, The Pierpont Morgan Library, 2002, pp. 186-191. Il quadro di Klee *Giardino magico*, installato alla Art of This Century nel 1942, presenta figure con occhi prominenti e numerose forme circolari fluttuanti. Cfr. Davidson e Rylands, *Peggy Guggenheim & Frederick Kiesler*, cit., p. 107.

L'occhio era un motivo importante per l'arte surrealista. In nessun luogo è più evidente che nella famigerata scena dell'occhio tagliato dalla lama di un rasoio nel rivoluzionario film di Salvador Dalí e Luis Buñuel *Un cane andaluso* (1929). Gordon Onslow Ford, che interagì strettamente con molti degli artisti della cerchia di Seliger nei primi anni Quaranta, sottolineava l'importanza di dare retta all'«occhio ciclopico» di ciascuno, collocato «nel mezzo della fronte», con il quale si potrebbe «guardare dentro [di sé] [...] il paesaggio interno». Cfr. Onslow Ford, citato in Martica Sawin, *The Cycloptic Eye, Pataphysics, and the Possible: Transformations of Surrealism*, in Paul Schimmel, *The Interpretive Link: Abstract Surrealism into Abstract Expressionism*, Newport Beach, California, Newport Harbor Art Museum, 1986, pp. 37-38.

8 Sugli artisti stranieri che Seliger conobbe in questo periodo, cfr. i saggi di Melvin P. Lader e di Francis V. O'Connor in O'Connor, *Charles Seliger*, cit., soprattutto pp. 10-11 e 33-34. Per ulteriori informazioni sui legami tra i surrealisti e gli artisti americani contemporanei, cfr. Jeffrey Wechsler, *Surrealism and American Art, 1931-1947*, New Brunswick, Rutgers University Art Gallery, 1977;

9 See Davidson and Rylands, *Peggy Guggenheim & Frederick Kiesler*, 128, and Griswold, *Pierre Matisse and His Artists*, 191.

10 Smith and Dartnall, *Matta in America*, 13.

11 Ibid., 14.

12 Seliger, interview with George Perret, 1979, quoted in Melvin P. Lader, "The Paintings of Charles Seliger: Nature and Vision," in O'Connor, *Redefining Abstract Expressionism*, 14–15.

13 Seliger, interview with Sam Hunter, quoted in Sam Hunter, *Charles Seliger: Biomorphic Drawings, 1944–1947* (New York: Michael Rosenfeld Gallery, 1997), 3.

14 The quest for a new "subject" was a central concern for Seliger and his colleagues during this period. In a 1943 letter to the critic Edward Alden Jewell (which Jewell subsequently published), Gottlieb and Rothko, in collaboration with Barnett Newman, asserted the importance of the imagination and artistic freedom, touted the power of the "simple expression of a complex thought," and proclaimed that "the subject is crucial and only that subject-matter is valid which is tragic and timeless." See Jewell, "Excerpt from 'The Realm of Art: A New Platform; 'Globalism' Pops into View,'" reprinted in Ellen G. Landau, ed., *Reading Abstract Expressionism: Context and Critique* (New Haven: Yale University Press, 2005), 149.

15 Soutine's work was highly visible in New York during the 1930s and 40s. He exhibited at the Bignou Gallery in 1943 (the year of his death), a display that was accompanied by a short catalogue with an essay by Albert C. Barnes. Eighteen of the works in the show were from Barnes's collection, including one painting of a side of beef. Soutine's work was also exhibited at the Museum of Modern Art during these years. For more on Soutine and his impact on American abstraction, see Norman Kleeblatt, "An Expressionist in New York: Soutine's Reception in America at Mid-Century," in Kleeblatt and Kenneth Silver, *An Expressionist in Paris: The Paintings of Chaim Soutine* (New York: The Jewish Museum, 1998), 41–63. Soutine's paintings—particularly the images of animal carcasses—have a more expressionistic thrust than Seliger's, however. Seliger was fascinated by growth, transformation, and inner vitality; Soutine, by contrast, as Raymond Cogniat wrote in 1945, "does not [just] destroy form, he decomposes the object." See Cogniat, *Soutine* (Paris: Editions du Chêne, 1945), 19, quoted in Kleeblatt and Silver, *Chaim Soutine*, 41.

Schimmel, *The Interpretive Link*, cit.; Martica Sawin, *Surrealism in Exile and the Beginning of the New York School*, Cambridge, Massachusetts, The MIT Press, 1997; e Isabelle Dervaux, *Surrealism USA*, Ostfildern-Ruit, Hatje Cantz, 2005.

9 Cfr. Davidson e Rylands, *Peggy Guggenheim & Frederick Kiesler*, cit., p. 128 e Griswold, *Pierre Matisse and His Artists*, cit., p. 191.

10 Elizabeth A. T. Smith e Colette Dartnall, *Matta in America: Paintings and Drawings of the 1940s*, Chicago, Museum of Contemporary Art, 2001, p. 13.

11 *Ibid.*, p. 14.

12 Seliger, in un'intervista con George Perret, 1979, citato in Melvin P. Lader, *The Paintings of Charles Seliger: Nature and Vision*, in O'Connor, *Charles Seliger*, cit., p. 14-15.

13 Seliger, in un'intervista con Sam Hunter, citato in Sam Hunter, *Charles Seliger: Biomorphic Drawings, 1944–1947*, New York, Michael Rosenfeld Gallery, 1997, p. 3.

14 La ricerca di un "soggetto" nuovo era in questo periodo una preoccupazione centrale per Seliger e i suoi colleghi. In una lettera del 1943 al critico Edward Alden Jewell (che sarebbe stata poi pubblicata dallo stello Jewell), Gottlieb e Rothko, in collaborazione con Barnett Newman, affermavano l'importanza dell'immaginazione e della libertà artistica, propagandavano la forza della «espressione semplice di un pensiero complesso» e proclamavano che «il soggetto è essenziale e il solo tema valido è quello tragico e senza tempo». Cfr. Edward A. Jewell, *Excerpt from "The Realm of Art: A New Platform; 'Globalism' Pops into View"*, ristampato in Ellen G. Landau (a cura di), *Reading Abstract Expressionism: Context and Critique*, New Haven, Yale University Press, 2005, p. 149.

15 Le opere di Soutine erano ben visibili a New York tra gli anni Trenta e Quaranta. Espose i suoi quadri alla Bignou Gallery nel 1943 (l'anno della sua morte), in una mostra accompagnata da un breve catalogo con un saggio di Albert C. Barnes. Diciotto delle opere installate provenivano dalla collezione di Barnes, tra di esse un dipinto che raffigurava un mezzo bue. Il lavoro di Soutine fu esibito in questi anni anche al Museum of Modern Art. Su Soutine e la sua influenza sull'arte astratta americana, cfr. Norman Kleeblatt, *An Expressionist in New York: Soutine's Reception in America at Mid-Century*, in Norman Kleeblatt e Kenneth Silver, *An Expressionist in Paris: The Paintings of Chaim Soutine*, New York, The Jewish Museum, 1998, pp. 41-63. I dipinti di Soutine, e in particolare le immagini di carcasse di animali, avevano tuttavia una spinta espressionista più forte di quelle di Seliger. Seliger era affascinato

16 Seliger, artist's statement for *Personal Statement: A Painting Prophecy, 1950* (Washington, DC: David Porter Gallery, 1945), quoted in O'Connor, *Redefining Abstract Expressionism*, 36. A copy of the original statement can be found in the David Porter Papers, Archives of American Art, Smithsonian Institution, Washington, DC. Reel N/70-27, fr. 383–92; see Michelle DuBois, *Charles Seliger: Ways of Nature* (New York: Michael Rosenfeld Gallery, 2008), 13, n. 12.

17 Pavel Tchelitchew also used a variation on this technique in shaping the branches and roots of the tree in his extremely popular painting *Hide and Seek* (1942, Museum of Modern Art, New York). For Guggenheim's acquisition of Paalen's painting, see Davidson and Rylands, *The Story of Art of This Century*, 322–23. Paalen had exhibited in New York previously, in the Museum of Modern Art's show *Fantastic Art, Dada, Surrealism* (1936) and at the Julien Levy Gallery (1940). For the Levy show, see Ingrid Schaffner and Lisa Jacobs, eds., *Julien Levy: Portrait of an Art Gallery* (Cambridge: The MIT Press, 1998).

18 Seliger to Joann Moser, 26 April 1993, quoted in O'Connor, *Redefining Abstract Expressionism*, 13.

19 Seliger commented on the difference between the way he presented his subjects and the way most of his colleagues presented theirs in his journal on 29 November 1957: "Where the subjective elements are spread around in such enormous excess they lose their meaning and ability to communicate, . . . it is hard to be intimate on a billboard." Quoted in DuBois, *Charles Seliger: Ways of Nature*, 14.

20 This pictorial strategy can also be seen in works from the mid-1940s by artists ranging from William Baziotes and Arshile Gorky to Roberto Matta and André Masson.

21 For more on Putzel, see Melvin P. Lader, "Howard Putzel, Proponent of Surrealism and Early Abstract Expressionism in America," *Art Magazine* 56, no. 7 (March 1982): 85–96.

22 See Francis V. O'Connor, *Redefining Abstract Expressionism*, 37, for an image.

23 Peggy Guggenheim to Herbert Read, 2 February 1946, quoted in O'Connor, *Redefining Abstract Expressionism*, 40.

24 One important exception to this trend can be seen in the 1947 painting *Metamorphosis* (pl. 25), in which Seliger placed a centralized form in the foreground of the composition against a background with a division that seems to suggest a horizon line (the form thus bridges the terrestrial and celestial realms).

dalla crescita, dalla trasformazione e dalla vitalità interna. Soutine, al contrario, come scrisse Raymond Cogniat nel 1945, «non [solo] distrugge la forma: decompone l'oggetto». Cfr. Raymond Cogniat, *Soutine*, Paris, Editions du Chêne, 1945, p. 19, citato in Kleeblatt e Silver, *Chaim Soutine*, cit., p. 41.

16 Dichiarazione di Seliger nel catalogo *Personal Statement: A Painting Prophecy, 1950*, Washington, DC, David Porter Gallery, 1945, citato in O'Connor, *Redefining Abstract Expressionism*, cit., p. 36. Una copia della dichiarazione originale può essere trovata nei David Porter Papers, Archives of American Art, Smithsonian Institution, Washington, DC. Bobina N/70-27, diapp. 383-392; cfr. Michelle DuBois, *Charles Seliger: Ways of* Nature, New York, Michael Rosenfeld Gallery, 2008, p. 13, n. 12.

17 Pavel Celicev fece anche uso di una variante di questa tecnica per dare forma ai rami e alle radici dell'albero nel suo celebre quadro *Nascondino* (1942, Museum of Modern Art, New York). Riguardo all'acquisizione del dipinto di Paalen da parte della Guggenheim, cfr. Davidson e Rylands, *The Story of Art of This Century*, cit., pp. 322-323. Paalen aveva esposto a New York in precedenza, alla mostra *Arte fantastica, Dadaismo e Surrealismo* organizzata nel 1936 dal Museum of Modern Art e, nel 1940, alla Julien Levy Gallery. Sulla mostra alla Levy, cfr. Ingrid Schaffner e Lisa Jacobs (a cura di), *Julien Levy: Portrait of an Art* Gallery, Cambridge, The MIT Press, 1998.

18 Seliger a Joann Moser, 26 aprile 1993, citato in O'Connor, *Charles Seliger*, cit., p. 13.

19 Così commentava Seliger la differenza tra il modo in cui presentava i suoi soggetti e quello con cui gli altri artisti presentavano i propri sul suo diario, in data 29 novembre 1957: «laddove gli elementi soggettivi sono sparsi in un così enorme eccesso, perdono il loro significato e la loro capacità di comunicare, [...] è difficile essere intimi su un tabellone». Citato in DuBois, *Charles Seliger: Ways of Nature*, cit., p. 14.

20 Si riscontra questa stessa strategia pittorica in lavori della metà degli anni Quaranta eseguiti da artisti che vanno da William Baziotes e Arshile Gorky a Roberto Matta e André Masson.

21 Su Putzel, cfr. Melvin P. Lader, *Howard Putzel, Proponent of Surrealism and Early Abstract Expressionism in America*, «Art Magazine», 56, 7 (marzo 1982), pp. 85-96.

22 Per un'immagine, cfr. Francis V. O'Connor, *Redefining Abstract Expressionism*, cit., p. 37.

25 Seliger, interview with Michelle DuBois, 9 January 2008, quoted in DuBois, *Charles Seliger: Ways of Nature*, 14, n. 17.

26 Seliger to Mark Rothko, early 1948, quoted in O'Connor, *Redefining Abstract Expressionism*, 41.

27 Irving Sandler, interview with Jeffrey Wechsler, quoted in Wechsler, *Abstract Expressionism: Other Dimensions* (Rutgers, NJ: Zimmerli Art Museum, 1989), 77.

28 See Jeffrey Wechsler, "Abstract Expressionism: Other Dimensions" in Wechsler, *Abstract Expressionism*, 79–80.

29 Matthew Rohn, *Visual Dynamics in Jackson Pollock's Abstractions* (Ann Arbor: UMI Research Press, 198), 30, quoted in Wechsler, *Abstract Expressionism*, 125.

30 While much of the work being produced by Seliger's colleagues took as its starting point the internal world of the subconscious, nature served as a catalyst for them as well. For example, trips to New Milford, CT, and Lincoln, VA, were critical for Arshile Gorky's artistic development and gave him renewed interest in the landscape as a subject during the early 1940s. See Melissa Kerr, "Chronology," in Michael Taylor, *Arshile Gorky: A Retrospective* (New Haven: Yale University Press, 2010), 361.

31 In an interview with halley k harrisburg in 1999, Seliger stated that in the mid-1940s, "fascinated by my discoveries in paint," he "began reading the writings of great naturalists. Thoreau, John Burroughs, W. H. Hudson, J. H. Fabre, along with physicists, Einstein, Heisenberg, and Schrodinger. Reading their words stirred my imagination with new images and increased meditations on nature's timelessness." See *Charles Seliger: The Nascent Image* (New York: Michael Rosenfeld Gallery, 1999), 5.

32 Seliger, quoted in *Visions of Inner Space: Gestural Painting in Modern American Art* (Los Angeles: Wight Art Gallery, University of California, Los Angeles, 1987), 40.

33 Seliger, quoted in *Charles Seliger: Infinities* (New York: Michael Rosenfeld Gallery, 1992), 3.

34 Seliger did follow contemporary ideas about such topics and was fascinated, for example, by his discovery of complexity theory in the 1990s, which he felt paralleled a number of his ideas. See DuBois, *Charles Seliger: Ways of Nature*, 16.

35 Paraphrased from Mark Seliger's comments for the memorial gathering in honor of his father (attended by the author), 22 November 2009, New York Historical Society. Mark forwarded the notes for his comments to the author on 11 November 2011,

23 Peggy Guggenheim a Herbert Read, 2 febbraio 1946, citato in Francis V. O'Connor, *Charles Seliger*, cit., p. 40.

24 Un'eccezione importante rispetto a questa tendenza può essere riscontrata nel dipinto del 1947 *Metamorfosi* (tav. 25), nel quale Seliger pone una forma al centro della composizione in primo piano che si oppone allo sfondo con una divisione che fa pensare a una linea orizzontale (la forma, quindi, fa da ponte tra il regno terrestre e quello celeste).

25 Seliger, in un'intervista con Michelle DuBois, 9 gennaio 2008, citato in DuBois, *Charles Seliger: Ways of Nature*, cit., p. 14, n. 17.

26 Seliger a Mark Rothko, inizi del 1948, citato in O'Connor, *Charles Seliger*, cit., p. 41.

27 Irving Sandler, in un'intervista con Jeffrey Wechsler, citato in Jeffrey Wechsler, *Abstract Expressionism: Other Dimensions*, Rutgers, New Jersey, Zimmerli Art Museum, 1989, p. 77.

28 Cfr. Jeffrey Wechsler, *Abstract Expressionism: Other Dimensions*, in Wechsler, *Abstract Expressionism*, cit., pp. 79-80.

29 Matthew Rohn, *Visual Dynamics in Jackson Pollock's Abstractions*, Ann Arbor, UMI Research Press, 198, p. 30, riportato da Wechsler, *Abstract Expressionism*, cit., p. 125.

30 Se è vero che molti dei lavori prodotti dai colleghi di Seliger assumevano come punto di partenza il mondo interno del subconscio, la natura funzionava per loro come un catalizzatore. Per esempio, i viaggi a New Milford, in Connecticut, e a Lincoln, in Virginia, furono determinanti per lo sviluppo artistico di Arshile Gorky e gli diedero, nei primi anni Quaranta, un rinnovato interesse per il paesaggio come soggetto. Cfr. Melissa Kerr, *Chronology*, in Michael Taylor, *Arshile Gorky: A Retrospective*, New Haven, Yale University Press, 2010, p. 361.

31 In un'intervista con Halley K. Harrisburg del 1999, Seliger affermava che alla metà degli anni Quaranta, «incantato dalle mie scoperte in pittura [...] iniziai a leggere gli scritti dei grandi naturalisti. Thoreau, John Burroughs, W. H. Hudson, J. H. Fabre, insieme ai fisici Einstein, Heisenberg e Schrodinger. Leggere le loro parole eccitò la mia fantasia con nuove immagini e mi spinse a meditare ancor più sull'assenza di tempo della natura». Cfr. il catalogo *Charles Seliger: The Nascent Image*, New York, Michael Rosenfeld Gallery, 1999, p. 5.

32 Le parole di Seliger sono citate in *Visions of Inner Space: Gestural Painting in Modern American* Art, Los Angeles, Wight Art Gallery, University of California, Los Angeles, 1987, p. 40.

which read: "Dad wanted to see where I worked . . . So while giving him a tour . . . we sat in a communal cubical [*sic*] and I was showing him a chip. Never having seen one before I could see a large spark of interest in him. It became even more so when I was describing the 100's of millions of structures on this chip the size of his fingernail. Then I was surprised . . . that Dad, the artist, clearly recognized the concept of how this most advanced chip in the world was practically made–using his knowledge of printing, lithography, etching. . . . It was at this point in my life that I started to see Dad in a slightly different light. Yes I knew he read a lot. Yes I knew his memory was better than any computer made and more readily accessible, and his wonderful way of telling a story. But it wasn't until then that I realized that it really came out of his desire to learn, to ask why, to be inquisitive, to share."

36 See Mary E. Murray and Paul D. Schweizer, *Auspicious Vision: Edward Wales Root and American Modernism* (Utica: Munson-Williams-Proctor Arts Institute, 2008), 21.

37 John Yau, *Charles Seliger: Chaos to Complexity* (New York: Michael Rosenfeld Gallery), 3.

33 Seliger, citato in *Charles Seliger: Infinities,* New York, Michael Rosenfeld Gallery, 1992, p. 3.

34 Seliger seguiva lo sviluppo delle idee contemporanee su questi argomenti e rimase ad esempio affascinato quando scoprì, negli anni Novanta, la teoria della complessità, che sentiva parallela a molti dei suoi punti di vista. Cfr. DuBois, *Charles Seliger: Ways of Nature*, cit., p. 16.

35 Parafrasato dalle parole pronunciate da Mark Seliger alla cerimonia in onore di suo padre (a cui l'autore di questo saggio ha assistito), celebrata il 22 novembre 2009 presso la New York Historical Society. Mark ha fatto ricevere a chi scrive, l'11 novembre 2011, gli appunti di quel discorso, dove si legge: «papà voleva vedere il posto dove lavoravo [...] così, facendo insieme un giro [...] ci sedemmo in uno spazio comune cubico [*sic*] e gli stavo mostrando un chip. Non ne aveva mai visto uno, e notai in lui un grande sprazzo di interesse. Divenne ancora più grande man mano che gli parlavo delle centinaia di milioni di strutture presenti su questo chip della dimensione di un'unghia. E allora rimasi stupito [...] che papà, l'artista, riconobbe con chiarezza il concetto sulla base del quale era stato costruito questo chip, il più avanzato del mondo, utilizzando le sue conoscenze sulla stampa, la litografia, l'incisione [...] Fu a questo punto della mia vita che iniziai a vedere papà sotto una luce diversa. Sì, sapevo che aveva letto molto. E sì, sapevo che la sua memoria era migliore di qualunque computer mai fatto e richiamabile più rapidamente, e conoscevo il modo meraviglioso con cui sapeva raccontare una storia. Ma non fu che in quel momento che mi resi conto che tutto ciò derivava in realtà dal suo desiderio di conoscere, di chiedersi il perché, di essere curioso, di condividere».

36 Cfr. Mary E. Murray e Paul D. Schweizer, *Auspicious Vision: Edward Wales Root and American Modernism*, Utica, Munson-Williams-Proctor Arts Institute, 2008, p. 21.

37 Dal saggio di John Yau incluso nel catalogo *Charles Seliger: Chaos to Complexity*, New York, Michael Rosenfeld Gallery, 2003, p. 3.

Charles Seliger photographed in the studio of the German movie director Max Reichman in 1948.
Estate of Charles Seliger

Charles Seliger fotografato nello studio insieme al regista cinematografico. tedesco Max Reichman, 1948

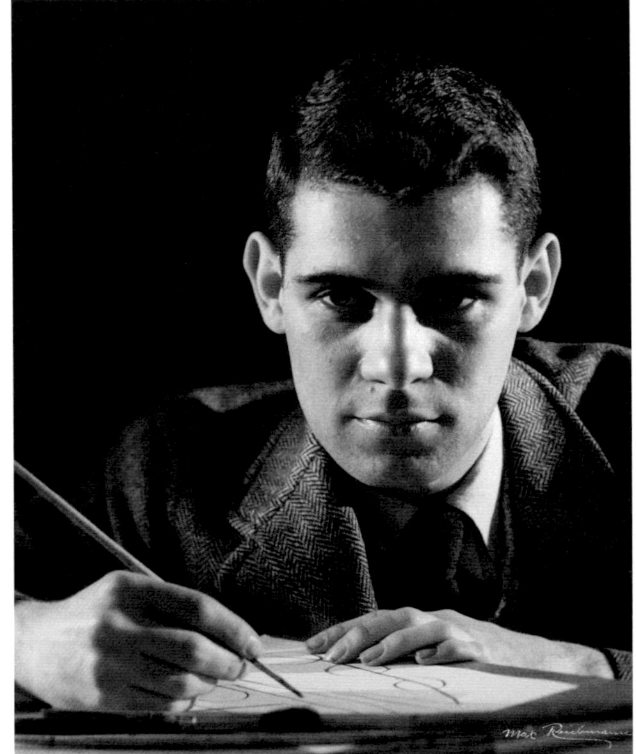

I found a wonderful phrase . . . which I think states the nature of my painting in a most exact way: "The Structure of Becoming," two aspects of my work, so clear to me. . . . My paintings are always concerned with the most minute relationships and structure yet always remain in flux, in a state of becoming, never (in spite of the intensity and detail) to arrive at a final and recognizable form.

Ho trovato un'espressione splendida […] che penso descriva la natura della mia arte nel modo più preciso: "la struttura del divenire", due aspetti del mio lavoro, così chiari per me […] I miei dipinti sono sempre attenti ai rapporti e alla struttura più minuti, eppure restano sempre nel cambiamento costante, in uno stato di divenire, senza arrivare mai (nonostante l'intensità e il dettaglio) ad una forma finale e riconoscibile.

CHARLES SELIGER, 1980[1]

"A vision seen, 'as in a glass, darkly'": Charles Seliger's Abstract Surrealist Evocations of Invisible Nature

DR. MICHELLE DUBOIS

In the early winter of 1943, when he was just seventeen, Charles Seliger visited Peggy Guggenheim's New York gallery Art of This Century. There he met Jimmy Ernst, the son of Guggenheim's husband, the Surrealist Max Ernst. Jimmy Ernst was in the process of opening his own art establishment, the Norlyst Gallery, and invited Seliger to contribute work to the inaugural exhibition.[2] Through his participation in this exhibition and his burgeoning friendship with Ernst, the young Seliger met a number of successful American painters and eminent European Surrealists in exile. Seliger developed his artistic vision and formal approach during this pivotal period in American art history, when Surrealism's influence was strong and Abstract Expressionism not yet fully formed.

Seliger's early working style and artistic philosophy were deeply indebted to Surrealist methods and subject matter. Specifically, Seliger adapted the Surrealists' use of automatism as a key aspect of his creative process. Additionally, Surrealist discourse on the inadequacy of human vision in apprehending reality cultivated Seliger's desire to visualize the invisible. Toward that end, the artist created imaginative images of natural realms that are below or beyond human vision: biological structures, cells, bodily viscera, and bones, as well as geological strata and the related realm of primordial nature. At this time Seliger also developed what would become a career-long interest in the process of metamorphosis, a central Surrealist motif. All of these subjects reflected the artist's fascination with depth and interiority as metaphors for the unconscious.[3] Seliger's work was more deeply indebted to Surrealism than that of many of his peers, a number of whom would go on to become canonical figures in Abstract Expressionism; thus a

«Una visione percepita "come in un bicchiere, oscuramente"»: le evocazioni della natura invisibile nel surrealismo astratto di Charles Seliger

MICHELLE DUBOIS

Al principio dell'inverno del 1943, all'età di soli diciassette anni, Charles Seliger visitò a New York la galleria Art of This Century di Peggy Guggenheim. Lì conobbe Jimmy Ernst, figlio del marito della Guggenheim, il surrealista Max Ernst. Jimmy Ernst era in procinto di avviare la sua propria impresa di arte, la Norlyst Gallery, ed invitò Seliger a contribuire con il suo lavoro all'esposizione inaugurale.[2] Grazie alla partecipazione a questa mostra e alla crescente amicizia con Ernst, il giovane Seliger incontrò molti pittori americani di successo ed eminenti surrealisti europei in esilio. Seliger sviluppò la sua visione artistica e il suo approccio formale proprio in questo momento decisivo della storia dell'arte americana, quando l'influenza del surrealismo era forte e l'espressionismo astratto ancora non aveva preso pienamente forma.

Lo stile e la filosofia artistica di Seliger erano all'inizio profondamente debitrici dei metodi e dei temi surrealisti. In particolare, Seliger adottò l'uso dell'automatismo dei surrealisti come aspetto chiave del suo processo creativo. Inoltre, il loro discorso sull'inadeguatezza della visione umana nell'apprendimento del reale alimentò il desiderio di Seliger di rendere visibile l'invisibile. Sotto questo aspetto, l'artista creava con l'immaginazione immagini di mondi naturali che sono al di sotto o al di là della capacità visiva umana: strutture biologiche, cellule, viscere organiche e ossa, così come strati geologici con l'annesso universo di natura primordiale. In questo periodo Seliger sviluppò anche quello che sarebbe diventato un interesse, rimasto vivo lungo tutta la carriera, per il processo di metamorfosi, un motivo centrale del surrealismo. Tutti questi temi trovavano un riflesso nel fascino che l'artista subiva per la profondità e l'interiorità come metafore dell'inconscio.[3] Il lavoro di

consideration of his Surrealist roots is particularly important for a deeper appreciation of the artist's *oeuvre.*

Surrealism in the United States

In the late 1930s and into the 1940s, as World War II raged in Europe, many Surrealists sought refuge in the United States. Major artists such as André Breton, Max Ernst, Leonora Carrington, André Masson, Roberto Matta, Gordon Onslow Ford, Kurt Seligman, and Yves Tanguy were among those who settled in New York City and its environs. Prior to these artists' arrival, most Americans' knowledge of Surrealism had been limited to Salvador Dali's dreamscapes, rendered in a realistic manner. Many were unaware of the other influential figures in the group, or the movement's strong philosophical underpinnings.[4] In the early 1940s, however, American artists began to acquire a far more nuanced and complex understanding of the movement. Seliger's entrance into the art scene occurred at precisely this propitious moment, a rich period of experimentation, flux, and open-mindedness that facilitated the improbable acceptance of such a young artist in their midst.

Surrealism in 1940s New York was not a cohesive movement. To the contrary, different factions vied for control over its direction. Breton had been the official leader of the Surrealists in Europe, writing manifestos and actively theorizing to keep the movement relevant and fresh. In the United States the Frenchman did his best to assert his authority, but poor English diminished his dominance. The foreign artists through whom most Americans gained insight into Surrealist theories were Roberto Matta (Chilean) and Gordon Onslow Ford (British), younger men who spoke English very well.[5] Matta and Onslow Ford publicized their ideas by publishing them in Surrealist magazines, giving lectures at the New School for Social Research, and hosting a series of weekly studio sessions in which they discussed their theories of art making and experimented with automatism.[6] Those who attended these lectures and studio sessions described them as profoundly influential on the direction of contemporary American art.[7] Although Seliger did not participate in the events, he was acquainted with most of the artists who did and purchased the Surrealist publications

Seliger doveva al surrealismo assai più di quello di molti colleghi, tanti dei quali sarebbero via via divenuti figure canoniche dell'espressionismo astratto: una riflessione sulle sue radici surrealiste è dunque di particolare importanza per comprendere più profondamente l'opera dell'artista.

Il surrealismo negli Stati Uniti

Alla fine degli anni Trenta e durante la prima metà degli anni Quaranta, mentre la seconda guerra mondiale infuriava in Europa, molti surrealisti cercarono rifugio negli Stati Uniti. Artisti di primo piano come André Breton, Max Ernst, Leonora Carrington, André Masson, Roberto Matta, Gordon Onslow Ford, Kurt Seligman e Yves Tanguy furono tra quelli che si stabilirono nella città di New York e nei suoi dintorni. Fino all'arrivo di questi artisti, la conoscenza che gli americani avevano del surrealismo era limitata ai paesaggi onirici di Salvador Dalí, rappresentati in maniera realistica. Molti non erano al corrente dell'esistenza di altre figure influenti all'interno del gruppo o dei forti principi filosofici alla base del movimento.[4] Nei primi anni Quaranta, tuttavia, gli artisti americani iniziarono a comprendere il surrealismo in un modo più complesso e attento alle sfumature. L'ingresso di Seliger nella scena artistica avvenne precisamente in questo momento propizio – un periodo ricco di sperimentazione, disponibile alla trasformazione continua e a quella apertura mentale che facilitò l'accettazione, altrimenti improbabile, di un artista tanto giovane all'interno del mondo dell'arte.

Il movimento surrealista nella New York degli anni Quaranta non era coeso: al contrario, fazioni diverse si disputarono il controllo del suo orientamento. Breton era stato il capofila ufficiale del surrealismo in Europa, stendendo manifesti e dedicandosi attivamente alla teorizzazione per mantenere il movimento sempre fresco e attuale. Una volta negli Stati Uniti, l'intellettuale francese fece del suo meglio per affermare la propria autorità, ma l'incerta padronanza della lingua inglese rese la sua preponderanza meno forte. Gli artisti stranieri che permisero alla maggior parte degli americani di farsi un'idea sulle teorie surrealiste erano il cileno Roberto Matta e il britannico Gordon Onslow Ford, più giovani e in grado di parlare l'inglese molto bene.[5] Matta e Onslow Ford fecero conoscere le loro idee pubblicando i

VVV, *View*, and *Dyn* at the Gotham Book Mart whenever he was able.[8] As the artist later recalled, Surrealist concepts were "everywhere in the air at the time."[9]

Consistent with his highly individualistic temperament, Seliger picked and chose concepts and tropes from within the Surrealist discourse that personally resonated with him and adapted these to create his own distinctive idiom. However, both Matta's and Onslow Ford's theories strongly influenced his thinking in the formative decade of the 1940s, so their ideas will be prominently considered in context here.[10]

Roberto Matta and Gordon Onslow Ford

Matta and Onslow Ford developed many of their ideas about art abroad, during the 1930s, but the onset of World War II strengthened their commitment to toppling the rigid control that rationalism had imposed on Western culture. They sought to tap into the realm of the unconscious, to temper and balance what they perceived as an overreliance on rational modes of thinking that, to their mind, had only led to economic depression and war.

In contrast to the older generation of Surrealists, whose notion of the unconscious was indebted to Sigmund Freud, Matta's and Onslow Ford's thinking was informed by the theorization of Carl Jung. This is significant, as Jung's theories were more metaphysical than those of Freud, who saw the unconscious as a repository of repressed biological and libidinal urges. Jung's ideas are perhaps best characterized by his concern with the underlying spiritual aspect of human nature and his belief that all of humanity is informed by a collective unconscious, a form of genetic memory or knowledge that exists at a cellular level and is shared by every living being.[11] Jung's writings abound with references to the primordial and the universal, the interconnectedness of all beings in time and space. During the 1940s, his ideas resonated strongly with artists and intellectuals, including Seliger, not so much as a therapeutic practice but as a philosophical outlook.[12]

Matta's and Onslow Ford's aesthetic theories blend the Jungian concept of a collective unconscious and a belief in the existence of a fourth dimension.[13] In their minds, we

loro scritti sulle riviste surrealiste, tenendo lezioni pubbliche alla New School for Social Research e ospitando nei loro studi una serie di sessioni di discussione settimanali durante le quali illustravano le loro teorie sul fare arte e sperimentavano con l'automatismo.[6] Chi ebbe modo di assistere a queste conferenze e a questi laboratori ne mise in evidenza la profonda influenza sugli indirizzi dell'arte americana contemporanea.[7] Sebbene Seliger non partecipasse di persona a questi eventi, era tenuto aggiornato da chi li frequentava e, tutte le volte che poteva, andava alla libreria Gotham Book Mart ad acquistare le pubblicazioni surrealiste *VVV*, *View* e *Dyn*.[8] Come l'artista avrebbe più tardi ricordato, i concetti surrealisti erano «a quel tempo ovunque nell'aria».[9]

Coerentemente con il suo carattere fortemente individualistico, Seliger selezionò dalla poetica surrealista i concetti e le metafore che sentiva personalmente più affini e li adattò per creare il suo proprio linguaggio caratteristico. Tuttavia, tanto le teorie di Matta quanto quelle di Onslow Ford influenzarono fortemente il suo pensiero durante il decennio formativo degli anni Quaranta, per cui è opportuno considerarle adeguatamente in questo contesto.[10]

Roberto Matta e Gordon Onslow Ford

Matta e Onslow Ford svilupparono molte delle loro idee sull'arte negli anni Trenta mentre si trovavano fuori dagli Stati Uniti, ma lo scoppio della seconda guerra mondiale rafforzò il loro impegno nell'abbattere il rigido controllo che il razionalismo aveva imposto alla cultura occidentale. Cercarono di affacciarsi nel regno dell'inconscio, di attenuare e controbilanciare quello che ritenevano essere un affidamento eccessivo alle modalità razionali del pensiero che, a loro giudizio, aveva solo portato alla depressione economica e alla guerra.

A differenza della generazione di surrealisti più anziani, che doveva a Sigmund Freud la propria nozione di inconscio, il pensiero di Matta e Onslow Ford era fondato sulla teorizzazione di Carl Gustav Jung. Si tratta di un dato importante, giacché le teorie di Jung erano più metafisiche di quelle di Freud, che concepiva l'inconscio come un deposito di desideri biologici e libidinosi repressi. Ciò che più caratterizza le idee di Jung è la sua attenzione al lato spirituale

FIGURE 1
Matta (1911–2002)
Invasion of the Night (*Invasione della note*), 1941
Oil on canvas, 38 x 60 ⅛ inches
(96.5 x 152.7 cm)
San Francisco Museum of Modern Art, Bequest of Jacqueline Marie Onslow Ford

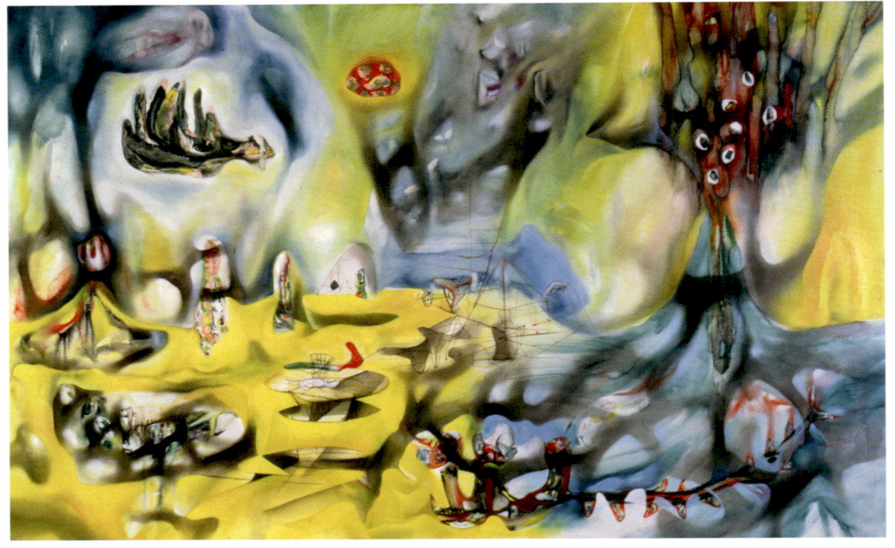

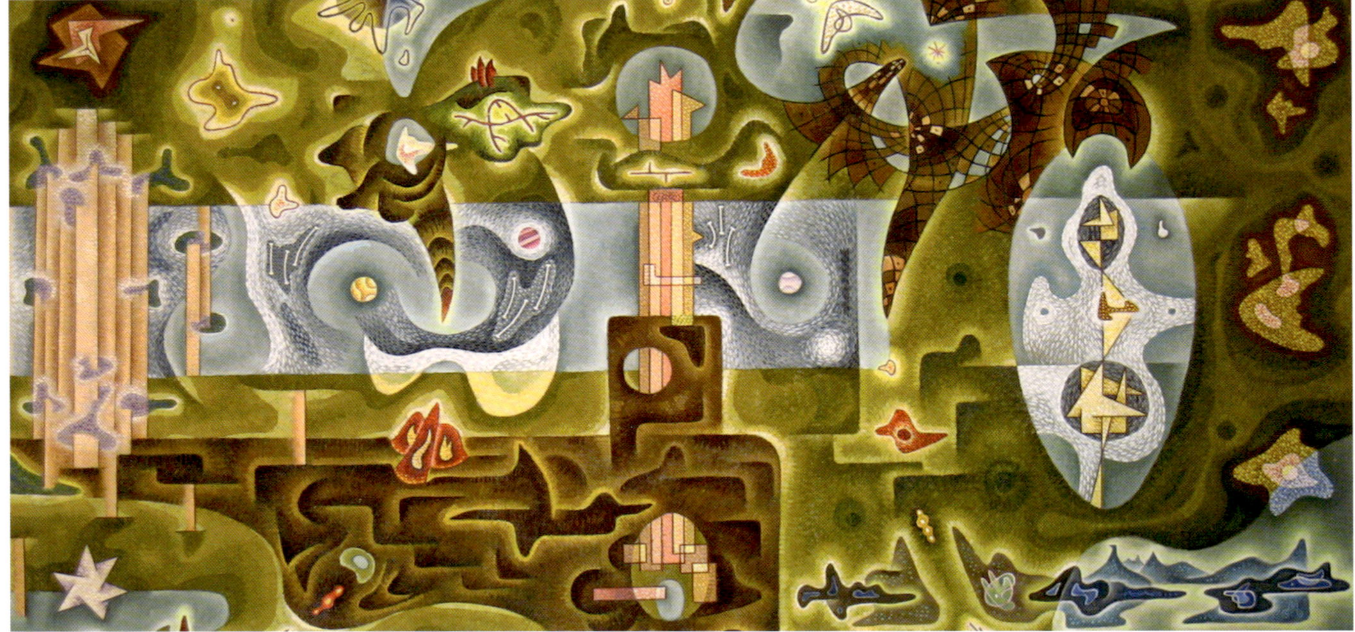

FIGURE 2
Gordon Onslow Ford (1912-2003)
Luminous Land (*Terra luminosa*), 1943
Oil on canvas, 39 ¼ x 678 ½ inches
(95.3 x 39.4 cm)
Collection of Lucid Art Foundation

exist in a space-time continuum that contains all of infinity, filled with beings and things that possess a form of energy invisible to the human eye. Everything in this realm is in a state of perpetual metamorphosis: at every instant, cells are being born, growing, decaying and dying. Matta sought to illustrate his philosophy about the universe's constant state of flux and the underlying interconnectedness of all beings through a painting process the artist called "psychological morphology," which he defined as: "follow[ing] a form through a certain evolution. For instance, from a seed to a tree, the form is consistently changing under certain pressures until it arrives at its final form and then disintegrates. . . . This notion of morphology relates to how one's feelings were formed and transformed through life."[14] In essence, Matta and Onslow Ford strove to convey the entire life cycle as well as a meta-awareness of these ongoing organic processes. They also sought to forge a melding of the layers of the unconscious and the conscious.

Matta's and Onslow Ford's depiction of space is characterized by background and foreground elements that seem to flow in and out of one another. Their work also often makes reference to unseen, invisible aspects of our reality, as shown in Matta's painting *Invasion of the Night* (1941, fig. 1). Here, the artist rendered imaginary beings that theoretically could inhabit our space but which we cannot see. Onslow Ford likewise sought to render visible the invisible. His images are often filled with abstracted beings coexisting in a multidimensional space, as in the case of *Luminous Land* (1943, fig. 2). Rectangular and biomorphic planes, egg shapes, and other floating forms cohabitate in a sort of primordial stew. Onslow Ford also depicted the interior of these beings, making shapes within shapes indicating worlds within worlds.

Seliger's Earliest Abstract Surrealist Paintings

Until 1943, Seliger's artistic production could best be characterized by one term: experimentation. He worked in many styles and studied the work of a variety of modern artists including Piet Mondrian, Wassily Kandinsky, Paul Cézanne, and Paul Klee. Seliger identified 1943 as a watershed year for him, and it was in that year that he refined

che giace al di sotto della natura umana e la sua convinzione che alla base di tutta l'umanità ci sia un inconscio collettivo: una sorta di memoria o di sapere genetico che esiste a livello cellulare e che è condiviso da tutti gli esseri viventi.[11] Gli scritti di Jung abbondano di riferimenti al primordiale e all'universale, alla connessione reciproca che unisce tutti gli esseri nel tempo e nello spazio. Durante gli anni Quaranta, le sue idee erano accolte con forte interesse da artisti e intellettuali – tra i quali anche Seliger – non tanto come pratica terapeutica, quanto come sistema filosofico.[12]

Le teorie estetiche di Matta e di Onslow Ford fondono il concetto junghiano di inconscio collettivo con la fiducia nell'esistenza di una quarta dimensione.[13] Secondo loro, viviamo in un *continuum* spazio-temporale che contiene tutto l'infinito, pieno di esseri e di oggetti dotati di una forma di energia invisibile all'occhio umano. In questo mondo, tutto si trova in uno stato di metamorfosi perpetua: in ogni istante cellule nascono, crescono, decadono e muoiono. Matta cercava di illustrare le sue idee filosofiche di un universo in stato costante di fluttuazione e di una rete di legami sottesa a tutti gli esseri con un processo di pittura da lui chiamato "morfologia psicologica", che definiva come «seguire una forma attraverso una determinata evoluzione. Per esempio, dal seme all'albero, la forma si modifica costantemente sottoposta a particolari pressioni finché non arriva al suo aspetto finale per poi disintegrarsi [...] questo concetto di morfologia ha a che fare con la maniera in cui i sentimenti di ciascuno ebbero forma e si trasformarono nell'arco della vita».[14] In sostanza, Matta e Onslow Ford si sforzarono di comunicare l'intero ciclo vitale insieme ad una meta-consapevolezza di questi processi organici continui. Provarono anche a creare una fusione tra il livello inconscio e quello cosciente.

La rappresentazione dello spazio in Matta e Onslow Ford è caratterizzata da elementi di sfondo e di primo piano che sembrano fluire e rifluire da un piano all'altro. Il loro lavoro inoltre fa spesso riferimento agli aspetti nascosti, invisibili della nostra realtà, come è evidente nel dipinto di Matta *Invasione della notte* (1941, fig. 1). Qui l'artista raffigura esseri immaginari che potrebbero teoricamente popolare il nostro spazio ma che noi non possiamo vedere. Allo stesso modo, Onslow Ford cercava di rendere visibile l'invisibile: le

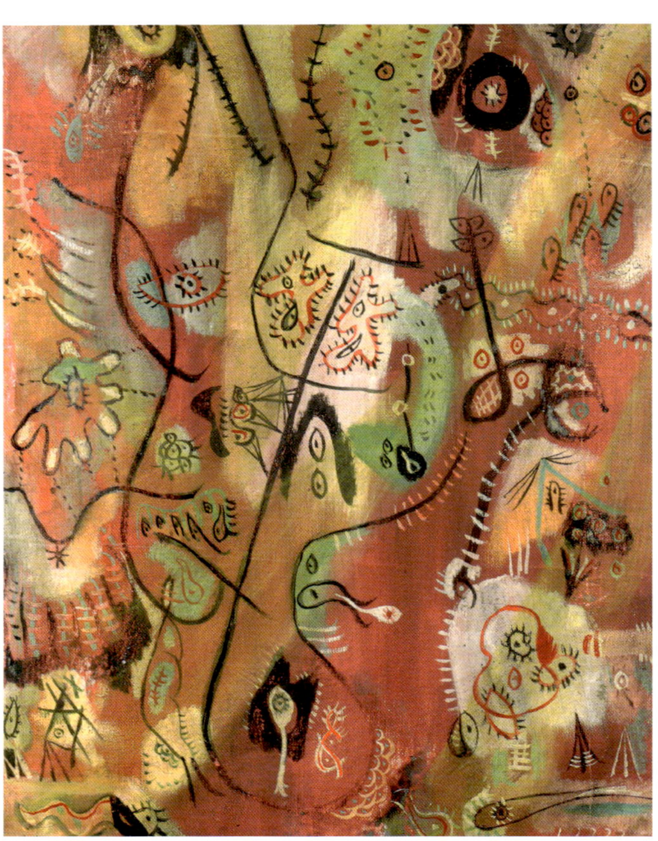

FIGURE 3
Charles Seliger
Primal Markings II
(*Segni primitivi II*), 1943
Oil on canvas, 25 x 18 inches
(63.5 x 45.7 cm)
Estate of Charles Seliger

his artistic vision.[15] No doubt this was due in large part to three things: befriending Jimmy Ernst; exhibiting at the Norlyst Gallery and associating with the mature painters with whom he exhibited there; and meeting Jackson Pollock, Marcel Duchamp, and other established artists who were likewise in experimental phases in their careers.

By the end of 1943, Seliger's complex rendering of space in his paintings demonstrated his knowledge of and engagement with the work of Matta and Onslow Ford, as well as that of Joan Miró and Yves Tanguy.[16] An early example of this influence is *Bird and Flower* (1943, pl. 2). Employing the backlit technique often used by the Surrealists, Seliger juxtaposed dark masses with lighter ones, creating a sense of depth. Although the painting's title refers to the semi-recognizable bird and flower in the composition, the work as a whole evokes a fecund realm of reproduction, with eggs, spermatozoa, and phallic-looking snakes all in an indeterminate space. In *Primal Markings I* (1943, pl. 4) and *Primal Markings II* (1943, fig. 3), Seliger's depiction of geometric space again resembles that of Matta and Onslow

sue immagini sono spesso occupate da esseri che convivono in uno spazio multidimensionale, come nel caso di *Terra luminosa* (1943, fig. 2). Superfici rettangolari e biomorfiche, forme ovali e altre figure fluttuanti coabitano in una specie di brodo primordiale. Onslow Ford rappresenta anche l'interno di questi esseri, dipingendo forme dentro forme che rivelano mondi dentro mondi.

I primi dipinti surrealisti astratti di Seliger

Fino al 1943, la produzione artistica di Seliger potrebbe essere riassunta al meglio da una singola parola: sperimentazione. Dipinse in molti stili diversi e studiò le opere di numerosi artisti moderni come Piet Mondrian, Vasilij Kandinskij, Paul Cézanne e Paul Klee. Seliger stesso indicò nel 1943 un anno spartiacque per lui, e fu proprio in quell'anno che mise a punto la sua visione artistica.[15] Non v'è dubbio che questa svolta era in gran parte conseguenza di situazioni ed eventi decisivi: l'amicizia con Jimmy Ernst; la possibilità di esporre alla Norlyst Gallery e di essere associato agli artisti maturi con i quali era in mostra; la conoscenza con Jackson Pollock, con Marcel Duchamp e con altri artisti affermati che pure si trovavano in una fase sperimentale della propria carriera.

Già prima della fine del 1943, la complessa restituzione dello spazio che contraddistingueva i dipinti di Seliger stava a dimostrare la sua familiarità e il suo coinvolgimento con la produzione di Matta e Onslow Ford, e con quella di Joan Miró e di Yves Tanguy.[16] Un esempio precoce di quest'influenza è *Uccello e fiore* (1943, tav. 2). Utilizzando la tecnica del controluce usata spesso dai surrealisti, Seliger giustappose masse scure ad altre più chiare a creare un senso di profondità. Per quanto il titolo del quadro si riferisca all'uccello e al fiore semi-riconoscibili nella composizione, la tela nel complesso evoca il fecondo universo della riproduzione, fatto di uova, spermatozoi e serpenti

Ford. In both of these works, he created a thick, atmospheric haze filled with floating images resembling body parts (eyes, vertebrae, feathers, heads), microscopic organisms, and other primal life forms.

The calligraphic manner of the "primal markings" paintings also reflects the artist's interest in the works of Miró. Seliger's expressive use of line and his choice of motifs recall Miró's painting *The Hunter (Catalan Landscape)* (1923–24, fig. 4), a work Seliger knew and admired.[17] In *The Hunter*, black linear elements interspersed with eyeballs, amoeba and spider shapes, cones, leaves, and helixes appear throughout the composition. Likewise, Seliger used graffiti-style lines to convey biomorphic shapes, little eyes, and crawling beings living together in an indeterminate space.

Another Seliger painting that strongly reflects the influence of Surrealism is *Confrontation* (1944, pl. 9). The translucent light that Matta favored is present here. The background is a deep crimson with hollows and enclaves that resemble organs, viscera, or blood cells. There is a pulsing sensation to the work, as though it could depict the center of an artery, or the heart. Within this three-dimensional space, which looks uncannily like the interior of a body, an avian creature—a sort of hummingbird without wings—approaches another indistinct organic form. The painting provokes many possible readings. It may depict the beginning of a violent encounter, or it could be that the birdlike creature will get sustenance from and help fertilize the flower form as part of an endless natural cycle. Seliger purposefully cultivated this narrative ambiguity in his works, a favored Surrealist approach.

Automatism

In 1943 and into 1944, Seliger's work also reflected a deliberate and methodical engagement with the Surrealist technique of automatism.[18] Here again, the influence of Matta and Onslow Ford was significant. Matta and Onslow Ford sought to reinvigorate the practice of automatism as originally defined by Breton, employing the technique with a twist. They did not use automatism in the classic Freudian sense of dredging up repressed feelings; rather, they sought to make connections between different spatiotemporal dimensions, as

dall'aspetto fallico che si trovano in uno spazio indeterminato. In *Segni primitivi I* (1943, tav. 4) e in *Segni primitivi II* (1943, fig. 3), la rappresentazione dello spazio geometrico di Seliger assomiglia nuovamente a quelle di Matta e di Onslow Ford. In entrambi questi lavori, l'artista ha creato una nebbia fitta e suggestiva riempita di immagini fluttuanti che ricordano parti del corpo (occhi, vertebre, piume, teste), organismi microscopici e altre forme di vita primitiva.

La maniera calligrafica dei dipinti di "segni primitivi" riflette anche l'interesse dell'artista per le opere di Miró. L'uso espressivo della linea fatto da Seliger e la sua scelta di motivi richiama il quadro di Miró *Il cacciatore (Paesaggio catalano)* (1923-24, fig. 4), che Seliger conosceva e ammirava.[17] Nell'intera composizione de *Il cacciatore* compaiono elementi lineari neri intramezzati a bulbi oculari, forme di amebe e ragni, coni, foglie ed ellissi. Ugualmente, Seliger usava le linee nello stile dei graffiti per rendere figure biomorfiche, piccoli occhi ed esseri striscianti che vivono insieme in uno spazio indeterminato.

Un altro quadro di Seliger che riflette fortemente l'influenza del surrealismo è *Confronto* (1944, tav. 9). La luce traslucida prediletta da Matta è presente anche qui. Lo sfondo è un cremisi intenso con cavità e *enclaves* che assomigliano a organi, viscere e cellule sanguigne. Una sensazione pulsante è trasmessa al lavoro, come se potesse descrivere il centro di un'arteria o il cuore. All'interno di questo spazio tridimensionale, che ricorda incredibilmente l'interno di un corpo, un uccello – una specie di colibrì privo di ali – si avvicina ad un'altra forma organica indistinta. Il dipinto suscita molte possibili letture. Potrebbe rappresentare l'inizio di uno scontro violento, o potrebbe darsi che quella creatura simile a un uccello troverà il nutrimento nella figura che ricorda un fiore che al tempo stesso aiuta a fecondare, in un ciclo naturale senza fine. Seliger perseguì di proposito nelle sue opere quest'ambiguità narrativa, seguendo un approccio surrealista molto amato.

Automatismo

Nel biennio 1943-44, il lavoro di Seliger manifestò un impegno intenzionale e sistematico con la tecnica surrealista dell'automatismo.[18] Anche in questo caso, l'influenza di Matta

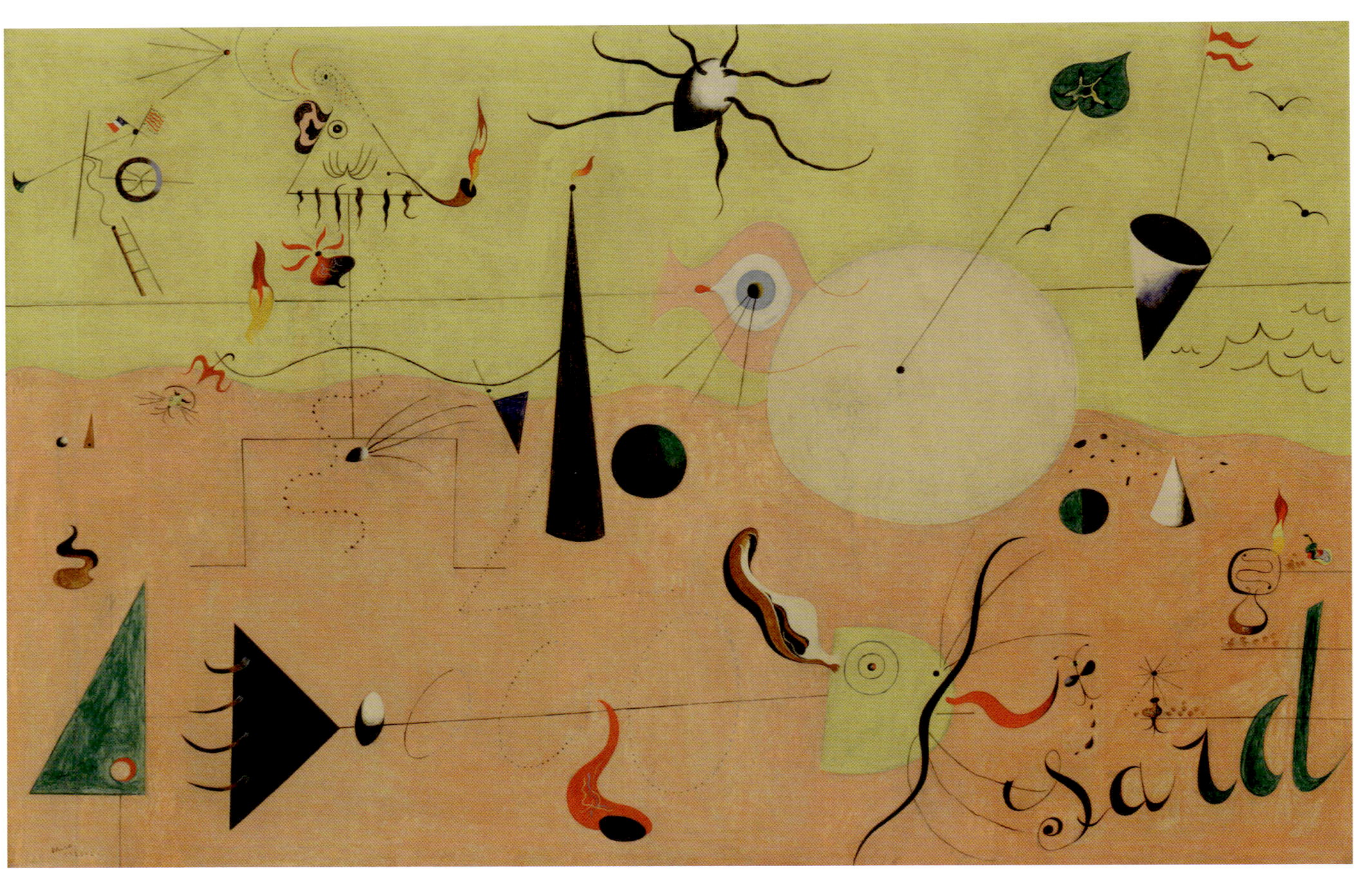

FIGURE 4
Joan Miró (1893–1983)
The Hunter (Catalan Landscape)
Il cacciatore (Paesaggio catalano), 1923-24
Oil on canvas, 25 ½ x 39 ½ inches
(64.8 x 100.3 cm)
The Museum of Modern Art,
New York, NY

well as different levels of the Jungian collective unconscious. To that end, they utilized a variety of unorthodox painting methods such as pouring, flowing, blowing, and working with sponges, knives, and other implements. In addition, they eschewed figurative art in favor of abstraction as a means of focusing on formal issues pertinent to the visual realm only.[19]

While most American artists, including Seliger, did not fully adhere to the psychological or mystical underpinnings of automatism, they embraced the physical properties of paint itself as a means of entering the composition.[20] This was a practice that Robert Motherwell

e di Onslow Ford fu importante. I due cercavano di dare nuovo vigore alla pratica dell'automatismo, così come era stata definita da Breton, applicando la tecnica e al tempo stesso distorcendola. Non usarono l'automatismo nel classico senso freudiano di far riaffiorare emozioni represse: tentavano invece di creare connessioni tra dimensioni spazio-temporali diverse e tra distinti livelli dell'inconscio collettivo junghiano. A questo scopo, adoperarono numerosi metodi di pittura non ortodossi: versavano il colore direttamente sulla tela, lo lasciavano scorrere, lo spruzzavano, e ancora lo applicavano utilizzando spugne, spatole e altri utensili. Inoltre, rimanevano al di fuori dell'arte figurativa, preferendo l'astrazione come mezzo per concentrarsi su temi formali relativi al solo universo visivo.[19]

La maggior parte degli artisti americani, compreso Seliger, non fecero propri i fondamenti psicologici e mistici dell'automatismo; sfruttarono tuttavia il tramite delle proprietà fisiche della pittura stessa per gettarsi nella composizione.[20] Questa pratica fu definita da Robert Motherwell "automatismo plastico" per differenziarlo

called "plastic automatism" to differentiate it from European artists' "psychic automatism."[21] Seliger relied upon chance and unconscious outpourings in paint to, in his own words, "release shapes and forms, concepts and images."[22] He never started a composition with a preconceived subject or plan; instead, the artist tried to clear his mind and allow his vision to come to mind during the painting process. One of the earliest instances in which he used his unique form of automatism is *Cerebral Landscape* (1944, pl. 10), a work that employs the classic Surrealist theme of the geography of the mind and refers to the unconscious, a world within. Seliger plastered paint on the canvas in multiple layers, scraping off portions of layers during multiple studio sessions. As he layered and scraped, he remained alert to the emergence of patterns that suggested organic forms.

Seliger described this process as a form of excavation: "In a way, I am bringing out an earlier history of the painting and an earlier memory or thought," he explained, continuing, "My paintings are a form of excavation . . . like stones in the earth are a form of memory of the physical history of the earth."[23] The artist also used the word "retrieval" in describing his automatist technique.[24] By this, he meant that in scraping or sanding the work down to reveal some usable part that had been covered, he also retrieved an earlier history that informed the identity of the final painting. Seliger saw his process as a metaphor for memory formation.[25] In the case of *Cerebral Landscape*, he outlined the large central shape in white and painted in the background with burnt umber. Within this central shape, the artist let lines suggest relations to one another in a process of making complex links and connections. In the foreground, clusters of dense forms are broken down into ever-smaller components, while a network of red lines in the background provides a sense of continuous flow. This flowing quality suggests malleability, flexibility, and continuous metamorphosis, of both nature and memory. Seliger's *Cerebral Landscape*, so filled with pictorial detail, is reminiscent of Onslow Ford's *Luminous Land*. It also has much in common with *Birth of the Object and the End of the Object* (fig. 5), painted a year later by Peter Busa, one of the Americans who attended Matta and Onslow Ford's studio meetings and experimented with the method of automatism.

dall'"automatismo psichico" degli artisti europei.[21] Nella sua pittura Seliger si affidava al caso e allo sfogo inconscio in modo da, per usare le sue parole, «liberare forme e figure, concetti e immagini».[22] Non iniziava mai una composizione con un piano o un soggetto prestabiliti: al contrario, l'artista cercava di fare il vuoto dei pensieri e di permettere alla sua idea visiva di giungere alla mente durante il processo creativo. Uno dei primi casi in cui fece uso del suo particolarissimo tipo di automatismo è *Paesaggio cerebrale* (1944, tav. 10), un'opera che svolge il classico tema surrealista della geografia della mente e che parla dell'inconscio, un mondo interiore. Seliger ricoprì la tela con molteplici strati di colore, per raschiarne poi via porzioni intere nel corso di più sedute di lavoro. Durante il procedimento di stesura e di rimozione dei livelli, rimaneva attento all'emergenza di moduli che gli suggerissero figure organiche.

Seliger descriveva questo processo come una forma di scavo: «in un certo senso, riporto alla luce un tempo più antico della storia del dipinto, e un ricordo o un pensiero più antichi», e continuava spiegando che «i miei dipinti sono una forma di scavo [...] così come le pietre della terra sono una forma di memoria della storia fisica della terra».[23] Discutendo la sua tecnica di automatismo, l'artista usava anche il termine "ritrovamento"[24]: in questo modo, voleva dire che raschiando o carteggiando le superfici pittoriche per rivelare alcune parti utilizzabili che erano state coperte, riusciva a ritrovare anche un momento anteriore della storia che conferiva all'identità del dipinto la sua forma finale. Seliger interpretava questo processo come una metafora della formazione della memoria.[25] In *Paesaggio cerebrale* delineò la grande forma al centro in bianco su un campo color terra d'Umbria bruciata. All'interno della figura centrale, l'artista lasciò che le linee dessero l'idea di allacciare relazioni reciproche, in un processo di costituzione di connessioni e di legami complessi. In primo piano, grappoli di figure dense sono scomposte in elementi ancora più piccoli, mentre una rete di linee rosse sullo sfondo procura una sensazione di circolazione costante. Proprio questo concetto di scorrimento, evoca malleabilità, flessibilità e metamorfosi continua sia della natura, sia della memoria.

Paesaggio cerebrale, così pieno di dettagli pittorici, riecheggia *Terra luminosa* di Onslow Ford. Il dipinto

Like Seliger, Busa depicted organic "forms within forms" filled with dots, hatchings, and swirls.[26] A fluid, morphing interconnectedness distinguishes both of the artists' works. A number of mid-1940s paintings by Americans influenced by Surrealism bear these characteristics.

Making Visible the Invisible

By 1943, Seliger was already exploring the themes of interiority and the realm of the invisible in his work. *Interior Space* (1944, pl. 12) is an early composition on the subjects. At the center of the image Seliger painted what vaguely looks like a reptile, or perhaps a parasite or an amoeba with a tail, embedded in a warm, brown, womblike space, enveloped in his signature highly segmented skeletal framework. The external structures are light and glowing, while the interior spaces are dark and obscure with illuminated internal passages. The density of layers is overwhelming: Seliger implies here that there is no center or core—that even the smallest forms are comprised of even smaller, often invisible, components.

In 1940s New York there were numerous permutations of this interest in invisibility.[27] The realm of the invisible was the topic of Breton's 1942 text "Third Manifesto of Surrealism," a prominent essay in the first issue of the Surrealist magazine *VVV.* Breton discusses his theory of the concept of "*Les Grandes Transparents,*" or "The Great Invisibles": "Man is perhaps not the center, the focus, of the universe. One may go so far as to believe there exists above him, on the animal level, beings whose behavior is as alien to him as his own must be to the fly or the whale. There is nothing that would necessarily prevent such beings from completely escaping his sensory frame of reference."[28] Breton encouraged his colleagues to make manifest these invisible beings in their work. In a 1945 essay in *View* magazine, the Spanish novelist Ramon J. Sender addressed the inadequacy of human vision, stating:

> Modern physics shows us that our eyes only see sixteen per cent of the things whose existence can be proved by other means. Ultra and infrared rays are inaccessible to us and it would seem that they guard

ha anche molto in comune con *Nascita dell'oggetto e fine dell'oggetto* (fig. 5), ultimato l'anno successivo da Peter Busa, uno degli artisti americani che avevano assistito agli incontri in studio di Matta e di Onslow Ford e che sperimentavano con il metodo dell'automatismo. Come Seliger, anche Busa rappresentava "forme dentro forme", organiche, piene di puntini, ombreggiature tratteggiate, figure roteanti.[26] Una rete di mutue connessioni, fluida e in perenne mutazione distingue la produzione di entrambi gli artisti. Numerosi dipinti della metà degli anni Quaranta eseguiti da americani influenzati dal surrealismo presentano queste caratteristiche.

Rendere visibile l'invisibile

Già prima del 1943 Seliger aveva cominciato ad esplorare nel suo lavoro i temi dell'interiorità e del regno dell'invisibile. *Spazio interiore* (1944, tav. 12) è una delle prime composizioni che tratta di questi argomenti. Al centro dell'immagine, Seliger dipinse qualcosa che somiglia vagamente a un rettile, o forse a un parassita, o a un'ameba con la coda, inserito in uno spazio caldo, marrone, simile a un utero, e avvolto all'interno della struttura scheletrica fortemente segmentata tipica della produzione dell'artista. Le forme esterne sono chiare e brillanti, mentre gli spazi interni sono cupi e oscuri e racchiudono passaggi illuminati. La densità degli strati lascia sopraffatti: Seliger fa qui intendere che non esiste né centro né nucleo, e che finanche le forme più piccole sono composte di elementi ancora più minuti, spesso invisibili.

Nella New York degli anni Quaranta, quest'interesse per l'invisibilità si modificò più volte.[27] Il mondo dell'invisibile era l'argomento principale del famoso saggio *Prolegomeni a un Terzo Manifesto del Surrealismo o no*, pubblicato nel 1942 da Breton sul primo numero della rivista surrealista *VVV.* Breton tratta la sua teoria sul concetto di «*Les Grandes Transparents*», ovvero de «*I grandi invisibili*»: «l'uomo forse non è il centro, né il punto focale dell'universo. Si potrebbe arrivare a credere che esistano, al di sopra di lui, esseri viventi in carne ed ossa con un comportamento tanto diverso da quello umano, quanto questo è diverso da quello di una mosca o di una balena. Non c'è nulla che, per forza di cose, possa impedire a questi esseri di sfuggire al sistema di riferimento umano, basato sui sensi».[28] Breton incoraggiò

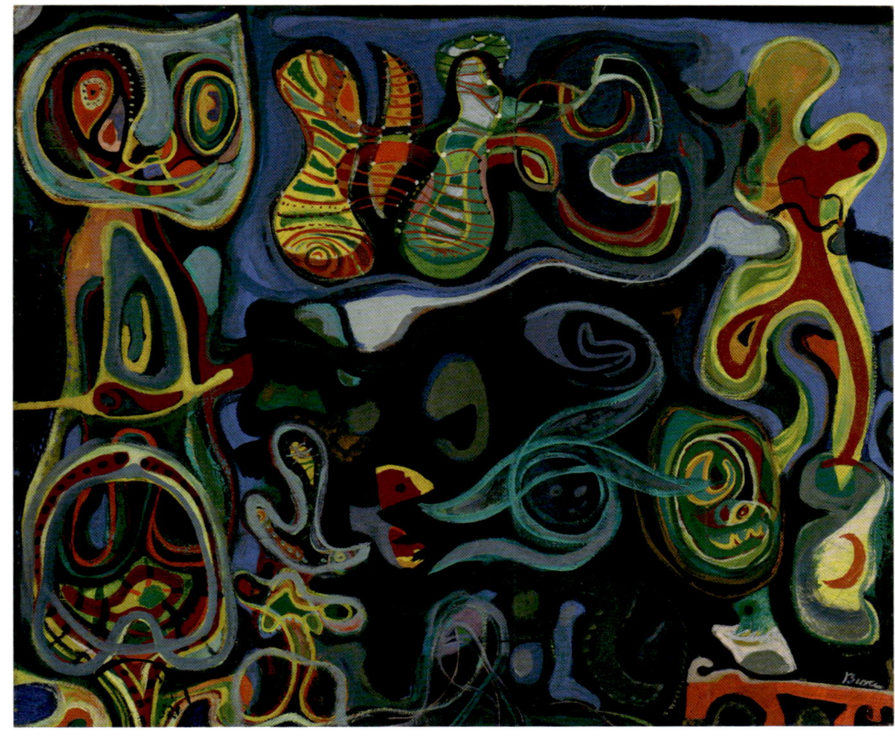

FIGURE 5
Peter Busa (1914–1985)
Birth of the Object and the End of the Object (*Nascita dell'oggetto e fine dell'oggetto*), 1945
Oil on canvas, 25 ½ x 30 inches (64.8 x 76.2 cm)
Museum of Fine Arts, Boston. The Hayden Collection—Charles Henry Hayden Fund, by exchange, 2005.121

> the door that opens up into a whole other reality, powerful and diverse, which of necessity remains unknown to us. Thus if our eyes are not so much to see with, but more especially to prevent us from seeing too much, they serve not so much as open windows facing out onto the luminous world, but rather as filters to keep the world out. . . . Whatever finally passes through is only a microscopic part of that immense virgin reality in the middle of which we live.[29]

Seliger's choice of subject matter was most certainly influenced by this discourse. The title of *Cellular Mansion* (1945, fig. 6), another notable painting from this period, may refer to the notion that infinite complexity can be found in the microscopic. The center of the composition features a white bony structure inside an amoeba-like shape with thin white outlines. The texture of the background resembles that of an old stucco wall, conveying a sense of layers, and thus history. Seliger accomplished this effect by building up many paint layers to create a deep, rough impasto. The painting's extremely flat interior passages, outlined with sharp, upturned

i suoi colleghi a rendere manifesti nei propri lavori questi esseri invisibili. In un saggio uscito nel 1945 nella rivista *View*, il romanziere spagnolo Ramon J. Sender affrontò l'inadeguatezza della capacità umana di vedere, e affermò:

> La fisica moderna ci mostra che i nostri occhi possono vedere solo il sedici per cento delle cose, la cui esistenza può essere provata con altri mezzi. I raggi ultravioletti e quelli infrarossi sono per noi inaccessibili, e si direbbe che sorveglino la porta che conduce ad un'intera altra realtà, potente e diversa dalla nostra, che ci rimane necessariamente ignota. Se dunque i nostri occhi non sono così efficaci per vedere, se soprattutto ci impediscono di vedere troppo, allora non funzionano come finestre aperte affacciate su un mondo luminoso, ma sono piuttosto come dei filtri che lasciano il mondo fuori [...] tutto ciò che finalmente riesce a passare è solo una parte microscopica di quell'immensa, vergine realtà in mezzo alla quale viviamo.[29]

La scelta del tema di Seliger fu sicuramente influenzata da questo discorso. Il titolo *Magione cellulare*

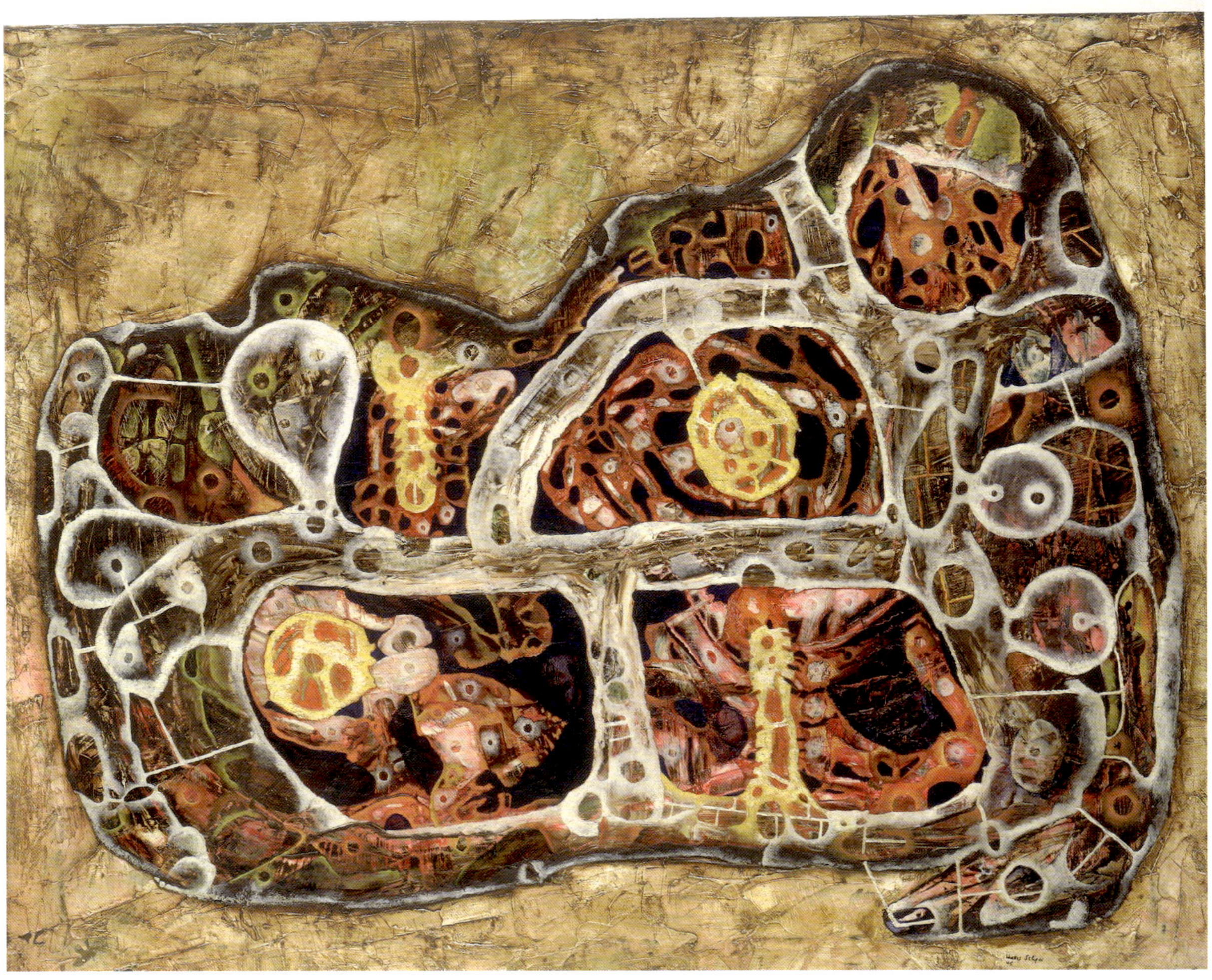

FIGURE 6
Charles Seliger
Cellular Mansion (a.k.a. *Cell Growth*)
Magione cellulare
(noto anche come *Crescita cellulare*), 1945
Oil on canvas, 25 x 30 inches
(63.5 x 76.2 cm)
Estate of Charles Seliger

(1945, fig. 6), un altro quadro degno di nota dipinto in questo periodo, potrebbe alludere al concetto che l'infinita complessità sia riscontrabile anche nel microscopico. Il centro della composizione presenta una bianca struttura ossea dentro una forma simile a un'ameba dal contorno sottile e bianco. La trama dello sfondo assomiglia ad una vecchia parete a stucco, e trasmette il senso della presenza di strati, e quindi di storia. Seliger ottiene questo effetto accumulando molti strati di colore sovrapposti che creano un impasto spesso e grezzo. I passaggi interni del dipinto, estremamente piatti e delineati da bordi affilati e rialzati, potenziano il suo aspetto tridimensionale. Ancora una volta, ci troviamo di fronte ad un'essenza diafana che rappresenta la trasparenza. La profondità, lo scavo, l'affastellamento di strati che indica l'accumulo del tempo sono tutti concetti comunicati da quest'opera.

Seliger era uno dei tanti artisti che in questo momento storico erano interessati a rendere visibile l'universo invisibile delle cellule e delle viscere organiche. Nel 1947 il critico Parker Tyler attirò l'attenzione su quest'orientamento:

edges, enhance its three-dimensional quality. Once again, we see a diaphanous quality, representing transparency. Depth, digging, and the accretion of layers indicating accumulated time are all conveyed in this work.

Seliger was one of a number of artists interested in rendering visible the invisible realm of cells and biological viscera at this historical moment. In 1947, the critic Parker Tyler drew attention to the trend:

> Many of the more recent examples of Surrealist work strongly suggests the visceral, amoebic, or life seen under the microscope. In such painting, life is almost completely dehumanized even though, scientifically, the human organism is ascertainably composed of amoebic and related forms, as the Surrealists depict. Some of the painters have touched on the seminal texture as a magic sort of womb and created hieroglyphs of bodily surfaces out of spherical coagulations, whirling, suspended in air, or rooted in color. . . . All of these types of paintings are emotively distorted representations to man as he exists—subconsciously rather than consciously, *inside his skin rather than outside it* [Tyler's emphasis].[30]

The language used here by Tyler could easily be applied to Seliger's work, which often depicted themes "inside his skin rather than outside it." *Hidden Skeleton* (1945, pl. 15), an imaginary view of the interior of a body, is a prime example of this tendency. The dark center, with its barely visible skeletal structure, is the nucleus of the composition. Bony fragments, glowing cells, and pulsing organs in shades of crimson and deep yellow surround the central form. This interest in the basic structures of all organisms and in interiority, layers, and depth ran throughout Seliger's entire career, and was grounded specifically in this Surrealist discourse in the 1940s.

Prehistory and the Primordial

Seliger's interest in interiority, layers, and depth as manifest in viscera, cells, and simple organisms like amoebae betrayed the period fascination with the primordial era. Jung wrote extensively about the role of art in forging a greater fluidity

> Molti degli esempi più recenti del lavoro dei surrealisti alludono al viscerale, all'amebico o alla vita vista al microscopio. In questi dipinti, la vita è quasi completamente de-umanizzata, anche se, da un punto di vista scientifico, è accertato che l'organismo umano è composto dalle amebe e dalle forme simili rappresentate dai surrealisti. Molti pittori hanno fatto cenno al tessuto seminale come a una specie magica di utero, e hanno tratto geroglifici, fatti di superfici corporee, da coagulazioni sferiche, roteanti, sospese nell'aria o radicate nel colore [...] Tutti questi tipi di dipinti sono rappresentazioni emotivamente distorte per l'uomo così come è fatto – nel subconscio anziché nel conscio, *dentro la sua pelle anziché fuori di essa* [corsivo di Tyler].[30]

Il linguaggio usato qui da Tyler potrebbe essere facilmente applicato alla produzione di Seliger, che spesso rappresentava temi «dentro la sua pelle anziché fuori di essa». *Scheletro nascosto* (1945, tav. 15), una visione immaginaria dell'interno di un corpo, è il primo esempio di questa tendenza. Il centro oscuro, con la sua struttura scheletrica a stento visibile, è il nucleo della composizione. Frammenti ossei, cellule fluttuanti e organi pulsanti nei toni del cremisi e del giallo intenso circondano la forma centrale. L'attenzione alle strutture di base di tutti gli organismi e all'interiorità, agli strati e alla profondità ricorre in tutta la carriera di Seliger ed era fondata specificamente sulla poetica surrealista degli anni Quaranta.

La preistoria e il primordiale

L'interesse di Seliger per l'interiorità, per gli strati e per la profondità, evidente nelle viscere, nelle cellule, negli organismi semplici, rivelava quella passione, allora tanto viva, per l'era primordiale. Jung scrisse ampiamente sul ruolo svolto dall'arte nel mettere in moto una maggiore fluidità tra i livelli di coscienza, tra le singole persone, tra gli esseri umani e la natura e tra passato e presente. Divideva l'arte in due gruppi: quella psicologica e quella visionaria. Gli artisti che etichettava come "visionari" erano descritti così:

> Questi artisti affrontano l'ignoto radicato nel retroterra delle nostre menti ed evocano l'abisso

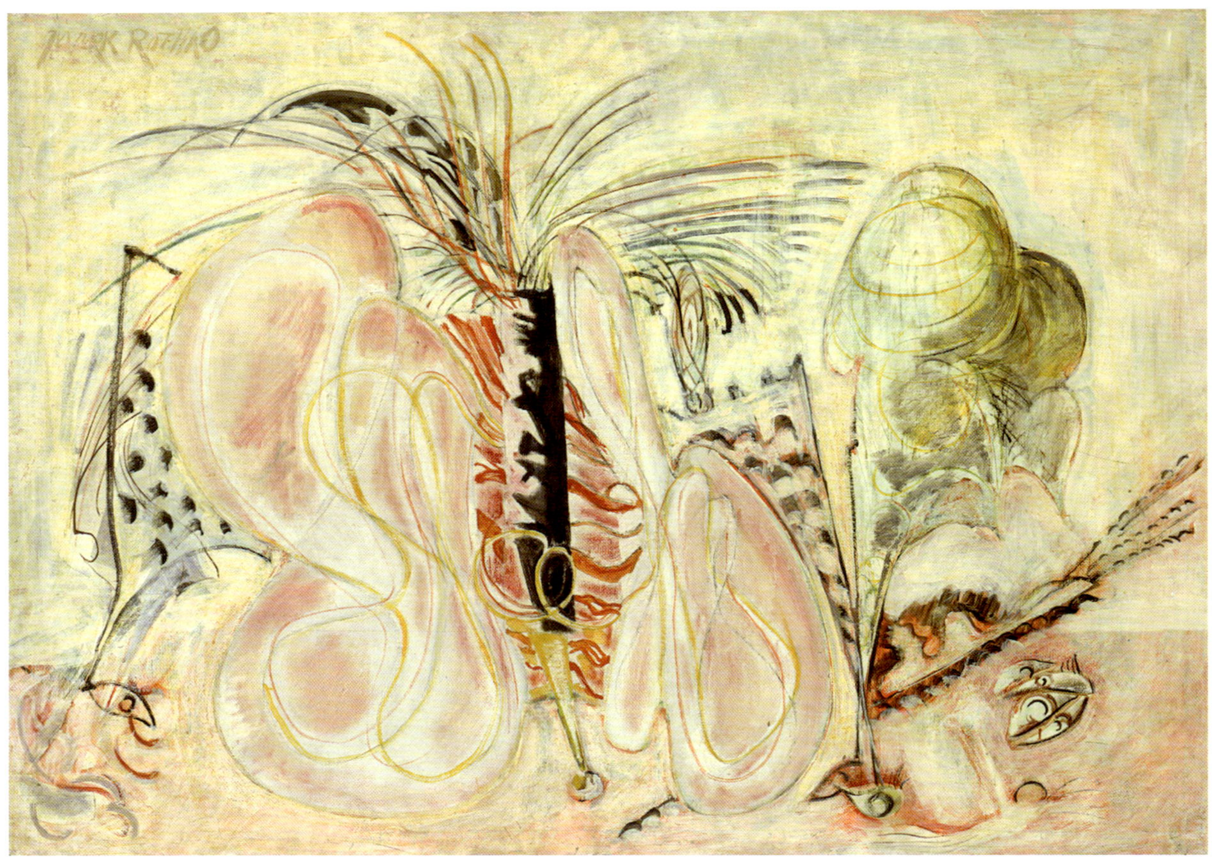

FIGURE 7
Mark Rothko (1903–1970)
Birth of Cephalopods
(*La nascita dei cefalopodi*), 1944
Oil on canvas, 39 ½ x 53 ½ inches
(100.3 x 135.9 cm)
National Gallery of Art, Washington.
Gift of The Mark Rothko Foundation, Inc.
1986.43.22

> di tempo che ci separa dalle ere pre-umane, dalle profondità senza tempo e dal caos eterno [...] Quest'arte non ci ricorda nulla della vita quotidiana, ma rimanda piuttosto ai sogni e ai recessi bui della mente. È un'arte oscura, e forse lo è di proposito [...] L'esperienza primordiale è la fonte della creatività dell'artista e non può essere scandagliata [...] In sé stessa non offre parole né immagini, perché si tratta di una visione percepita "come in un bicchiere, oscuramente": è semplicemente un presentimento profondo, che si sforza di trovare un'espressione.[31]

Per un certo periodo di tempo, a metà degli anni Quaranta, Seliger e altri artisti americani come Mark Rothko, William Baziotes e Theodoros Stamos produssero dipinti "visionari" in cui rappresentarono scene immaginarie di vita primitiva dove tutto si trovava ancora ad uno stadio monocellulare. Rivolgendo indietro lo sguardo di qualche decennio, il critico Lawrence Alloway ha avanzato la proposta ricca di spunti che questo lavorio sul preistorico, sul microscopico e sul cellulare fosse «indicativo della ricerca di un'umanità inesplorata, nella quale la lontananza temporale si faceva metafora della profondità psicologica».[32] Tra tutti i colleghi di Seliger, Rothko era quello maggiormente interessato

between levels of consciousness, between individuals, between humans and nature, and between past and present. He divided artists into two groups: the psychological and visionary. Artists whom he labeled "visionary" he described thusly:

> [T]hese artists deal with the unknown, from the hinterland of man's mind, suggesting an abyss of time separating us from pre-human ages, from timeless depths and eternal chaos. . . . This art reminds us of nothing in everyday life, rather of dreams and dark recesses of the mind. It is obscure art and perhaps obscure on purpose. . . . The primordial experience is the source of his creativeness; it cannot be fathomed. . . . In itself it offers no words or images, for it is a vision seen 'as in a glass, darkly.' It is merely a deep presentiment that strives to find expression.[31]

For a period of time in the mid-1940s, Seliger, as well as American colleagues such as Mark Rothko, William Baziotes, and Theodoros Stamos, produced "visionary" paintings depicting imaginary scenes of primitive life when all was still at the simple cellular level. Looking back decades later, the critic Lawrence Alloway fruitfully proposed that this work about the prehistoric, the microscopic, and the cellular was "indicative of a quest for unplumbed humanity, with the remote in time a metaphor for psychological depth."[32] Of all of Seliger's peers, Rothko was most interested in ancient history, and especially the idea that all life sprung from the sea. A survey of the artist's titles from the mid-1940s gives us a sense of the centrality of this theme in his work: *Slow Swirl at the Edge of the Sea* (1944, Museum of Modern Art, New York); *Sea Fantasy* (1946, National Gallery of Art, Washington); *Figure in an Archaic Sea* (1946, private collection, New York); and *Birth of Cephalopods* (1944, National Gallery of Art, Washington). This last painting (fig. 7) evokes a prehistoric realm when life was emerging from the vast seas that once covered huge expanses of the earth. The simple linear structures seem foremost to convey energy, perhaps that of a creature being born and growing. Seliger likewise produced a number of paintings on the theme of

alla paleontologia, e soprattutto all'idea che tutta la vita si fosse originata dal mare. Se si scorrono i titoli di opere scelti dall'artista alla metà degli anni Quaranta, si comprende quanto questo tema fosse centrale nel suo lavoro: *Vortice lento in riva al mare* (1944, Museum of Modern Art, New York), *Fantasia marina* (1946, National Gallery of Art, Washington), *Figure in un mare arcaico* (1946, collezione privata, New York) e *La nascita dei cefalopodi* (1944, National Gallery of Art, Washington). Quest'ultimo quadro (fig. 7) evoca un mondo preistorico in cui la vita stava emergendo dai vasti mari che un tempo ricoprivano quasi tutta la superficie del pianeta. Le semplici strutture lineari sembrano più di tutto trasmettere energia, forse quella di una creatura che nasce e cresce. Anche Seliger dipinse numerosi quadri sul tema della vita nei mari preistorici: una di queste opere, *Pesce* (1949, tav. 33), è una rappresentazione a volo d'uccello della forma di un pesce fossile su uno sfondo turchese. Insieme al titolo dell'opera, la composizione suggerisce l'immagine fondamentale di una natura primordiale.

Negli anni Quaranta Seliger avviò la produzione, continuata anche nel decennio successivo, di lavori che rappresentavano antiche strutture geologiche, tramite le quali approcciava i temi della profondità storica e del trascorrere del tempo. *Storia naturale: forma nella roccia* (1946, tav. 20), uno dei primi dipinti di questo genere, rappresenta gli strati geologici come se fossero visti attraverso un microscopio: quello che appare è una roccia brulicante di vita e di organismi, che tuttavia potrebbero anche essere congelati e cristallizzati nel tempo. Strisce larghe di vernice marrone indicano una grande formazione rocciosa, ma l'interno di questa figura è a sua volta formato da forme simili a rocce, a riflettere la convinzione di Seliger che le strutture naturali sono infinitamente complesse e che, a livello basale, si equivalgono. In questi dipinti l'interiorità e la profondità sono metafora di un inconscio personale; al tempo stesso esprimono anche l'idea junghiana di un inconscio collettivo o di una memoria cellulare condivisa che risale a tempi precedenti la storia umana.

ancient sea life. One such work, *Fish* (1949, pl. 33), depicts a bird's eye view of a fossilized fish shape on a turquoise ground. Together with the painting's title, the composition conjures an elemental image of primordial nature.

Beginning in the 1940s and extending well into the 1950s, Seliger also depicted ancient geologic structures as a means of addressing the themes of historical depth and time's passage. *Natural History: Form Within Rock* (1946, pl. 20), one of the earliest of these works, depicts geological layers as if seen through a microscope. It appears as though the rock is alive with organisms, though perhaps they are just frozen and encapsulated in time. Broad swaths of brown paint indicate a large rock formation, yet the interior of this form is itself comprised of rocklike shapes, reflecting Seliger's belief in the infinite complexity of natural forms as well as their ultimate equivalence. These paintings present interiority and depth as metaphors for a personal unconscious; they also convey the Jungian idea of a collective unconscious, or shared cellular memory, that predates human history.

Metamorphosis, or "The Structure of Becoming"

Seliger's exploration of the primordial and the cellular dovetailed with his interest in the concept of metamorphosis. By breaking things down into infinitely smaller components, the artist illustrated that change is the only eternal state. The themes of change and flux run throughout Seliger's oeuvre and while rarely overtly referenced by title, are present in many of his paintings from the 1940s.

In the eponymous painting *Metamorphosis* (1947, pl. 25), an indeterminate form inhabits two spheres simultaneously: the lower half is buried in the brown earth while a diffuse atmosphere comprised of wispy lavender and pinkish vapors surrounds the upper portion. The viewer does not know whether the creature is descending or ascending, only that it is undergoing some sort of transformation. Seliger was quite articulate about his interest in morphology and metamorphosis. He described his desire to depict what he called "the structure of becoming," writing: "My paintings are always concerned with the most minute relationships and structure yet always remain in flux, in a state of becoming,

Metamorfosi, ovvero "la struttura del divenire"

L'indagine condotta da Seliger sul primordiale e sul cellulare corrispondeva al suo interesse nel concetto di metamorfosi. Scomponendo le cose fino ai costituenti elementari infinitamente più piccoli, l'artista mette in evidenza che l'unica condizione eterna è quella del cambiamento. I temi della trasformazione continua e della fluidità ricorrono in tutta l'opera di Seliger e sono presenti in molti dei suoi lavori degli anni Quaranta, anche se sono raramente esplicitati dai titoli.

Nel dipinto eponimo *Metamorfosi* (1947, tav. 25), una forma indefinita occupa due sfere simultaneamente: la metà inferiore è sepolta nel terreno marrone mentre un'atmosfera diffusa fatta di volute di vapore rosate e color lavanda avvolgono la parte superiore. L'osservatore ignora se la creatura stia scendendo o salendo: solo sa che sta avvenendo una trasformazione di qualche tipo. Seliger descrisse con grande chiarezza il suo interesse per la morfologia e la metamorfosi. Descriveva così il suo desiderio di rappresentare quella che chiamava «la struttura del divenire»: «i miei dipinti sono sempre attenti alle relazioni e alle strutture più minuscole, eppure restano fluttuanti, in una condizione di divenire che non arriva mai (malgrado l'intensità e il dettaglio) ad una forma finale e riconoscibile».[33] L'interesse, che accompagna Seliger per tutta la carriera, per le relazioni, la relatività, lo scorrere continuo, la dissoluzione e il rinnovamento rappresenta la sua personale trasmutazione del romanticismo. L'artista creava visioni poetiche di una natura lontanissima nel tempo e nello spazio, o al di là delle nostre capacità fisiche di comprensione, filtrata attraverso la lente del surrealismo.

Surrealismo astratto – Un nuovo ibrido in pittura

A metà degli anni Quaranta, negli anni in cui Seliger stava rapidamente definendo la sua personalità artistica, anche l'arte moderna americana si trovava nel mezzo di un processo di metamorfosi. Lo scambio vitale tra i surrealisti europei e gli artisti americani che vivevano a New York ebbe come frutto lo sviluppo di una forma completamente nuova di pittura astratta. Nel dicembre 1944, Robert Coates osservava nelle pagine del *New Yorker*: «c'è uno stile pittorico che

never (in spite of the intensity and detail) to arrive at a final and recognizable form."[33] Seliger's career-long interest in relationships, relativity, flux, dissolution, and renewal represent his own transmutation of Romanticism. The artist created poetic visions of nature long ago, far away, or beyond our physical ability to apprehend, filtered through a Surrealist lens.

Abstract Surrealism— A New Painting Hybrid

In the mid-1940s, as Seliger was rapidly establishing his artistic identity, modern American art was also in the process of metamorphosis. The vital exchange between European Surrealists and American artists in living New York resulted in the development of an entirely new form of abstract painting. In December of 1944, *The New Yorker*'s Robert Coates observed, "There is a style of painting gaining ground in this country which is neither abstract nor Surrealist, though it has suggestions of both, while the paint applied . . . is suggestive of the methods of Expressionism."[34] In his contemporaneous book *Abstract and Surrealist Art in America* (1944), Sidney Janis likewise recognized the new hybrid style: "Though abstraction and surrealism are considered counter-movements in twentieth-century painting, there is in certain painters a fusion of elements from each. American painters particularly have a strong inclination to develop interchanging ideas which may fit into either tradition, though there are purists in both categories who adhere to basic premises and moreover insist that it is impossible to do otherwise. Apparently the schism between the factions is not so insurmountable as their members believe.[35]

Seliger's paintings epitomized this emerging sensibility. In February 1945, David Porter debuted the artist's *Cerebral Landscape*, discussed above, in an exhibition at his G Place Gallery in Washington, DC, entitled *Personal Statement: Painting Prophecy, 1950.* In the brochure that accompanied this pioneering show, Porter asserted:

> The purpose of this exhibition is to suggest the existence of an active group of artists in this country who, unconscious of one another's contribution, may be forming a new set of painting

sta prendendo piede in questo paese che non è né astratto né surrealista, per quanto abbia di entrambi, mentre la maniera in cui il colore è applicato [...] ricorda i metodi degli espressionisti».[34] Nel libro *Abstract and Surrealist Art in America*, pubblicato lo stesso anno, anche Sidney Janis riconobbe il nuovo stile ibrido: «nonostante l'astrattismo e il surrealismo siano considerati, nell'ambito della pittura del XX secolo, dei movimenti in contrapposizione tra loro, in alcuni pittori presentano una fusione di elementi che afferiscono all'uno e all'altro. I pittori americani in particolare sono profondamente portati a sviluppare idee analoghe che potrebbero rientrare in entrambe le tradizioni, anche se ci sono puristi dai due lati che rimangono fedeli ai loro assunti di base e che oltretutto insistono che sia impossibile fare altrimenti. Evidentemente, lo scisma tra le due fazioni non è così insormontabile come i loro membri ritengono».[35]

I quadri di Seliger incarnano questa emergente sensibilità. Nel febbraio 1945, David Porter espose per la prima volta *Paesaggio cerebrale*, del quale si è già discusso, in una mostra allestita nella sua G Place Gallery di Washington e intitolata *Dichiarazione d'intenti: una profezia in pittura, 1950.* Nel libretto che accompagnava questa mostra d'avanguardia, Porter affermava:

> L'intento di quest'esposizione è suggerire l'esistenza in questo paese di un gruppo attivo di artisti che, ciascuno all'oscuro del contributo degli altri, stanno forse dando vita a un nuovo sistema di ideologie in pittura e a una nuova scuola di arte, per la quale la guerra è stata un evento catalizzatore. L'esposizione potrebbe anche essere letta come una profezia che da qui a cinque anni questo nuovo genere di pittura possa essere compreso diffusamente.[36]

Porter fu uno dei primi a proporre che gli orrori della guerra in corso fossero un fattore importante da tenere a mente quando si cerca di capire la nuova arte: è notevole che quest'intuizione non trovò seguito nella letteratura del tempo.[37] Continuava poi, descrivendo il movimento come una «sintesi rivoluzionaria» tra la pittura romantica e quella astratta.[38]

Porter chiese a ciascuno degli artisti in mostra di scrivere una dichiarazione che spiegasse la loro visione, e fu

> ideologies and a new school of art, for which the war has been a catalytic event. The exhibition also may be considered a prophecy of a widespread understanding of this new kind of painting five years hence.[36]

Porter was one of the first people to suggest that the horrors of the ongoing world war were an important factor to bear in mind when trying to understand this art, a sentiment that was remarkably lacking in the literature of the time.[37] Porter went on to describe the movement as a "revolutionary synthesis" of Romantic and abstract painting.[38]

Porter asked each of the artists in the exhibition to write a statement articulating his or her vision, an occasion that marked Seliger's first opportunity to express his aims in a public forum. The painter submitted the following statement: "I want to apostrophize micro-reality. I want to tear the skin from life, and peering closely, to paint what I see. I want my brain to become a magnifying glass for the infinite minutiae of reality. Growth is the poetry of all art."[39] Seliger's use of the word "apostrophize" is revelatory. An apostrophe, of course, is a sign used to mark something omitted, or invisible. According to the Oxford English Dictionary, apostrophizing is a rhetorical device whereby an actor addresses a single person or thing that is absent or not visible to the audience. The painter's adoption of the term adds a poetic dimension to the interpretation of his artistic project. Microreality, infinite minutiae, and realms beyond human vision would remain Seliger's preferred subject matter throughout his career.

In May 1945, Seliger's dealer, Howard Putzel, organized an exhibition entitled *A Problem For Critics* at the 67 Gallery in New York City to draw attention to this new style of painting concerned with subjectivity, interiority, and the unconscious. Artists in the show, a blend of foreign Surrealists and Americans influenced by them, included Seliger, Matta, Masson, Rothko, Pollock, Arshile Gorky, Adolph Gottlieb, Hans Hofmann, Pablo Picasso, Richard Pousette-Dart, and Rufino Tamayo. The nature of this abstraction was so strikingly novel that no one could effectively define it for some time. In a press release, Putzel exhorted critics and the public to develop a label for the

questa l'occasione che permise a Seliger per la prima volta di esprimere i suoi intenti in un contesto pubblico. Questa fu la dichiarazione presentata dal pittore: «Voglio apostrofare la micro-realtà. Voglio strappare la pelle dalla vita e, scrutando attentamente, dipingere ciò che vedo. Voglio che il mio cervello diventi una lente d'ingrandimento per le infinite minime particelle che formano la realtà. La crescita è la poesia di tutta l'arte».[39] L'uso di Seliger della parola "apostrofare" è rivelatore. L'apostrofo è, naturalmente, un segno che si usa per marcare qualcosa di omesso, o invisibile. I dizionari spiegano che l'apostrofe era un dispositivo retorico che permetteva all'attore di rivolgersi a una persona o a un oggetto assente dalla scena o non visibile al pubblico. Il fatto che il pittore abbia adottato questo termine aggiunge una dimensione poetica all'interpretazione che egli dà del suo progetto artistico. La micro-realtà, le infinite particelle minuscole e i mondi che travalicano la capacità umana di vedere sarebbero rimasti gli argomenti preferiti di Seliger per tutta la sua attività.

Nel maggio 1945 il gallerista che rappresentava Seliger, Howard Putzel, organizzò una mostra intitolata *Un problema per i critici* alla 67 Gallery di New York per attirare l'attenzione su questo nuovo stile di pittura attento alla soggettività, all'interiorità e all'inconscio. La mostra affiancava surrealisti europei ad americani che risentivano della loro influenza: Seliger, Matta, Masson, Rothko, Pollock, Arshile Gorky, Adolph Gottlieb, Hans Hofmann, Pablo Picasso, Richard Pousette-Dart e Rufino Tamayo. La natura di questo genere di astrattismo era così incredibilmente originale che nessuno, per diverso tempo, riuscì a darne una definizione. In un comunicato stampa, Putzel esortò critica e pubblico a creare un'etichetta per questo movimento: «mi auguro che qualche critico o qualche dirigente di museo o qualcun altro possa trovare le giuste prime sillabe che possano andare bene per questo nuovo -ismo».[40] Putzel stesso descrisse questo tipo di pittura come "nuovo metamorfismo". Scrivendo sul *New Yorker* a proposito del gruppo di artisti, Coates dichiarava:

> come ho già rilevato in passato, una nuova scuola di pittura si sta sviluppando in questo paese. È ancora piccola, non più grande del pugno di un bambino,

movement: "I hope that some critic or museum official or someone will find as pertinent a first syllable which may be applied to this new 'ism.'"[40] Putzel himself described this type of painting as "New Metamorphism." Writing about the group of artists in *The New Yorker*, Coates stated:

> As I've remarked before, a new school of painting is developing in this country. It is small as yet, no bigger than a baby's fist, but it is noticeable. It partakes a little of Surrealism and still more of Expressionism and although its main current is still muddy and its direction obscure, one can make out bits of Hans Arp and Joan Miró. . . . It is more emotional than logical in expression and you may not like it (I don't entirely either) but it can't escape attention.[41]

Seliger's work represented one component of the many that comprised this complicated new form of abstract painting.

Conclusion

In the late 1940s, a number of the American abstract artists with whom Seliger had been contextualized, such as Rothko, Pollock, and others, began painting spontaneous, raw compositions on very large canvases. About this same time, Seliger commenced working on a very small scale, creating images dense with form and line. Due to these critical decisions made by Seliger in 1948–49, when Abstract Expressionism was solidified as a movement, his work was no longer included in the same exhibitions or written about in the same context as his former artistic peers. Instead, Seliger was increasingly associated with fellow Willard Gallery artists such as Mark Tobey, Norman Lewis, and Morris Graves, who also worked on a small scale using highly refined marks.

Seliger's interest in automatism, his drive to depict the invisible aspects of nature, and his embrace of the theme of metamorphosis as a metaphor for the creative process were catalyzed in large part by European Surrealism, a powerful influence on many American abstract artists during the early 1940s. However, beginning in the late 1940s and increasingly in the 1950s, as many of his peers moved away from their Surrealist roots, Seliger's interest in Surrealist-

> eppure è visibile. Prende qualcosa dal surrealismo e qualcosa di più dall'espressionismo, e anche se il suo corso è ancora confuso e il suo orientamento oscuro, ci si può trovare un po' di Hans Arp e di Joan Miró [...] Nell'espressione è più emozionale che logica e potreste non apprezzarla (neanche a me piace del tutto), ma non sfuggirà alla vostra attenzione».[41]

L'opera di Seliger rappresentava una delle tante componenti che costituivano questa nuova forma di pittura astratta.

Conclusioni

Alla fine degli anni Quaranta, molti pittori astratti americani ai quali Seliger era stato associato, come Rothko, Pollock e altri, iniziarono a realizzare composizioni spontanee e grezze su tele di dimensioni molto grandi. Pressappoco allo stesso tempo, Seliger cominciò a lavorare su scala molto piccola e a creare immagini dense di forme e linee. Seliger prese queste decisioni fondamentali tra il 1948 e il '49, negli anni in cui l'espressionismo astratto si stava solidificando come movimento: a causa di queste scelte, il suo lavoro non fu più compreso nelle stesse esposizioni o trattato in sede critica negli stessi contesti dei suoi colleghi di un tempo. Seliger era invece avvicinato agli altri artisti che gravitavano attorno alla Willard Gallery, come Mark Tobey, Norman Lewis e Morris Graves, che pure dipingevano quadri di piccole dimensioni utilizzando segni altamente raffinati.

L'interesse di Seliger per l'automatismo, la sua spinta a rappresentare gli aspetti invisibili della natura e la sua passione per il tema della metamorfosi inteso come metafora del processo creativo erano tutti elementi favoriti in larga parte dall'esempio dei surrealisti europei, che esercitarono un'influenza potente su molti pittori astratti americani dei primi anni Quaranta. Tuttavia, dai tardi anni Quaranta e sempre più nel decennio successivo, mentre molti dei colleghi prendevano le distanze dalle radici surrealiste, l'interesse di Seliger per i concetti derivati dal surrealismo si accrebbe e intensificò. La sua arte si fece più metafisica, capace di racchiudere sia il mondo naturale sia la natura umana, legati, secondo la percezione del pittore, dalle medesime leggi inesorabili e dalle stesse proprietà.[42] Nel 1948, Stanley

derived concepts intensified and expanded. His art became more metaphysical, encompassing both the natural world and human nature, which he perceived as being bound by the same inexorable laws and properties.[42] In 1948, Stanley Lawrence Berne, a philosopher, poet, and childhood friend of the artist, noted the spiritual quality of Seliger's work:

> This art has a religious purpose. Its inspiration is the life-process. Its method was, earlier, to choose a fixed shape as it projected from nature—an insect, a mammary—he then outlined the shape, made it familiar. But Seliger did not choose to stop there and repeat this formal experience. He chose instead to follow the shape through the microscope until the object was forced to reveal its deep structure, the whole visceral foundation of life's ground-source. Now, the geology of the cell is made a fitting topic such that a reverence for life emerges and our excitement in a new 'art' experience pales before the re-establishment of the fact that in a world of inevitable change-of-values, growth and birth proceed in an orderly pattern of improvement that has only existence and perfect function as its goal.[43]

Over the course of decades, Seliger would pay homage to universal laws that follow a persistent, continual path of growth and regeneration.

Seliger developed his working methods and abiding subject matter during a pivotal period in American art history that gave rise to a hybrid form of abstract Surrealism with no particular label of its own. While many of his colleagues went on to develop the widely celebrated style known as Abstract Expressionism, Seliger followed a different path, making smaller, more meditative, calligraphic paintings, almost as a counterpoint to these artists' bold and brash images. His quiet yet compelling work about the invisible epitomizes this transitional period that bears no consensual name in the history of art.

Lawrence Berne, filosofo, poeta e amico d'infanzia dell'artista, sottolineava la qualità spirituale della produzione di Seliger:

> Quest'arte ha un intento religioso. La sua ispirazione è il processo della vita. In precedenza, il suo metodo era quello di scegliere una determinata forma così come è proiettata dalla natura – un insetto, una mammella – egli ne delineava poi l'aspetto e la rendeva familiare. Tuttavia Seliger non scelse di fermarsi a quel punto e di ripetere la stessa esperienza formale. Scelse invece di seguire la forma attraverso il microscopio, fino a quando l'oggetto non era forzato a rivelare la sua intima struttura, tutte le fondamenta viscerali dell'energia interna della vita. Ora, la geologia della cellula diventa un soggetto tale che emerge una certa riverenza per la vita, e il nostro entusiasmo per la nuova esperienza "artistica" impallidisce di fronte alla riaffermazione del fatto che in un mondo di inevitabili cambi di valori, crescita e nascita procedono secondo uno schema ordinato di miglioramento che ha nell'esistenza e nella funzionalità perfetta il suo unico scopo.[43]

Nel corso dei decenni, l'artista avrebbe reso omaggio alle leggi universali che seguono un percorso continuo e incessante di crescita e rigenerazione.

Seliger sviluppò i suoi metodi di lavoro e i suoi argomenti duraturi nel corso del periodo cruciale della storia dell'arte americana che vide l'ascesa di una forma ibrida di surrealismo astratto priva di una propria definizione particolare. Mentre molti dei suoi colleghi proseguirono sviluppando quello stile tanto celebrato noto come espressionismo astratto, Seliger seguì una strada differente, eseguendo dipinti più piccoli, più meditativi e calligrafici, quasi un contrappunto alle immagini spavalde e aggressive di quegli artisti. Il suo lavoro, silenzioso ma avvincente, sull'invisibile incarna questo periodo di transizione della storia dell'arte, ancora privo di un nome concordemente accettato.

Endnotes

1 Seliger, journal entry, 1 December 1980. See Charles Seliger Journals, Collection of the Pierpont Morgan Library, New York, acc. no. MA 6148.

2 The March 1943 exhibition was called *Adventures in Perspective.* Ernst exhibited the work of fifty artists, including Milton Avery, Joseph Cornell, Mark Rothko, William Baziotes, Adolph Gottlieb, Boris Margo, Robert Motherwell, Charles Seliger, and others. Ernst characterized the exhibition as "an inexperienced and somewhat undisciplined stylistic course," but there was a great need at the time for venues to show some of the newer and more difficult to define trends in painting. See Jimmy Ernst, *A Not-So-Still Life: A Memoir* (New York: St. Martin's Press, 1984), 240. Seliger exhibited two small paintings that were heavily influenced by Paul Klee, an artist he had long admired.

3 Like many artists and intellectuals of his generation, Seliger was interested in the field of psychology and theories of the unconscious and read books by Sigmund Freud, Carl Jung, Alfred Adler, and others. His uncle, Robert Seliger, cultivated and guided this interest. Robert Seliger was a psychiatrist in Baltimore who had a private practice, a faculty position at the Johns Hopkins School of Medicine, and a weekly psychiatric advice column in *Time* magazine. Seliger was particularly fascinated by Jung's theories of the collective unconscious. See Seliger, interview with the author, 4 December 2006.

4 Most Americans considered only the formal characteristics of Surrealism due to the influence of Alfred H. Barr Jr., founder of the Museum of Modern Art, especially his exhibition and catalogue *Fantastic Art: Dada and Surrealism* (1936). Only a few American dealers, such as Julian Levy and Pierre Matisse, seemed to grasp the movement's philosophical foundations. Levy organized one of the earliest exhibitions of Surrealism in 1932 at his gallery at 602 Madison Avenue and wrote one of the first general descriptions of the movement in English. Levy emphasized that Surrealism was not a style, but "a point of view, and as such applies to painting, literature, play, behavior, politics, architecture, photography, and cinema." See Julian Levy, *Surrealism* (New York: Black Sun Press, 1936), 5.

5 The Surrealists accepted Matta into the movement in 1936. Breton was at first very enthusiastic about Matta's ideas, as he thought they meshed well with his philosophy and provided a fresh approach to Surrealism and automatism. However, the artists' relationship became strained as Matta began to overtly challenge

Notes

1 Seliger, annotazione di diario, 1 dicembre 1980. Cfr. *Charles Seliger Journals*, Collection of the Pierpont Morgan Library, New York, n. inv. MA 6148.

2 La mostra del marzo 1943 era intitolata *Avventure in prospettiva.* Ernst espose le opere di cinquanta artisti, tra i quali Milton Avery, Joseph Cornell, Mark Rothko, William Baziotes, Adolph Gottlieb, Boris Margo, Robert Motherwell, Charles Seliger, e descrisse la mostra come «un corso di stile inesperto e in qualche modo indisciplinato», ma a quel tempo c'era grande bisogno di una sede dove esporre alcune delle tendenze pittoriche più recenti e più difficili da definire. Cfr. Jimmy Ernst, *A Not-So-Still Life: A Memoir*, New York, St. Martin's Press, 1984, p. 240. Seliger espose due piccoli quadri che erano fortemente influenzati da Paul Klee, un artista che ammirava da lungo tempo.

3 Come molti artisti e intellettuali della sua generazione, Seliger era interessato al campo della psicologia e delle teorie dell'inconscio, leggeva libri di Sigmund Freud, Carl Gustav Jung, Alfred Adler e altri, e suo zio, Robert Seliger, alimentava e seguiva questo interesse. Robert Seliger era uno psichiatra di Baltimora, che aveva uno studio privato, una posizione di riguardo alla Johns Hopkins School of Medicine e una rubrica di consigli psichiatrici sul *Time.* Seliger fu particolarmente affascinato dalle teorie di Jung sull'inconscio collettivo: cfr. Seliger, intervista con l'autrice, 4 dicembre 2006.

4 La maggior parte degli Americani considerava solo l'aspetto formale del surrealismo a causa dell'influenza di Alfred H. Barr Jr., fondatore del Museum of Modern Art, soprattutto per la sua mostra *Arte fantastica: dada e il surrealismo* (1936) e il relativo catalogo. Solo pochi galleristi americani come Julian Levy e Pierre Matisse sembravano cogliere i fondamenti filosofici del movimento. Nel 1932 Levy organizzò una delle prime esposizioni sul surrealismo nella sua galleria d'arte, al 602 di Madison Avenue, e scrisse una delle prime definizioni generali in inglese del movimento. Levy sottolineò il fatto che il surrealismo non fosse uno stile, ma «un punto di vista, e come tale si può applicare alla pittura, alla letteratura, al teatro, al comportamento, alla politica, all'architettura, alla fotografia e al cinema». Cfr. Julian Levy, *Surrealism*, New York, Black Sun Press, 1936, p. 5.

5 I surrealisti accolsero Matta nel loro movimento nel 1936. Breton fu in un primo momento molto entusiasta delle idee di Matta, al punto che pensò che esse ben si mescolassero alla sua filosofia e che offrissero un approccio attuale al surrealismo e all'automatismo. Comunque i rapporti con l'artista si fecero tesi quando Matta iniziò

Breton's leadership. Matta and Onslow Ford met in 1937 at a *pensione* in France. Onslow Ford was so impressed by the power of Matta's ideas that he decided to become an artist. He and Matta worked together to hone their unique theories. See Martica Sawin, *Surrealism in Exile and the Beginning of the New York School* (Cambridge, MA: MIT Press, 1990), 32.

6 The American artists who attended Matta and Onslow Ford's studio sessions included Gerome Kamrowski, William Baziotes, Jackson Pollock, Peter Busa, Arshile Gorky, and Robert Motherwell. According to Busa, he and the others intensely disliked Surrealism as it was traditionally conceived because they equated it with Dalí, whom they considered nothing more than an illustrator. They were drawn to Matta because they thought his work represented a new direction with rich potential. See Sidney Simon, "Concerning the Beginnings of the New York School: 1939–1943, An Interview with Peter Busa and Matta," *Art International* 11 (Summer 1967): 18.

7 The lectures were given over a two-month period at the New School for Social Research (January–February 1941). In conjunction with these lectures, the art dealer Howard Putzel (Seliger's first serious dealer) organized an exhibition of Surrealist art.

8 Seliger, interview with the author, 6 December 2006; 1 December 2008.

9 Seliger, interview with the author, 6 December 2006.

10 Only a few of Seliger's earliest paintings bear formal similarities to those of Matta or Onslow Ford. Rather, he stated, "Matta and Onslow Ford spurred me on with their ideas." Seliger, interview with the author, 20 June 2007.

11 Carl Jung's therapeutic goal was to assist individuals in moving from identification with the in-the-present ego to a broader, deeper understanding of the layers of the psyche that are universal and timeless, and to synthesize the personal and the universal. See Jung, *Modern Man in Search of a Soul* (New York: Harcourt, Brace and Company, 1933). According to Martica Sawin, the main difference between Matta's and Onslow Ford's theories and those of the older Surrealists was that the younger men "cut loose from a Freudian interpretation of the human psyche." See Sawin, *Surrealism in Exile and the Beginning of the New York School*, 162. Jung's nature-based, metaphysical philosophy struck a cord with American artists because it had much in common with transcendentalism and was less inclined to consider the unconscious as dominated by repressed sexual urges.

a mettere apertamente in discussione la figura di guida di Breton. Matta e Onslow Ford si incontrarono nel 1937 in una pensione in Francia. Onslow Ford rimase così impressionato dalla potenza delle idee di Matta che decise di diventare un artista. Con Matta lavorarono insieme per perfezionare le loro teorie originali. Cfr. Martica Sawin, *Surrealism in Exile and the Beginning of the New York School*, Cambridge, Massachusetts, MIT Press, 1990, p. 32.

6 Tra gli artisti americani che partecipavano ai laboratori di studio di Matta e Onslow Ford c'erano Gerome Kamrowski, William Baziotes, Jackson Pollock, Peter Busa, Arshile Gorky e Robert Motherwell. Secondo Busa, lui e gli altri disprezzavano fortemente il surrealismo così come veniva tradizionalmente concepito poiché lo mettevano in relazione con il solo Dalì, che consideravano niente di più che un illustratore. Erano invece attratti da Matta perché pensavano che la sua opera rappresentasse una nuova tendenza ricca di potenzialità. Cfr. Sidney Simon, *Concerning the Beginnings of the New York School: 1939–1943. An Interview with Peter Busa and Matta*, «Art International», 11 (estate 1967), p. 18.

7 Le lezioni si tennero nell'arco di due mesi (gennaio-febbraio 1941) alla New School for Social Research. In concomitanza con queste lezioni il gallerista Howard Putzel (primo rappresentante effettivo di Seliger) organizzò una mostra di arte surrealista.

8 Seliger, intervista con l'autrice, 6 dicembre 2006; 1 dicembre 2008.

9 Seliger, intervista con l'autrice, 6 dicembre 2006.

10 Solo pochi dei primi dipinti di Seliger presentano somiglianze formali con quelli di Matta o di Onslow Ford; piuttosto, egli specificò, «Matta e Onslow Ford mi spronarono con le loro idee». Seliger, intervista con l'autrice, 20 giugno 2007.

11 L'obiettivo terapeutico di Carl Gustav Jung era quello di assistere le persone nel trasferimento dall'identificazione con l'Io presente alla comprensione più ampia e profonda dei livelli della psiche che sono universali e atemporali, sintetizzando l'individuale e l'universale. Cfr. Carl G. Jung, *Modern Man in Search of a Soul*, New York, Harcourt, Brace and Company, 1933. Secondo Martica Sawin, la differenza principale tra le teorie di Matta e Onslow Ford e quelle dei surrealisti più anziani era che i due più giovani «si tirarono fuori da un'interpretazione freudiana della psiche umana». Cfr. Sawin, *Surrealism in Exile and the Beginning of the New York School*, cit., p. 162. La filosofia metafisica e basata sulla natura di Jung risuonava in profondità con gli artisti americani perché aveva più cose in comune con il trascendentalismo ed era meno incline a considerare l'inconscio come dominato da desideri sessuali repressi.

12 Carl Jung developed his theories while counseling successful people and those who sought to be *extra*ordinary. He stated, "To be 'normal' is a splendid ideal for the unsuccessful, for all those who have not yet found adaptation. But for those people who have far more ability than the average, and for whom it was never hard to gain successes and to accomplish their share of the world's work—for them restriction to be normal signifies the bed of Procrustes, unbearable boredom, infernal sterility and hopelessness. . . . To be a socially adapted being has no charms for one to whom to be so is mere child's play." See Jung, *Modern Man in Search of a Soul,* 55. One can see why his theories would appeal to artists and intellectuals.

13 The theory of the fourth dimension was first codified in the nineteenth century by Henri Poincaré, a French mathematician who proposed there was a fourth spatial dimension not accounted for in Euclidian geometry. In the twentieth century, Albert Einstein proposed that the fourth dimension was not geometric or spatial at all, but rather existed in the realm of time. The idea of a fourth dimension replete with entities that humans cannot see led many modern artists, especially the Surrealists, to consider vision and knowledge as being limited, hence subjective. See Lynda Dalrymple-Henderson, *The Fourth Dimension and Non-Euclidian Geometry in Modern Art* (Princeton: Princeton University Press, 1983).

14 Max Kozloff, "An Interview with Matta: 'These Things Were Like Rain Catching up with a Man who is Running,'" *Artforum* (September 1965): 23.

15 Seliger, interview with the author, 6 December 2006.

16 While studying *Bird and Flower* and the "primal markings" paintings with Seliger, the artist remarked, "Now these are true Surrealist paintings with three-dimensional space, like Matta, Tanguy, and Miró." See Seliger, interview with the author, 20 June 2007.

17 As recounted to Melvin P. Lader, Seliger read James Johnson Sweeney's book *Miró* (Exh. cat., New York: Museum of Modern Art, 1941) and it inspired him to experiment with some elements of his painting. See Lader, "The Paintings of Charles Seliger: Nature and Vision," in O'Connor, *Charles Seliger: Redefining Abstract Expressionism* (Manchester, VT: Hudson Hills Press, 2002), 8.

18 Surrealism was born in the devastation of World War I; its founders came to wonder how what was arguably the best-educated population in the history of mankind could have marched off by the millions to be slaughtered in a war with little or no meaning. The Surrealists believed that people were blindly accepting what

12 Carl Gustav Jung svilluppò le sue teorie mentre assisteva persone di successo e quelli che cercavano di essere extra-ordinari. Egli specificò: «essere "normale" costituisce uno splendido ideale per il fallito, per tutti coloro che sono ancora disadattati . Ma per chi ha un talento assai superiore al normale, per coloro ai quali non è mai stato difficile raggiungere il successo e compiere la propria parte del lavoro del mondo, per questi, la restrizione della normalità è un letto di Procuste, una noia insopportabile, è sterilità e disperazioni infernali. [...] essere un individuo socialmente adeguato non ha alcuna attrattiva per chi ci riuscirebbe come fosse un gioco da ragazzi». Cfr. Jung, *Modern Man in Search of a Soul,* cit., p. 55. È evidente perché le sue teorie avrebbero fatto presa su artisti e intellettuali.

13 La teoria della quarta dimensione fu codificata la prima volta nel XIX secolo da Henri Poincaré, un matematico francese che propose l'esistenza di una quarta dimensione spaziale non contemplata nella geometria euclidea. Nel XX secolo Albert Einstein suggerì che la quarta dimensione non fosse affatto geometrica o spaziale, ma piuttosto che esistesse nel contesto del tempo. L'idea di una quarta dimensione piena di entità che gli uomini non possono vedere, portò molti artisti moderni, specialmente i surrealisti, a considerare la vista e la conoscenza come limitate, e quindi soggettive. Cfr. Lynda Dalrymple-Henderson, *The Fourth Dimension and Non-Euclidian Geometry in Modern Art*, Princeton, Princeton University Press, 1983.

14 Max Kozloff, *An Interview with Matta: 'These Things Were Like Rain Catching up with a Man who is Running'*, «Artforum» (settembre 1965), p. 23.

15 Seliger, intervista con l'autrice, 6 dicembre 2006.

16 Durante la fase di studio di *Uccello e fiore* e dei dipinti di "segni primitivi", l'artista sottolineava: «Adesso questi sono veri dipinti surrealisti con uno spazio tridimensionale, come Matta, Tanguy e Miró». Cfr. Seliger, intervista con l'autrice, 20 giugno 2007.

17 Come racconta Melvin P. Lader, Seliger lesse il libro di James Johnson Sweeney intitolato *Miró* (catalogo della mostra, New York, Museum of Modern Art, 1941) e questo lo ispirò a sperimentare con alcuni elementi della sua pittura. Cfr. Melvin P. Lader, *The Paintings of Charles Seliger: Nature and Vision*, in Francis V. O'Connor, *Charles Seliger: Redefining Abstract Expressionism*, Manchester, Vermont, Hudson Hills Press, 2002, p. 8.

18 Il surrealismo nasce dalla devastazione della prima guerra mondiale; i suoi fondatori rimasero stupefatti di come quella che era senza dubbio la popolazione meglio educata della storia

was taught or told to them, and that their art must make viewers question their notions of what is real and what is true—to look under or beyond surface realities. The unconscious was of particular interest, as it was perceived to influence human behavior.
The use of automatism, a form of free association, was a practice used in psychiatry to access the unconscious, and a fundamental principle of Surrealism. In his 1924 manifesto, Breton defined Surrealism as: "Pure psychic automatism, by which it is intended to express, verbally, by writing or other means, the pure functioning of thought. The dictation of thought in the absence of all control exercised by reason and outside all aesthetic or moral preoccupations." See Breton, *What is Surrealism? Selected Writings*. Transl. and ed. by Franklin Rosemount (London: Pluto Press, 1974), 122.

19 Martica Sawin, "'The Third Man,' or Automatism, American Style," *Art Journal* (Fall 1988): 184.

20 A handful of American artists with whom Seliger was acquainted had utilized automatist techniques prior to the Surrealists coming to the United States. Gerome Kamrowski, Jimmy Ernst, William Baziotes, and Peter Busa all experimented with dripping and pouring a quick-drying lacquer for its visual effects. They discovered that melting old phonographic records produced a rich, dark lacquer that dried immediately after it was dripped or swirled onto a paper surface. These drawings were not intended to be finished works of art; they were merely a form of experimentation. See Sawin, "The Third Man," 186.

21 According to Robert Motherwell, despite American artists' indebtedness to Surrealism, they ultimately rejected the notion of pure psychic automatism: "To give oneself over completely to the unconscious is to become a slave. But here it must be asserted that plastic automatism . . . is actually very little a question of the unconscious. It is much more a plastic weapon with which to invent new forms. As such it is one of the twentieth centuries' [sic] greatest inventions." See Motherwell, "The Modern Painter's World," in Stephanie Terenzio, *The Collected Writings of Robert Motherwell* (New York: Oxford University Press, 1992), 34.

22 Seliger, interview with George Perret, Andrew Crispo Gallery, Spring 1979, in Charles Seliger personal papers, Mount Vernon, N.Y.

23 Seliger, interview with the author, 20 June 2007. In the 1940s Seliger also began painting on stones and bones, an extension of his idea of stones being a form of the earth's memory.

24 Ibid.

dell'umanità avesse marciato in milioni per essere trucidata in una guerra praticamente senza senso. I surrealisti ritenevano che le persone accettassero ciecamente quanto gli venisse insegnato o detto, e che la loro arte dovesse mettere gli osservatori in condizioni di dubitare delle proprie conoscenze, di quanto è reale e di quanto è vero – per vedere sotto o dietro le realtà superficiali. L'inconscio fu di particolare interesse, perché ritenuto in grado di influenzare il comportamento umano.
L'uso dell'automatismo, una forma di libere associazioni, fu una pratica utilizzata in psichiatria per arrivare all'inconscio e fu un principio fondamentale del surrealismo. Nel suo manifesto del 1924 Breton definì il surrealismo come un «puro automatismo psichico, attraverso il quale si intende esprimere, verbalmente, scrivendo o con altri mezzi, il puro funzionamento del pensiero: l'ordine dei pensieri in totale assenza del controllo esercitato dalla ragione e al di là di ogni preoccupazione estetica o morale.». Cfr. André Breton, *What is Surrealism? Selected Writings*, a cura di Franklin Rosemount, London, Pluto Press, 1974, p. 122.

19 Martica Sawin, *'The Third Man,' or Automatism, American Style*, «Art Journal» (autunno 1988), p. 184.

20 Un piccolo gruppo di artisti americani che Seliger conosceva, aveva utilizzato le tecniche dell'automatismo prima dell'arrivo dei surrealisti negli Stati Uniti. Gerome Kamrowski, Jimmy Ernst, William Baziotes e Peter Busa provarono tutti a far gocciolare e versare una lacca a presa rapida per sperimentarne gli effetti visivi. Scoprirono che sciogliendo vecchi dischi in vinile si produceva un denso liquido scuro che asciugava immediatamente dopo essere stato colato o scagliato contro una superficie di carta. Questi disegni non dovevano essere opere d'arte finite, ma una mera forma di sperimentazione. Cfr. Sawin, *'The Third Man'*, cit., p. 186.

21 Secondo Robert Motherwell, benché gli artisti americani fossero debitori del surrealismo, alla fine rifiutarono la nozione di puro automatismo psichico: «affidarsi completamente all'inconscio vuol dire diventare schiavo. Ma qui è necessario affermare che l'automatismo plastico [...] ha effettivamente molto poco a che fare con l'inconscio. È molto più un'arma plastica con la quale inventare forme nuove. In questo senso è una delle più grandi invenzioni del XX secolo». Cfr. Robert Motherwell, *The Modern Painter's World*, in Stephanie Terenzio, *The Collected Writings of Robert Motherwell*, New York, Oxford University Press, 1992, p. 34.

22 Seliger, intervista con George Perret, Andrew Crispo Gallery, primavera 1979, in *Charles Seliger personal papers*, Mount Vernon, New York.

25 Ibid.

26 Seliger retrospectively described his work from the 1940s as "forms within forms, seeds, wombs, boxes, interiors of a stone, images within images." See Seliger to Joann Moser, 26 April 1993, quoted in O'Connor, *Redefining Abstract Expressionism*, 13.

27 For example, Marcel Duchamp dealt with invisibility and mutation in space and time in his transparent glass objects such *as The Bride Stripped Bare by the Bachelors, Even* (1915–33, Philadelphia Museum of Art). The painter Irene Rice Perreira also made paintings on glass, referencing transparency and multidimensionality. Pavel Tchelichew produced many paintings of beings with no skin in which we can see organs, which themselves seem to morph into other living beings. An important contributing factor to this interest was the discovery of X-rays in 1895 by Wilhelm Conrad Rontgen, which many saw as proof that the faculty of human sight was of limited utility. X-rays and radioactivity, discovered in 1896 by Henri Becquerel, also called into question the idea that space is a void and solids are impenetrable. These concepts greatly impacted a number of modern artists. See Lynda Dalrymple Henderson, "X-Rays and the Quest for the Invisible: Reality in the Art of Kupka, Duchamp and the Cubists," *Art Journal* (Winter 1988): 323-40. Another scholar who deals with the invisible in relation to abstract art is Lynn Gamwell, *Exploring the Invisible: Art, Science and the Spiritual* (Princeton, NJ: Princeton University Press, 2003).

28 Breton, *VVV*, 25–26.

29 Ramon J. Sender, "The Parabola of Poetry," *View* 5 (December 1945): 10.

30 Parker Tyler, "Human Anatomy as the Expanding Universe," *View* 7 (March 1947): 7.

31 Ibid., 189.

32 Lawrence Alloway, "The Biomorphic 40s," *Artforum* (September 1965), reprinted in Ellen Landau, ed., *Reading Abstract Expressionism: Context and Critique* (New Haven, CT: Yale University Press, 2005), 252.

33 On 1 December 1980, Seliger wrote in his diary: "I found a wonderful phrase while reading *Phenomenology and the Crisis of Philosophy* by Edmond Husserl (1965) a phrase which I think states the nature of my painting in a most exact way: 'The Structure of Becoming,' two aspects of my work, so clear to me, in such a simple phrase." See Charles Seliger Journals, Collection of the Pierpont Morgan Library, New York, acc. no. MA 6148.

23 Seliger, intervista con l'autrice, 20 giugno 2007. Negli anni Quaranta Seliger iniziò anche a dipingere su pietre e ossa, sulla scia dell'idea che le pietre fossero espressione della memoria della terra.

24 *Ibid.*

25 *Ibid.*

26 Seliger descrisse retrospettivamente la sua produzione degli anni Quaranta come «forme dentro forme, semi, uteri, scatole, interni di pietre, immagini dentro immagini». Cfr. Seliger a Joann Moser, 26 aprile 1993, citato in O'Connor, *Redefining Abstract Expressionism*, cit., p. 13.

27 Per esempio, Marcel Duchamp si occupò dei temi dell'invisibilità e del mutamento nello spazio e nel tempo nei suoi oggetti di vetro trasparente come *La sposa messa a nudo dai suoi scapoli, anche* (1915-33, Philadelphia Museum of Art). Anche la pittrice Irene Rice Perreira dipinse su vetro, rimandando alla trasparenza e alla multidimensionalità. Pavel Celicev eseguì molti dipinti con esseri senza pelle, dei quali sono visibili gli organi, che a loro volta sembrano trasmutarsi in altri esseri viventi. Un importante fattore che contribuì a questo interesse fu la scoperta, realizzata nel 1895 da Wilhelm Conrad Rontgen, dei raggi X, nei quali molti videro la prova della limitata efficacia della capacità umana di vedere. I raggi X e la radioattività, scoperta nel 1896 da Henri Becquerel, misero anche in discussione l'idea che lo spazio fosse vuoto e i solidi impenetrabili. Questi concetti ebbero un grande impatto su numerosi artisti moderni. Cfr. Lynda Dalrymple Henderson, *X-Rays and the Quest for the Invisible: Reality in the Art of Kupka, Duchamp and the Cubists*, «Art Journal» (inverno 1988), pp. 323-340. Un'altra studiosa che si è occupata dell'invisibile in relazione all'arte astratta è Lynn Gamwell, cfr. *Exploring the Invisible: Art, Science and the Spiritual*, Princeton, New Jersey, Princeton University Press, 2003.

28 Cfr. André Breton, *Prolegomena to a Third Manifesto of Surrealism - or else*, «VVV», 1 (primavera 1942), pp. 25-26.

29 Ramon J. Sender, *The Parabola of Poetry*, «View», 5 (dicembre 1945), p. 10.

30 Parker Tyler, *Human Anatomy as the Expanding Universe*, «View», 7 (marzo 1947), p. 7.

31 *Ibid.*, p. 189.

34 Robert M. Coates, "Assorted Moderns," *New Yorker* 20, 23 December 1944, 51.

35 Sidney Janis, *Abstract and Surrealist Art in America* (New York: Arno Press, 1944), 89.

36 Exh. brochure for *Personal Statement: Painting Prophecy, 1950*, David Porter Papers, Archives of American Art, Smithsonian Institution, Reel N/70-27, fr. 383–92. Porter had been working on the idea for this exhibition for several months when the 1944 Coates article was published. Porter wrote Coates a letter saying he agreed that there needed to be some new terminology developed to describe the new abstract painting. Porter himself used the phrases "Personal Symbolism" and "Trans-Realism." See Melvin Lader, "David Porter's "'Personal Statement: A Painting Prophecy, 1950,'" *Archives of American Art Journal* 28, no. 1 (1988): 21–22.

37 When asked about the war's influence on his art, Seliger stated that while there had been a great deal of palpable tension in society in general, he did not believe that that tension manifest itself in his paintings. He hinted that his works were, in fact, an antidote to this sense of anxiety and depression: "What I felt about my work was that through a concentration on nature, my work was a positive, optimistic statement about the world." Seliger, interview with the author, 4 December 2006.

38 Exh. brochure for *Personal Statement: Painting Prophecy, 1950*.

39 Ibid., n.p.

40 Howard Putzel, press release for 67 Gallery, New York, May 1945, Charles Seliger personal papers, Mount Vernon, N.Y.

41 Robert M. Coates, "The Art Galleries," *New Yorker*, 26 May 1945, 68.

42 Looking back on his career in a 1979 interview, Seliger summarized this idea, stating, "I think of my painting as optimistic, pro-life statements, in a sense, even religious statements, based on the realization that the universe is perpetually growing, renewing itself. I have a reverence for life. For me, to be successful in a painting, I must reflect the nature of becoming, or metamorphosis." Seliger, interview with George Perret, Andrew Crispo Gallery, New York, Spring 1979.

43 Stanley Lawrence Berne, untitled essay for exh. brochure *Charles Seliger, Recent Paintings and Drawings*, 26 April–6 May 1948, Carlebache Gallery, Charles Seliger personal files, Mount Vernon, N.Y.

32 Lawrence Alloway, *The Biomorphic 40s*, «Artforum» (settembre 1965), ristampato in Ellen Landau (a cura di), *Reading Abstract Expressionism: Context and Critique*, New Haven, Connecticut, Yale University Press, 2005, p. 252.

33 Il 1 dicembre 1980, Seliger scrisse nel suo diario: «Ho trovato un'espressione splendida mentre leggevo *Phenomenology and the Crisis of Philosophy* di Edmond Husserl (1965), un'espressione che penso definisca la natura della mia arte nel modo più preciso: "la struttura del divenire", due aspetti del mio lavoro, così chiari per me, in un'espressione così semplice». Cfr. *Charles Seliger Journals*, Collection of the Pierpont Morgan Library, New York, n. inv. MA 6148.

34 Robert M. Coates, *Assorted Moderns*, «New Yorker», 20 (23 dicembre 1944), p. 51.

35 Sidney Janis, *Abstract and Surrealist Art in America*, New York, Arno Press, 1944, p. 89.

36 Libretto della mostra *Dichiarazione d'intenti: una profezia in pittura, 1950*, David Porter Papers, Archives of American Art, Smithsonian Institution, bobina N/70-27, diapp. 383–392. Porter stava lavorando sull'idea di questa mostra da diversi mesi quando fu pubblicato l'articolo di Coates del 1944. Porter scrisse una lettera a Coates dicendosi d'accordo che c'era la necessità che venisse sviluppata una nuova terminologia per descrivere la nuova pittura astratta. Lo stesso Porter utilizzò i termini di "simbolismo personale" e "trans-realismo". Cfr. Melvin Lader, *David Porter's 'Personal Statement: A Painting Prophecy, 1950'*, «Archives of American Art Journal», 28, 1 (1988), pp. 21-22.

37 Quando gli fu chiesto dell'influenza che ebbe la guerra nella sua arte, Seliger rispose che quando c'era stata una grande tensione, palpabile nella società in generale, egli non credette che questa tensione si manifestasse nei suoi dipinti. Si riferiva al fatto che le sue opera erano, in effetti, un antidoto a quel senso di ansia e di depressione: «Ciò che sentivo riguardo ai miei quadri era che, concentrandomi sulla natura, le mie opere diventavano una positiva e ottimistica dichiarazione verso il mondo», Seliger, intervista con l'autrice, 4 dicembre 2006.

38 Libretto della mostra *Personal Statement: Painting Prophecy*, 1950.

39 *Ibid.*

40 Howard Putzel, comunicato stampa per la 67 Gallery, New York, maggio 1945, *Charles Seliger Personal Papers*, Mount Vernon, New York.

41 Robert M. Coates, *The Art Galleries*, «New Yorker» (26 maggio 1945), p. 68.

42 Guardando indietro alla sua carriera, in un'intervista nel 1979 Seliger riassunse questa idea, affermando: «penso alle mie opere come dichiarazioni ottimistiche e a favore della vita, in un certo senso perfino dichiarazioni religiose, basate sulla comprensione che l'universo stia continuamente crescendo e rinnovando sé stesso. Ho una riverenza verso la vita. Per essere realizzato nella pittura, devo riflettere la natura del divenire, o la metamorfosi». Seliger, intervista con George Perret, Andrew Crispo Gallery, New York, primavera 1979.

43 Stanley Lawrence Berne, saggio senza titolo per il libretto della mostra *Charles Seliger, dipinti e disegni recenti*, 26 aprile-6 maggio 1948, Carlebache Gallery, *Charles Seliger Personale Files*, Mount Vernon, New York.

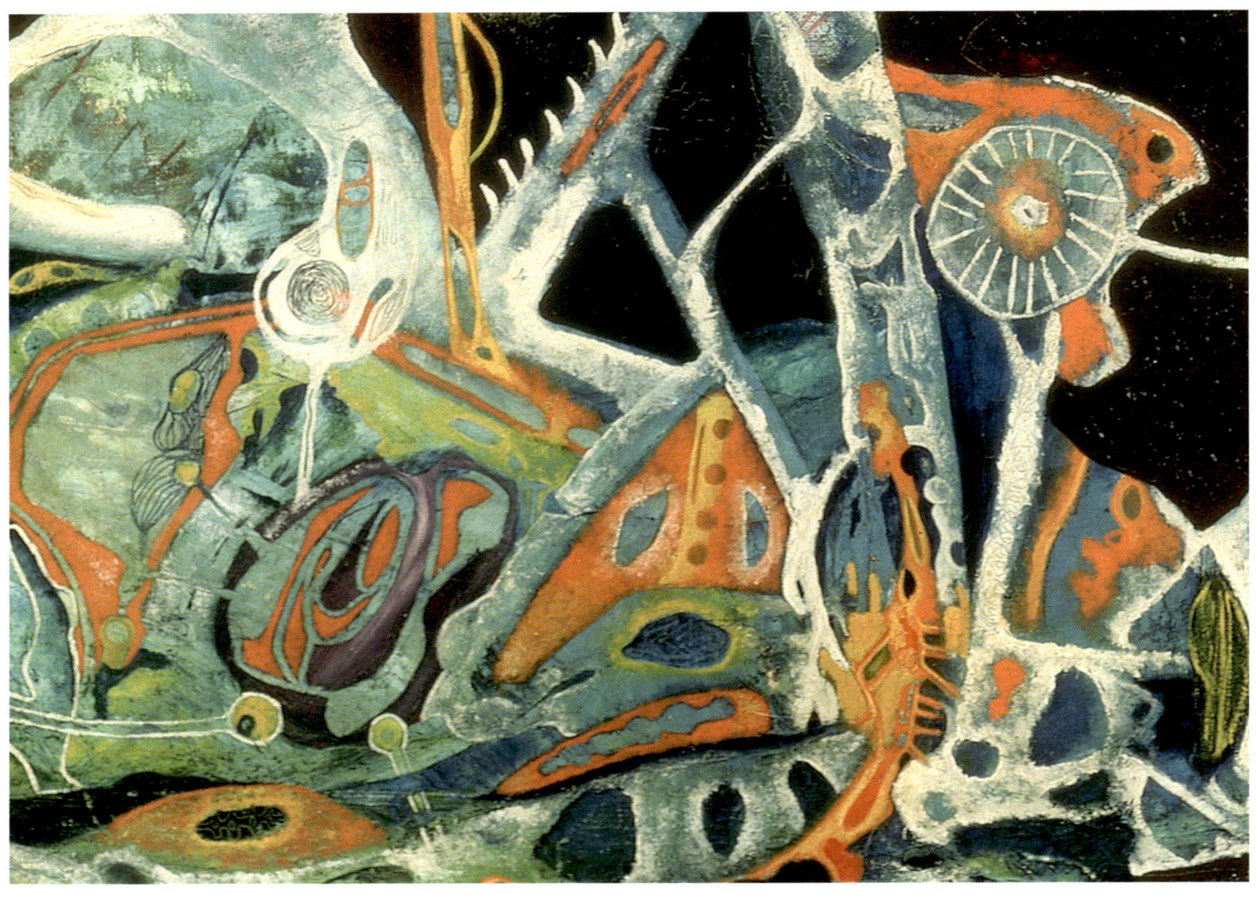

(detail, PLATE 11)

PLATES

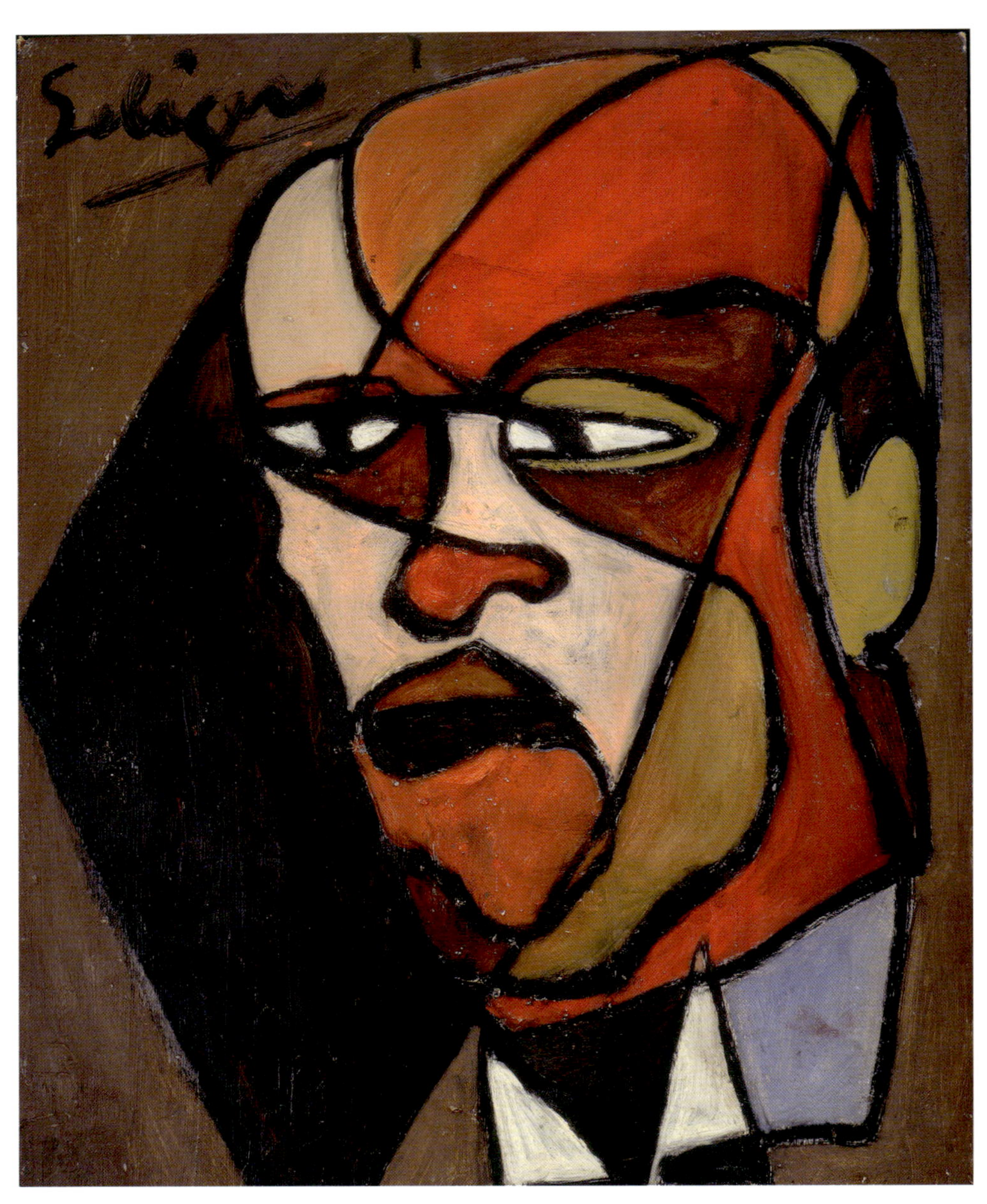

PLATE 1

Gustave Stresemann (*Gustave Stresemann*), 1942

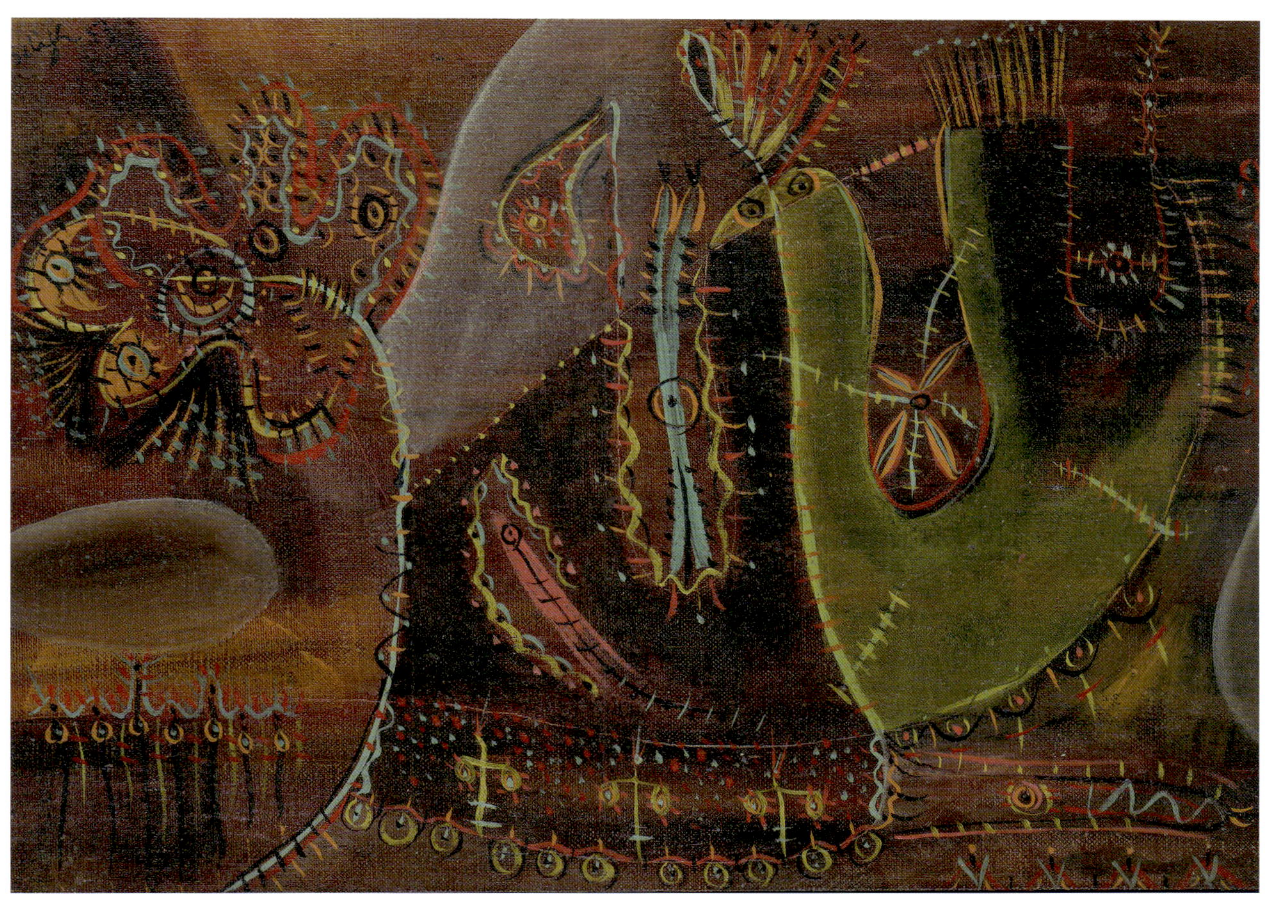

PLATE 2

Bird and Flower (*Uccello e fiore*), 1943

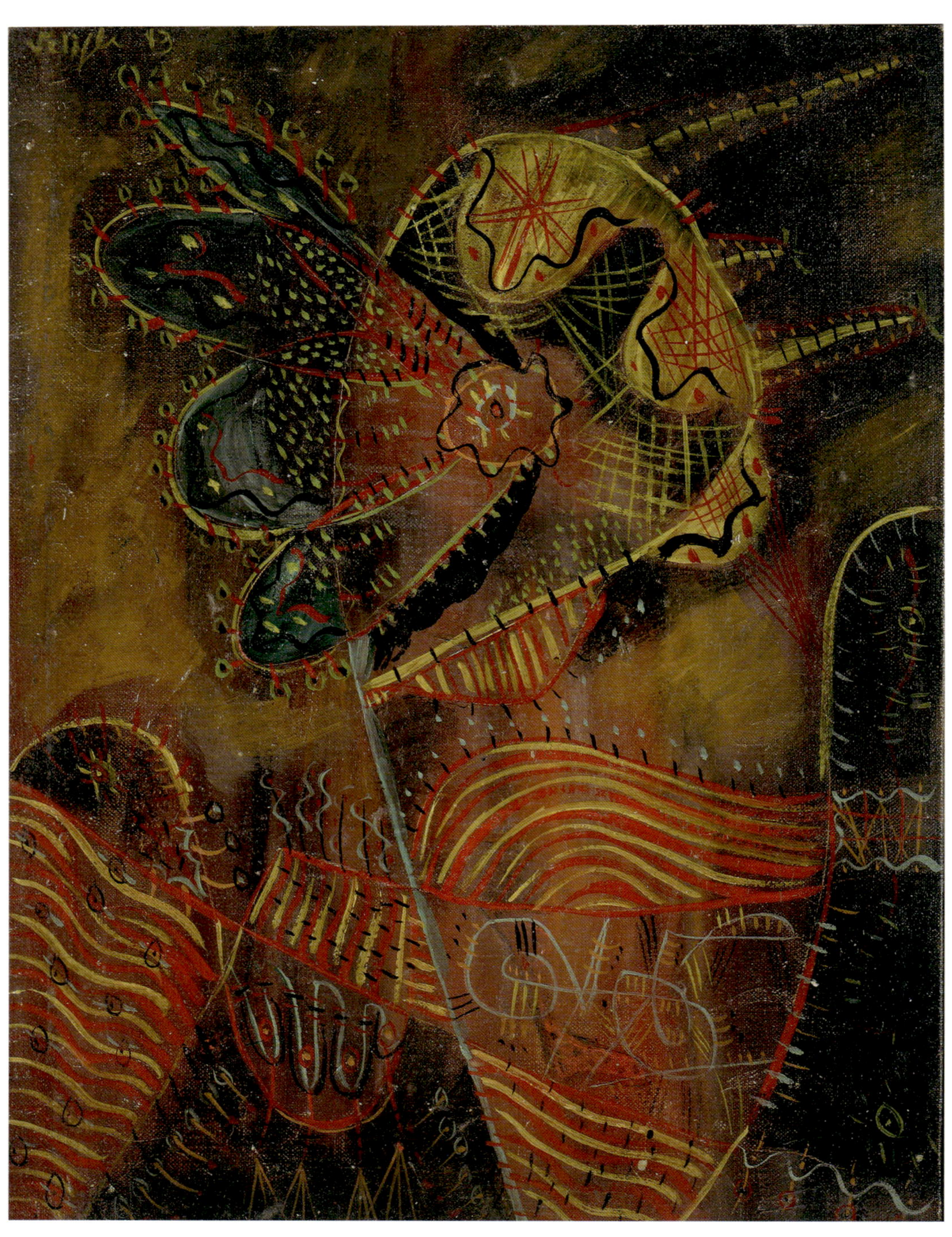

PLATE 3

Primal Markings (*Segni primitive*), 1943

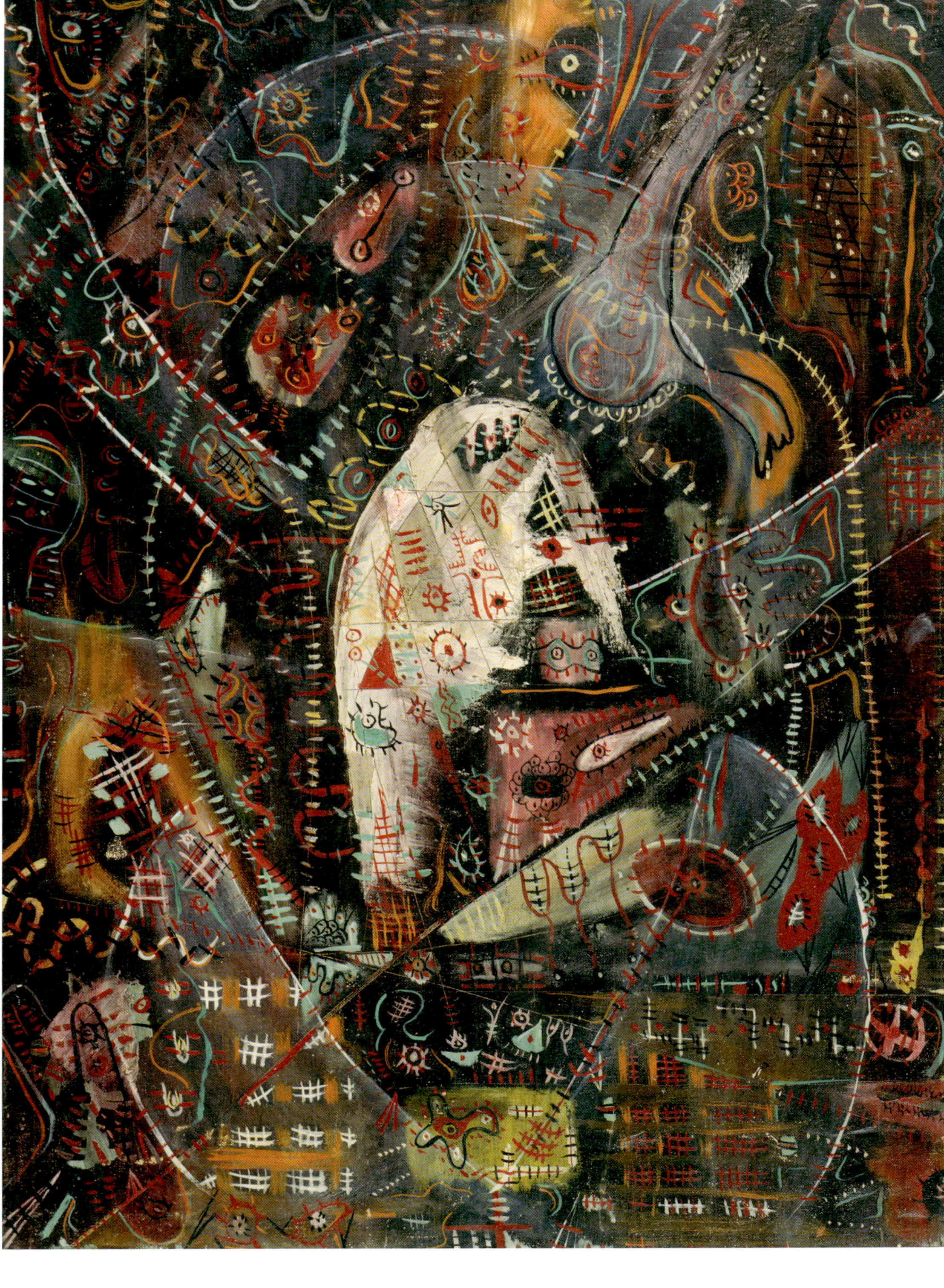

79

PLATE 4

Primal Markings I (Segni primitivi I), 1943

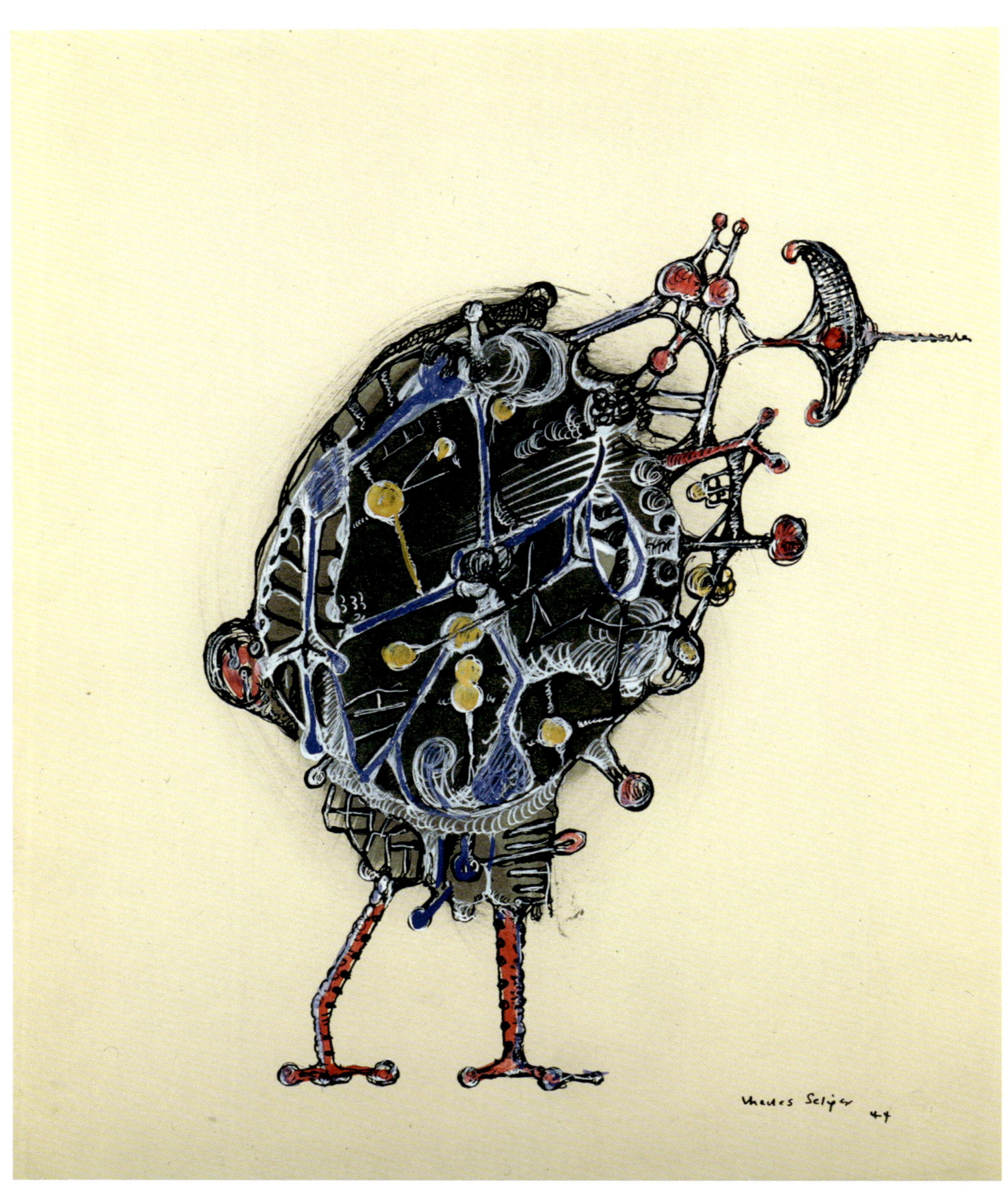

PLATE 5

Biomorphic Series, Organic Form #2 (*Serie biomorfica, forma organica #2*), 1944

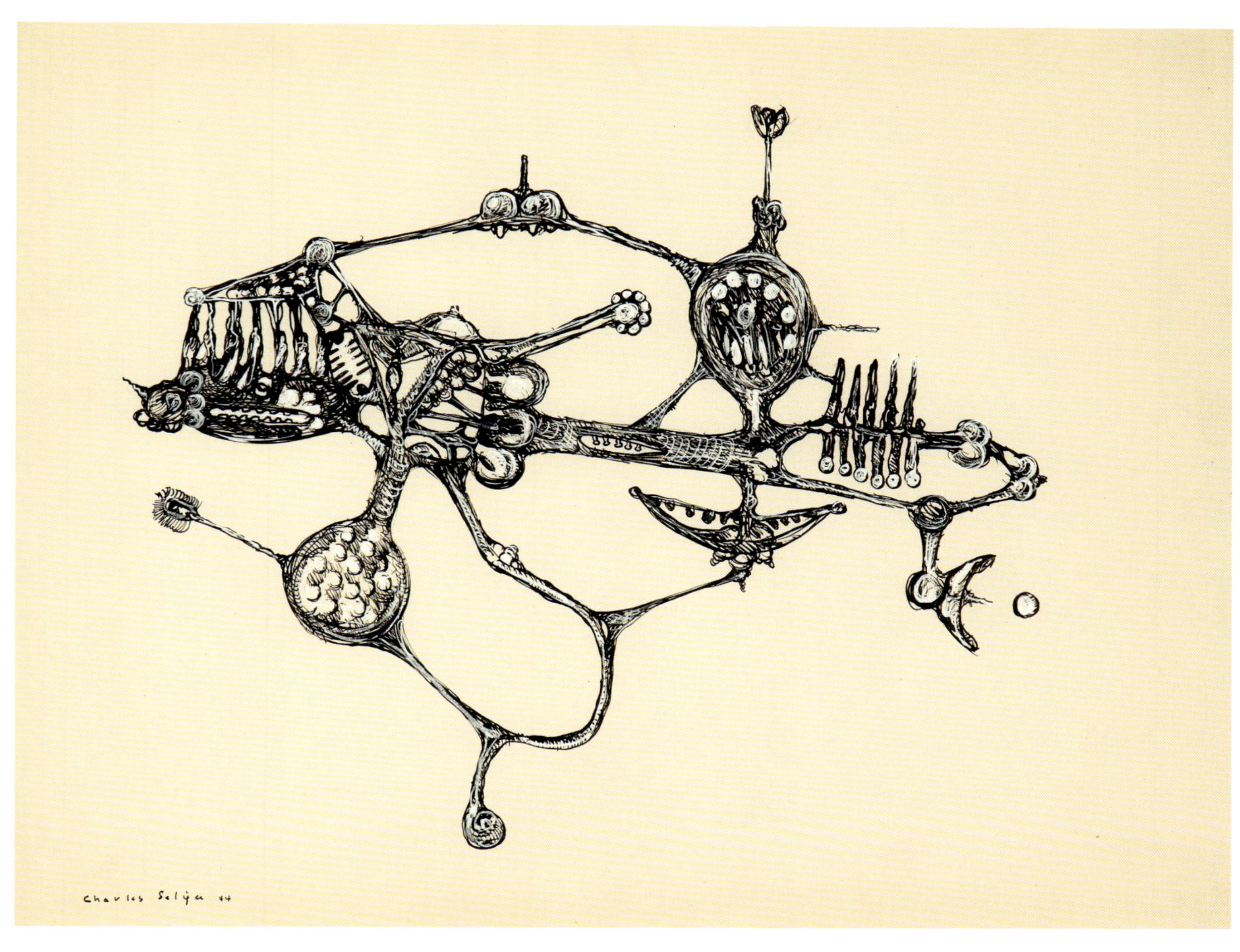

PLATE 6

Biomorphic Series, Organic Form #4 (*Serie biomorfica, forma organica #4*), 1944

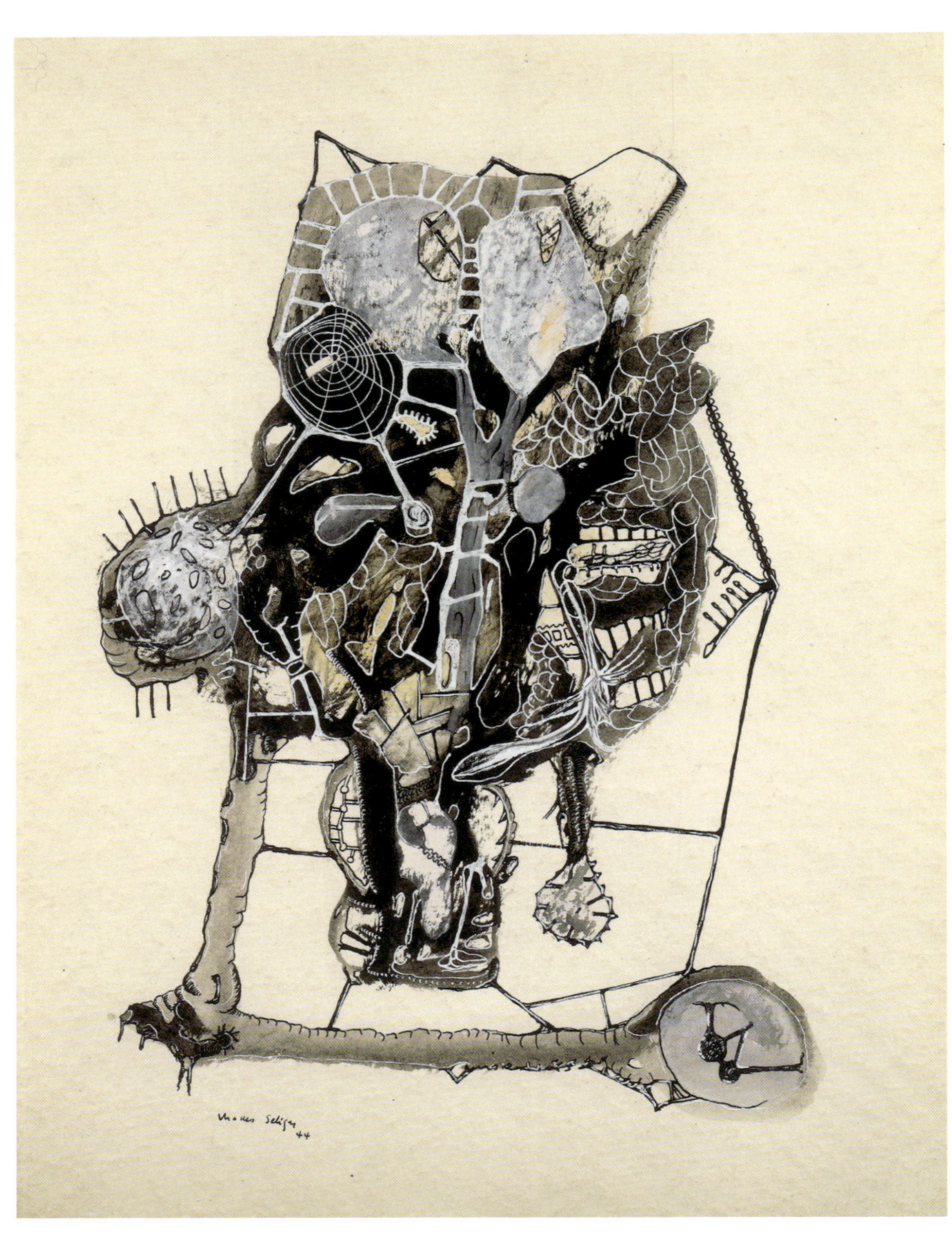

PLATE 7

Biomorphic Series, Organic Form #12 (*Serie biomorfica, forma organica #12*), 1944

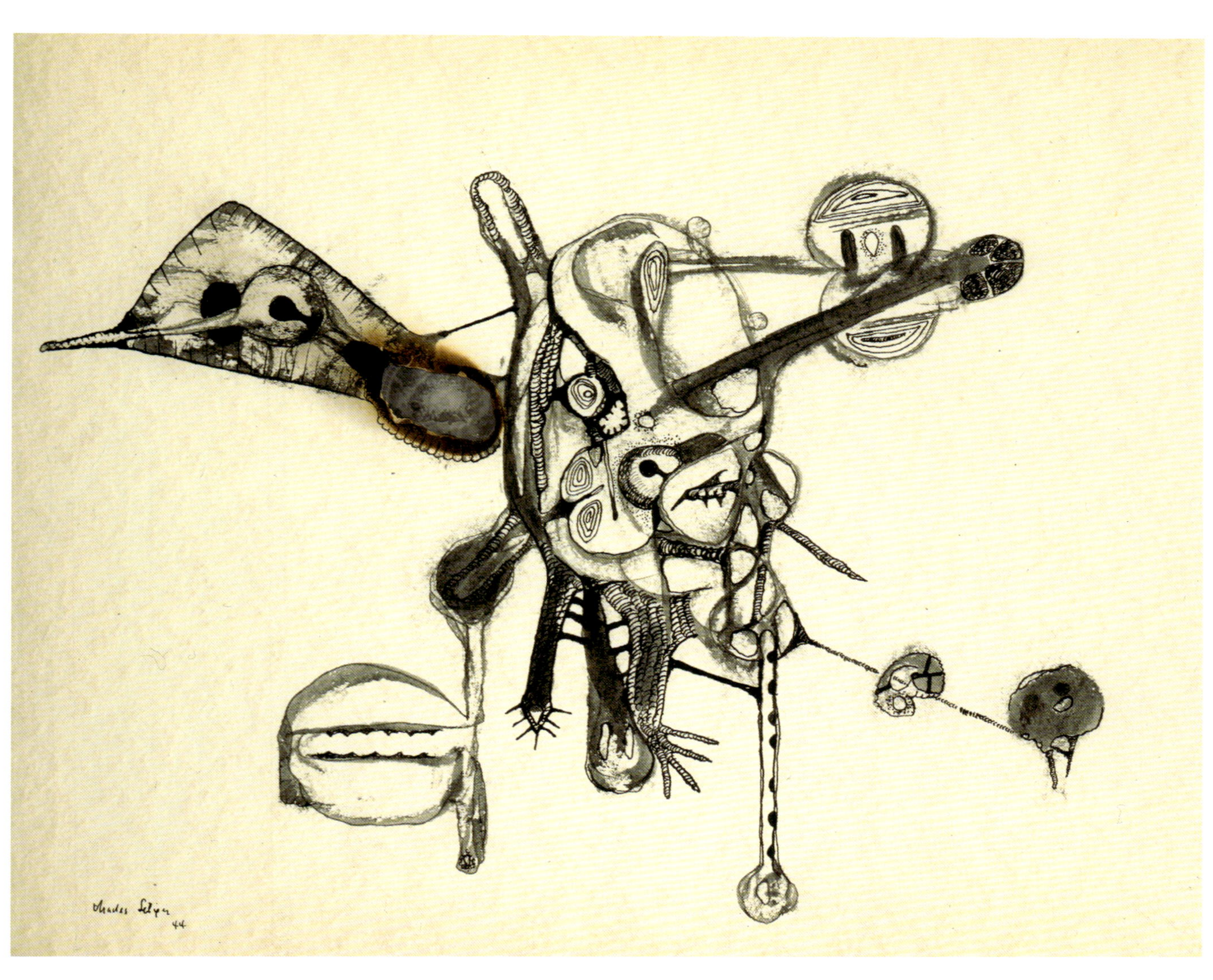

PLATE 8

Biomorphic Series, Organic Form # 18 (*Serie biomorfica, forma organica #18*), 1944

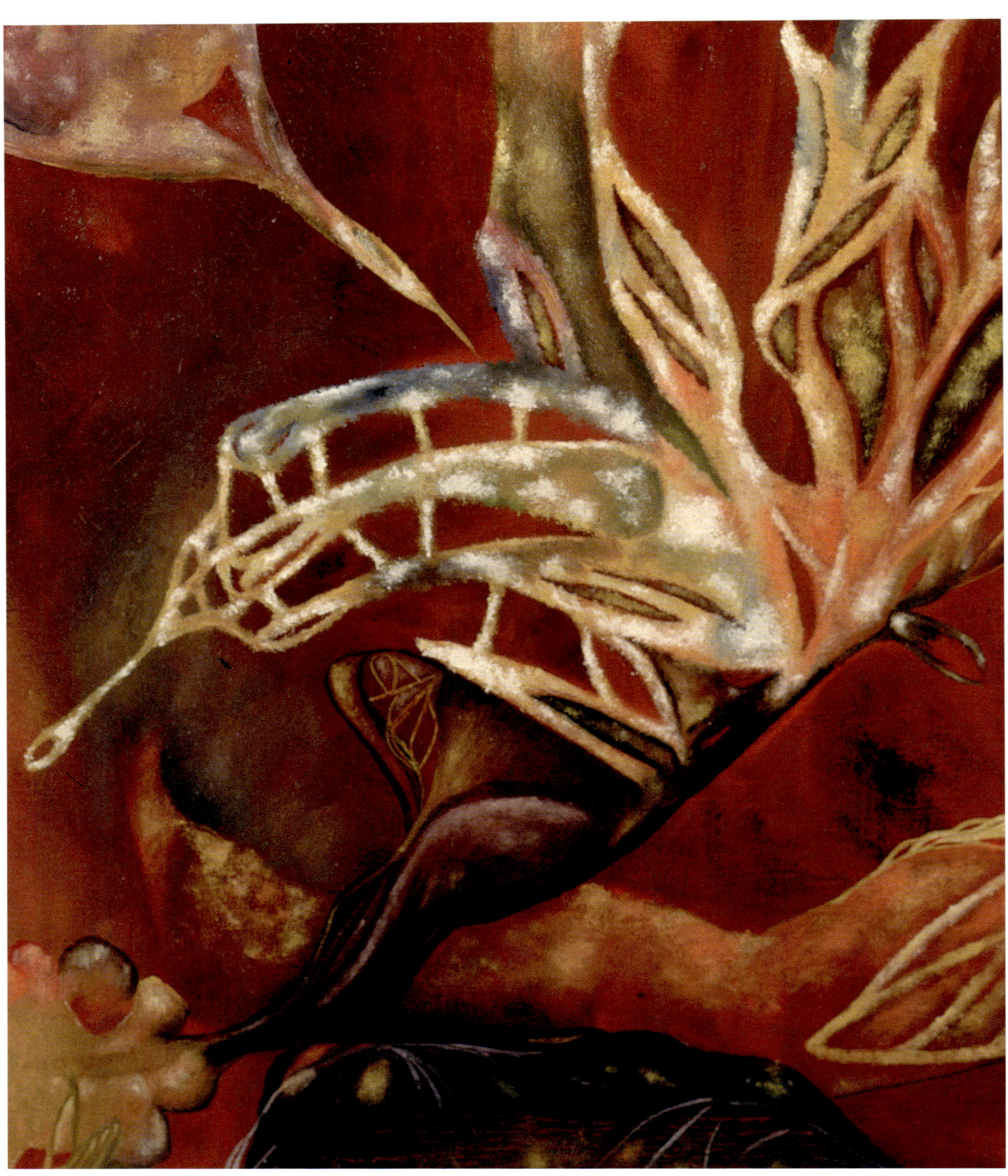

(detail, PLATE 9)

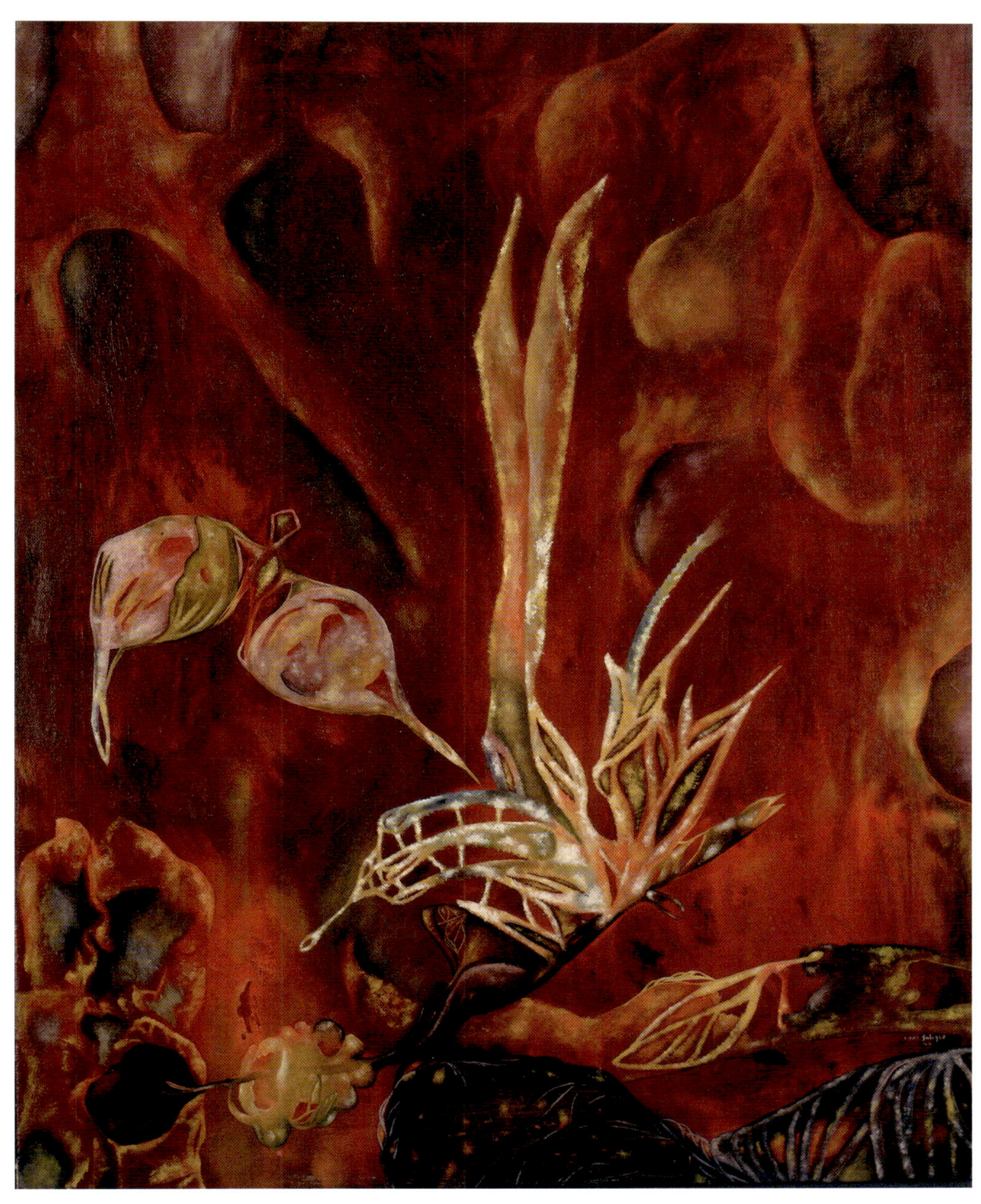

PLATE 9

Confrontation (*Confronto*), 1944

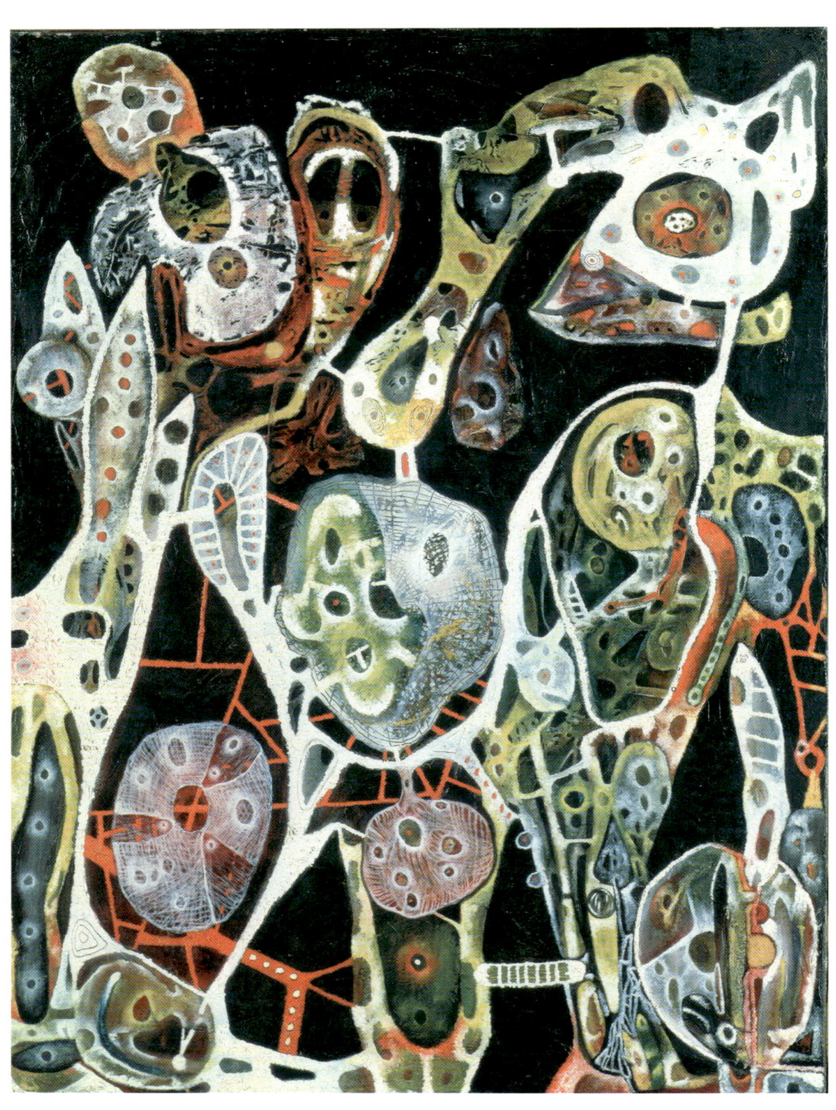

PLATE 10

Cerebral Landscape (*Paesaggio cerebrale*), 1944

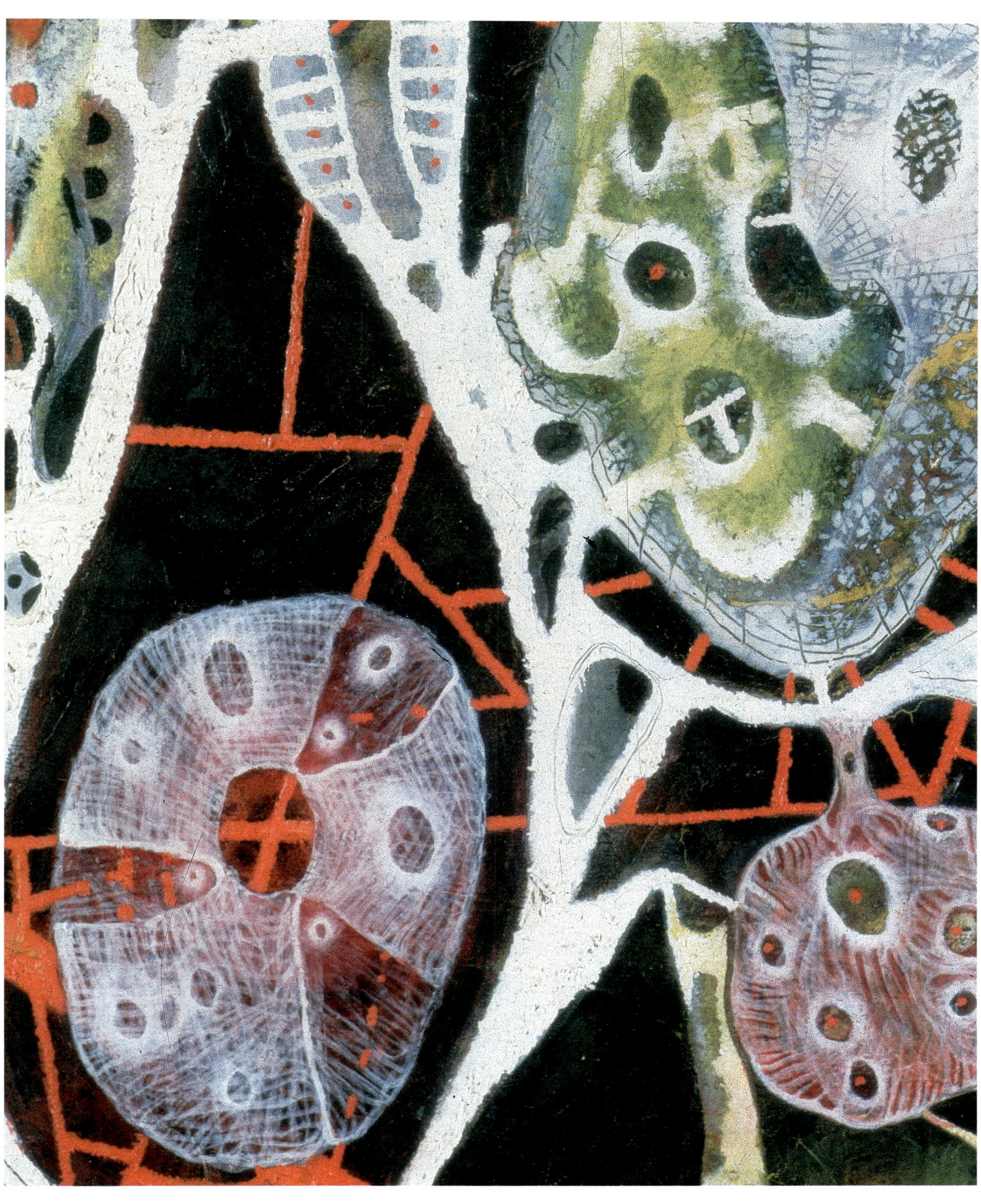

(detail, PLATE 10)

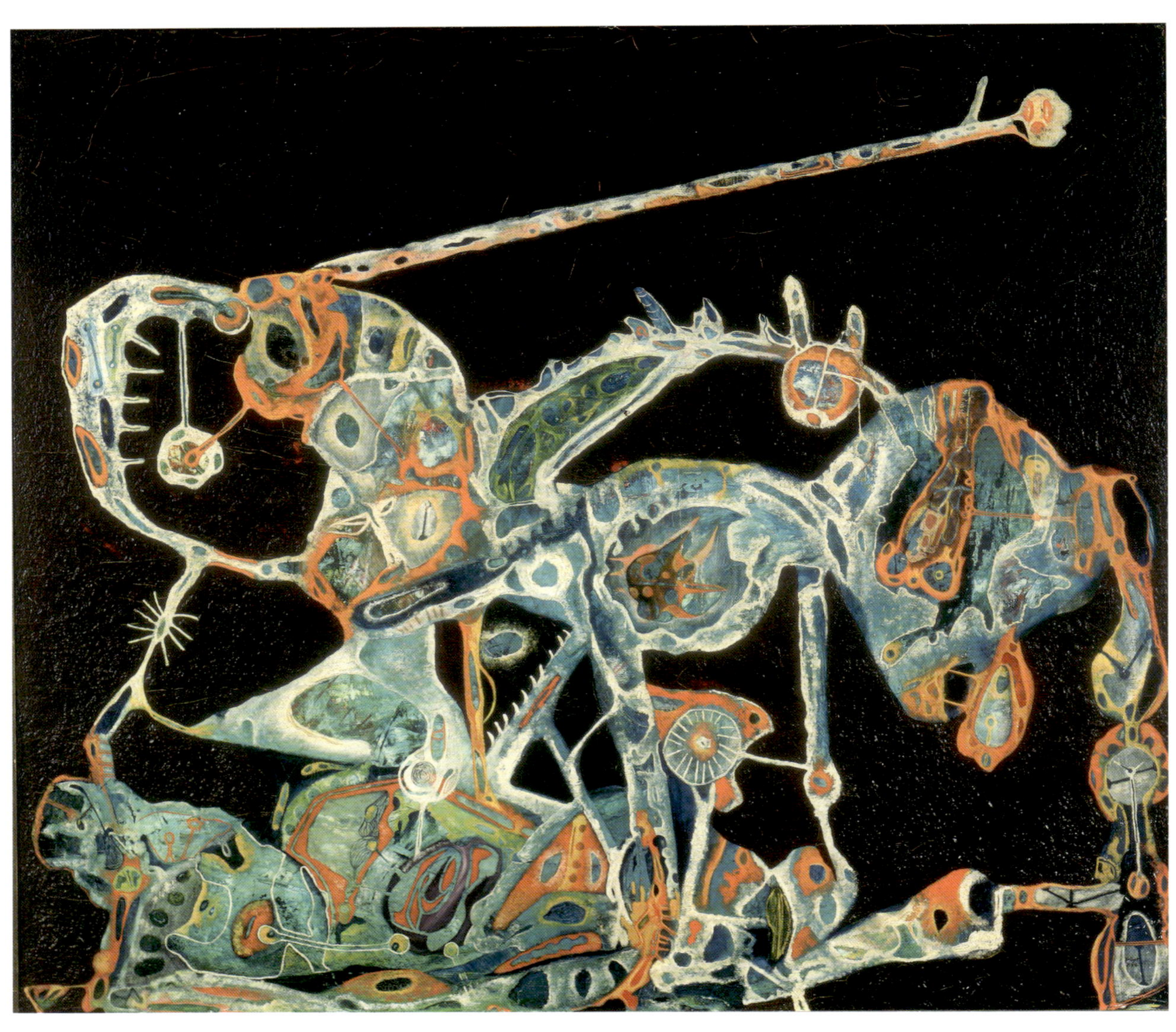

PLATE 11

Don Quixote (*Don Chisciotte*), 1944

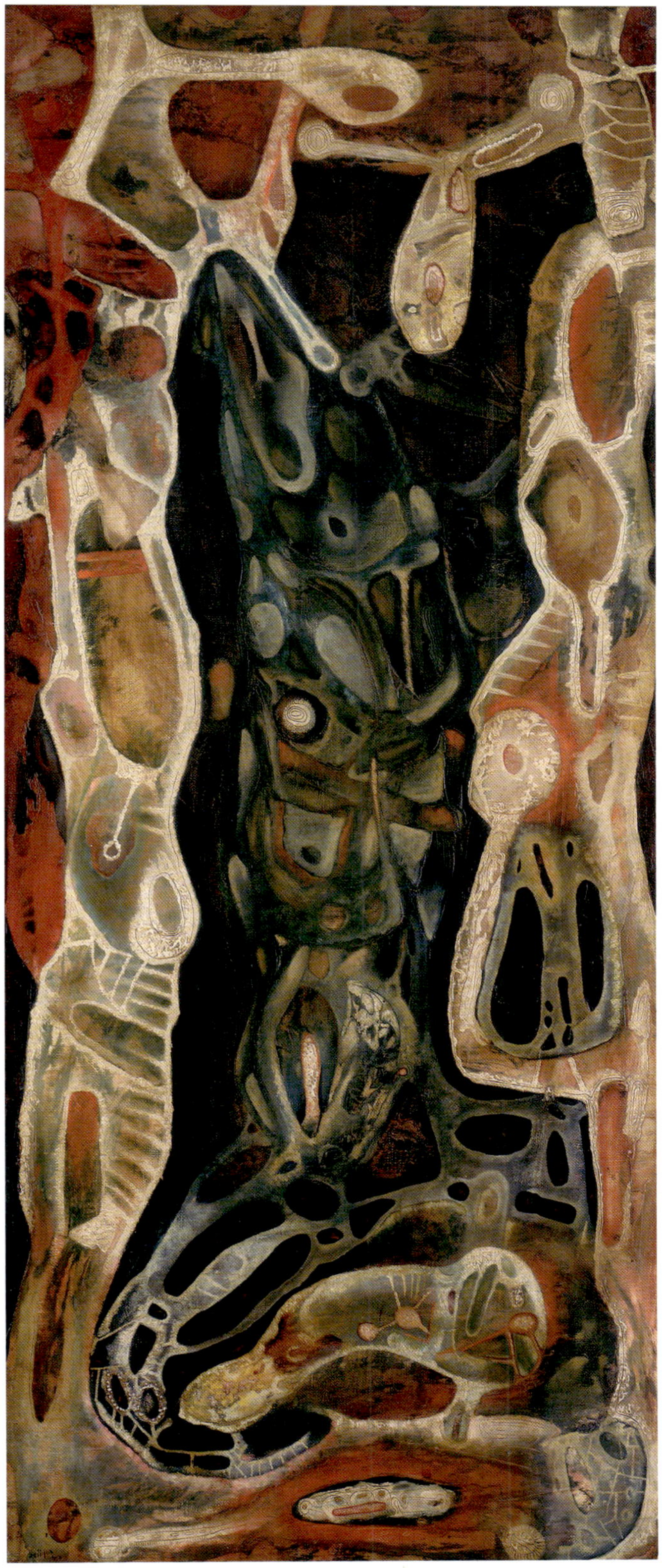

PLATE 12

Interior Space (*Spazio interior*), 1944

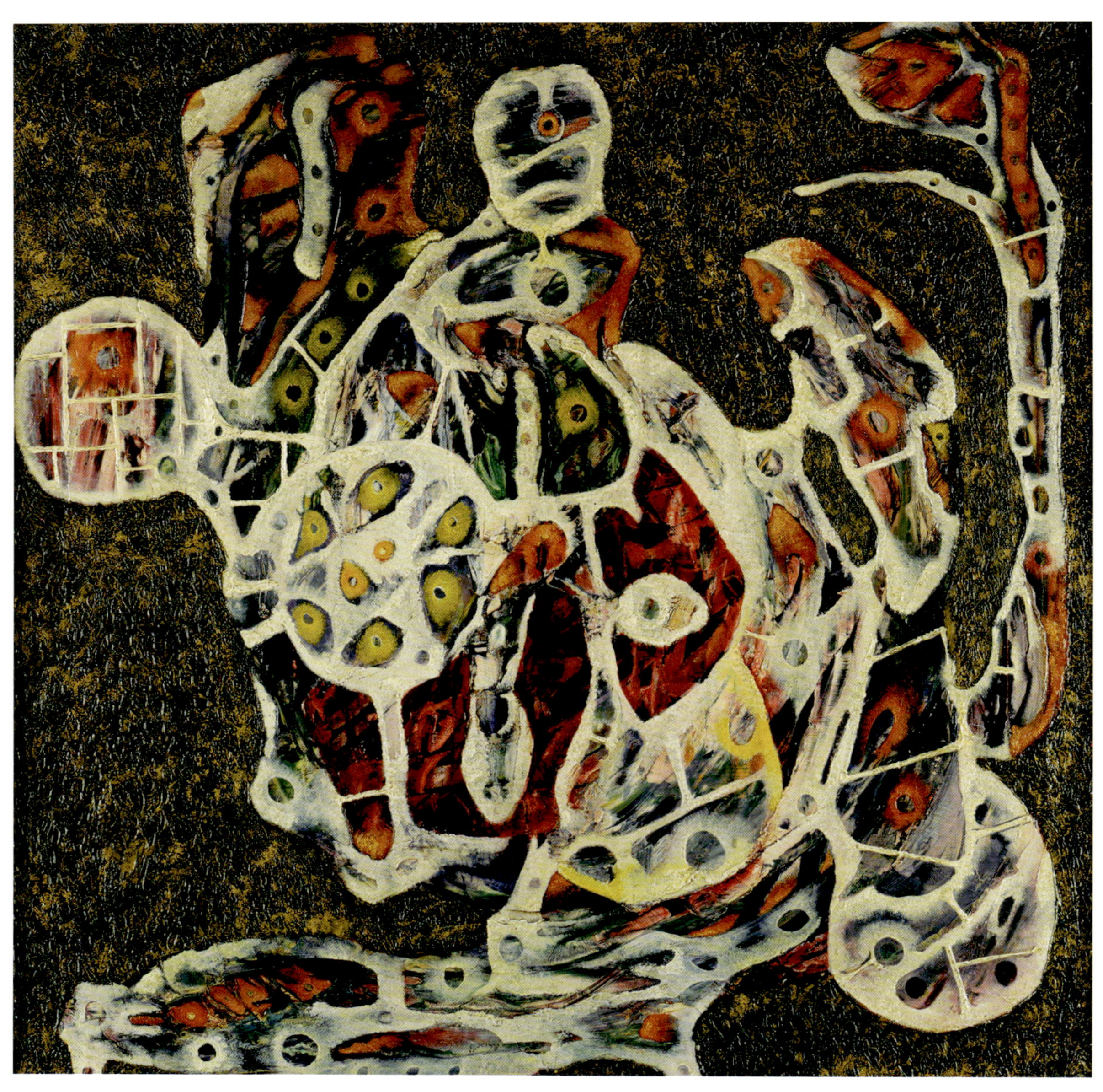

PLATE 13

The Last Cyclops (*L'ultimo ciclope*), 1944

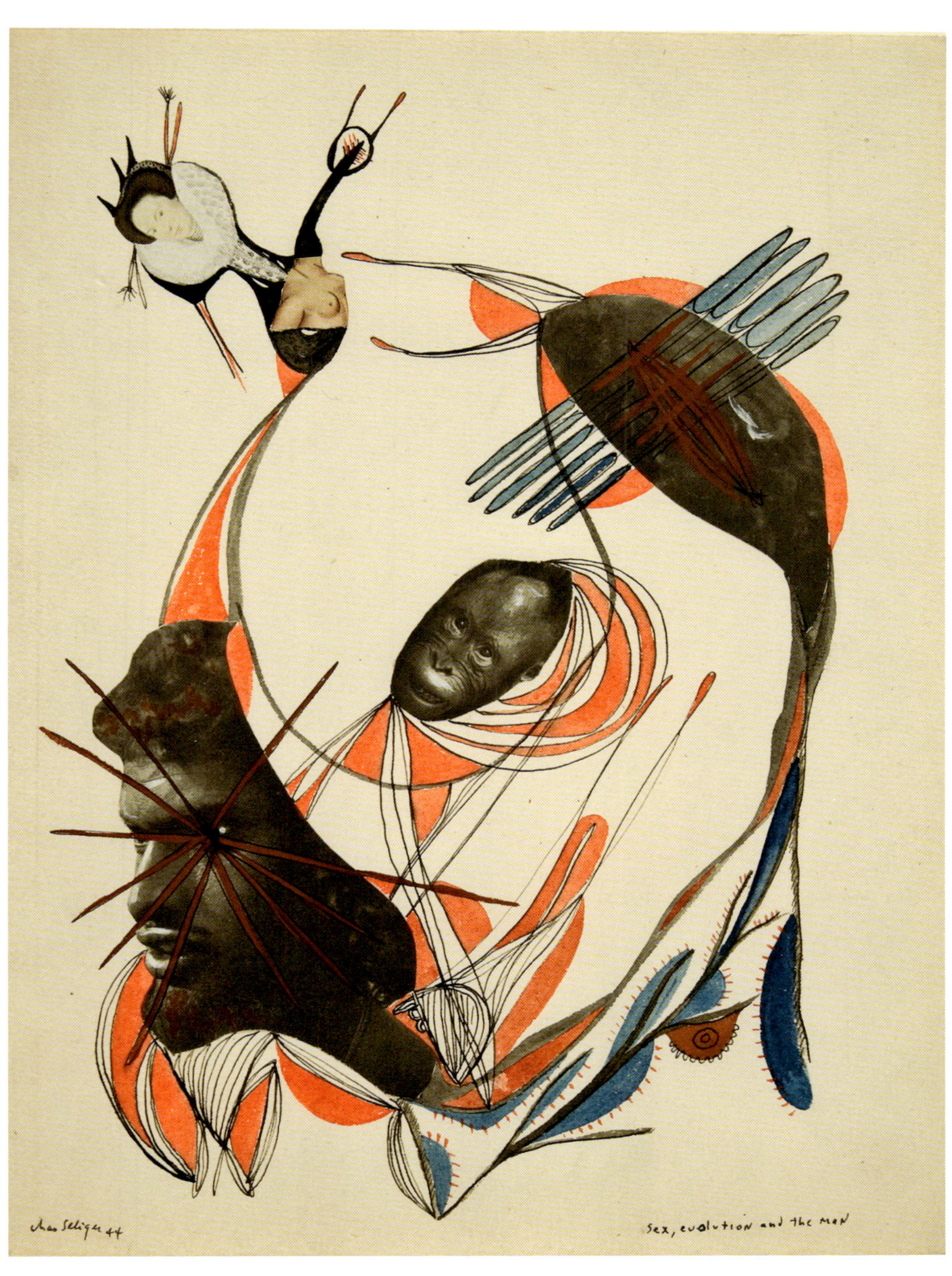

PLATE 14

Sex, Evolution and the Man (*Sesso, evoluzione e l'uomo*), 1944

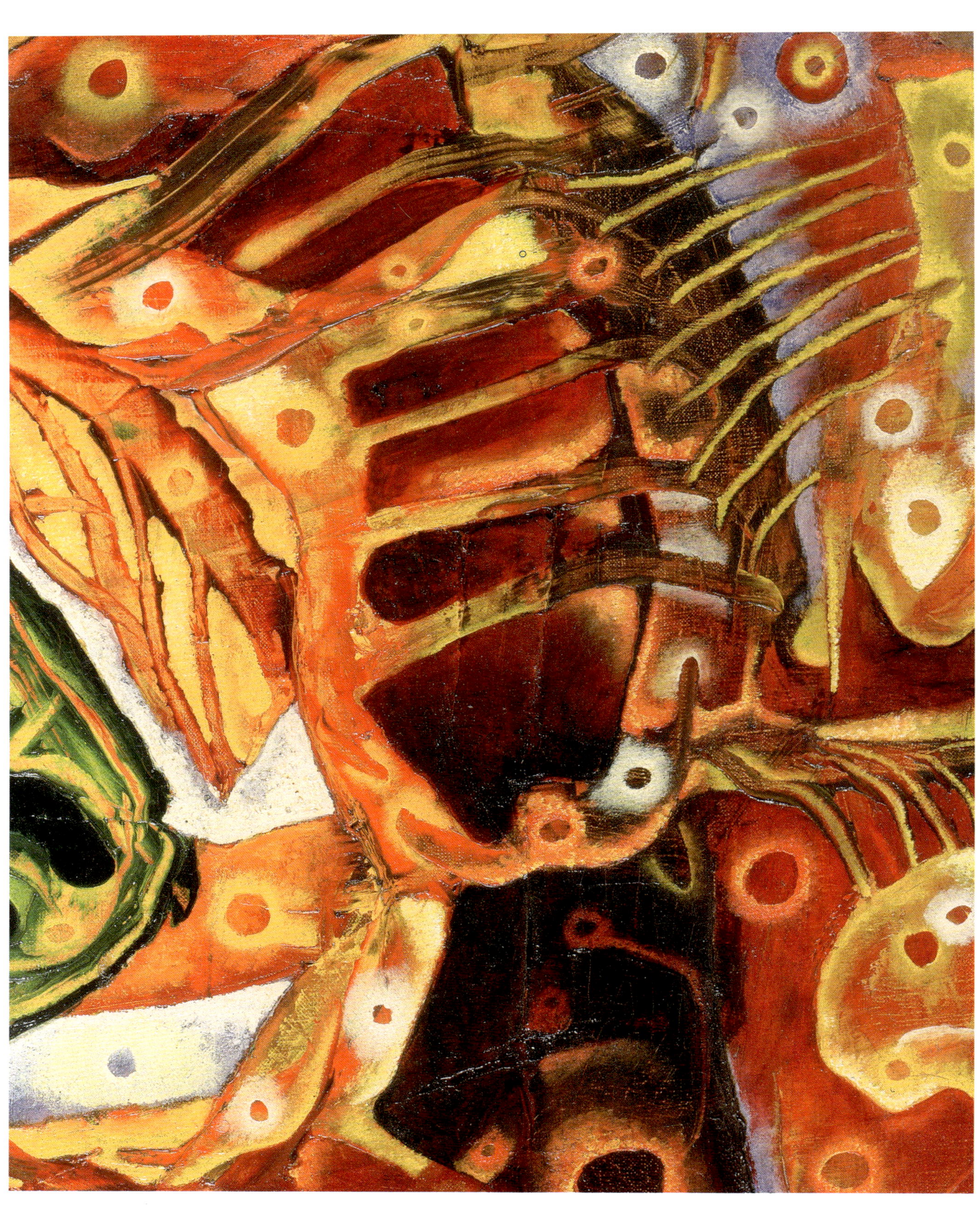

(detail, PLATE 15)

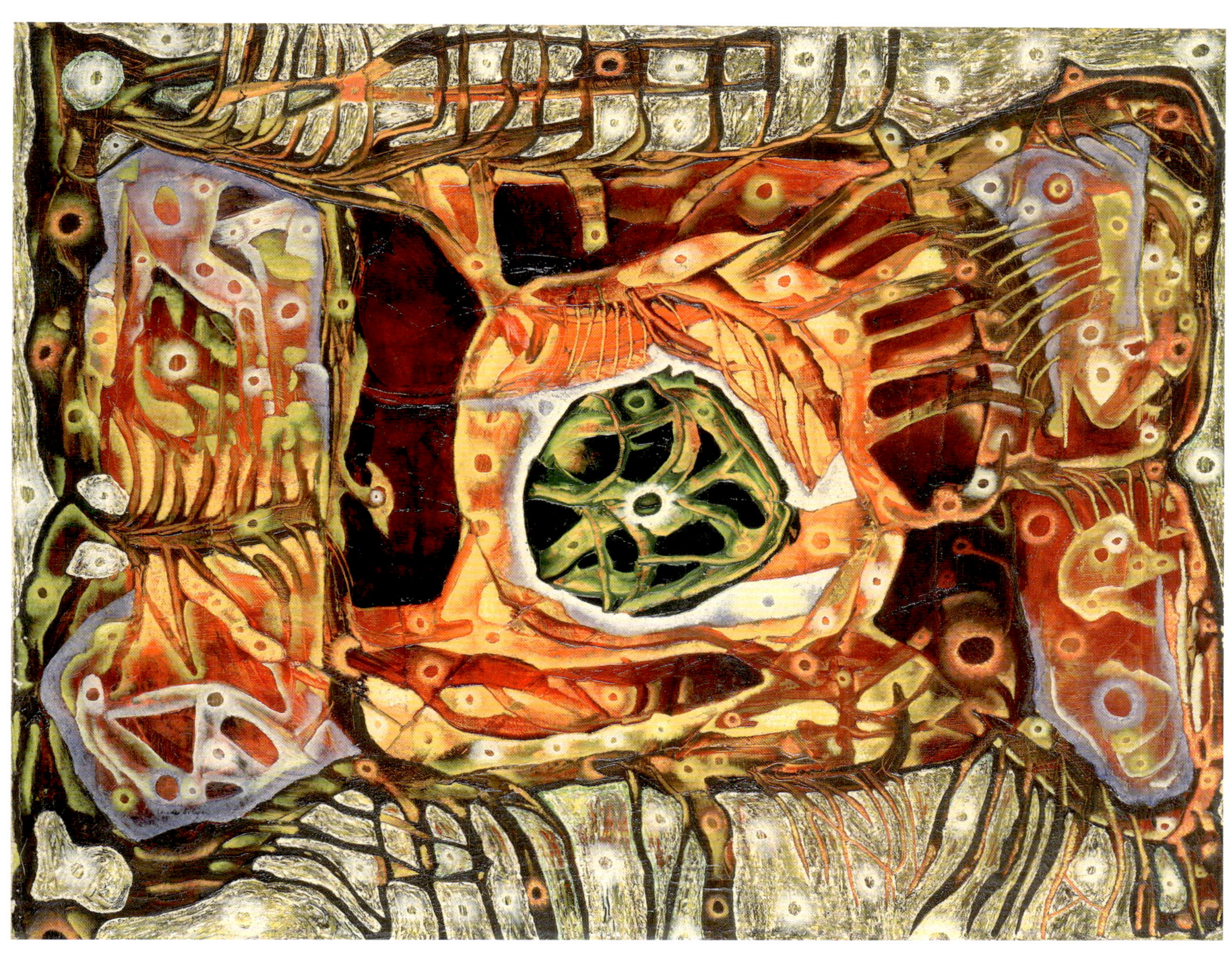

PLATE 15

Hidden Skeleton (*Scheletro nascosto*), 1945

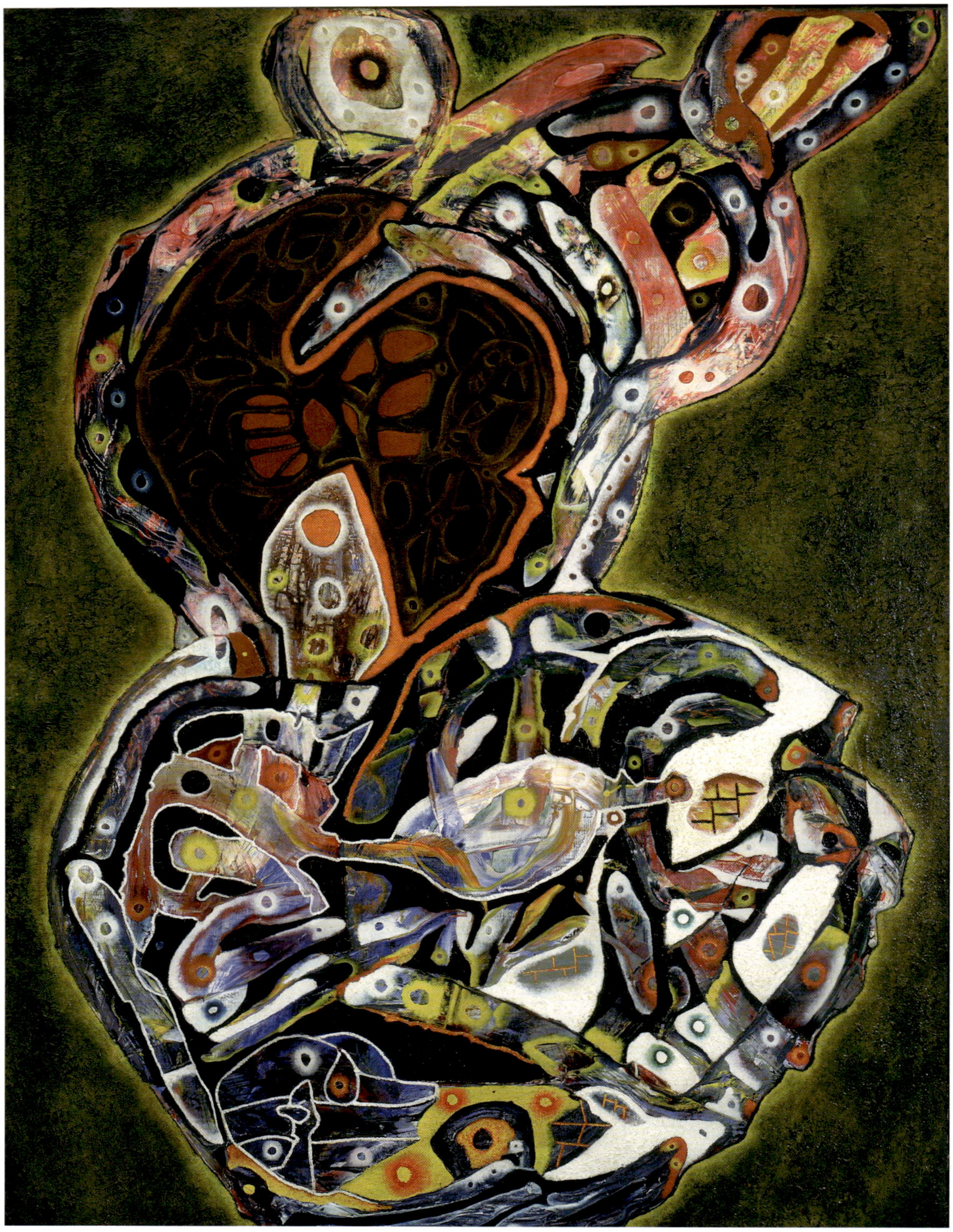

PLATE 16

Orator (*Oratore*), 1945

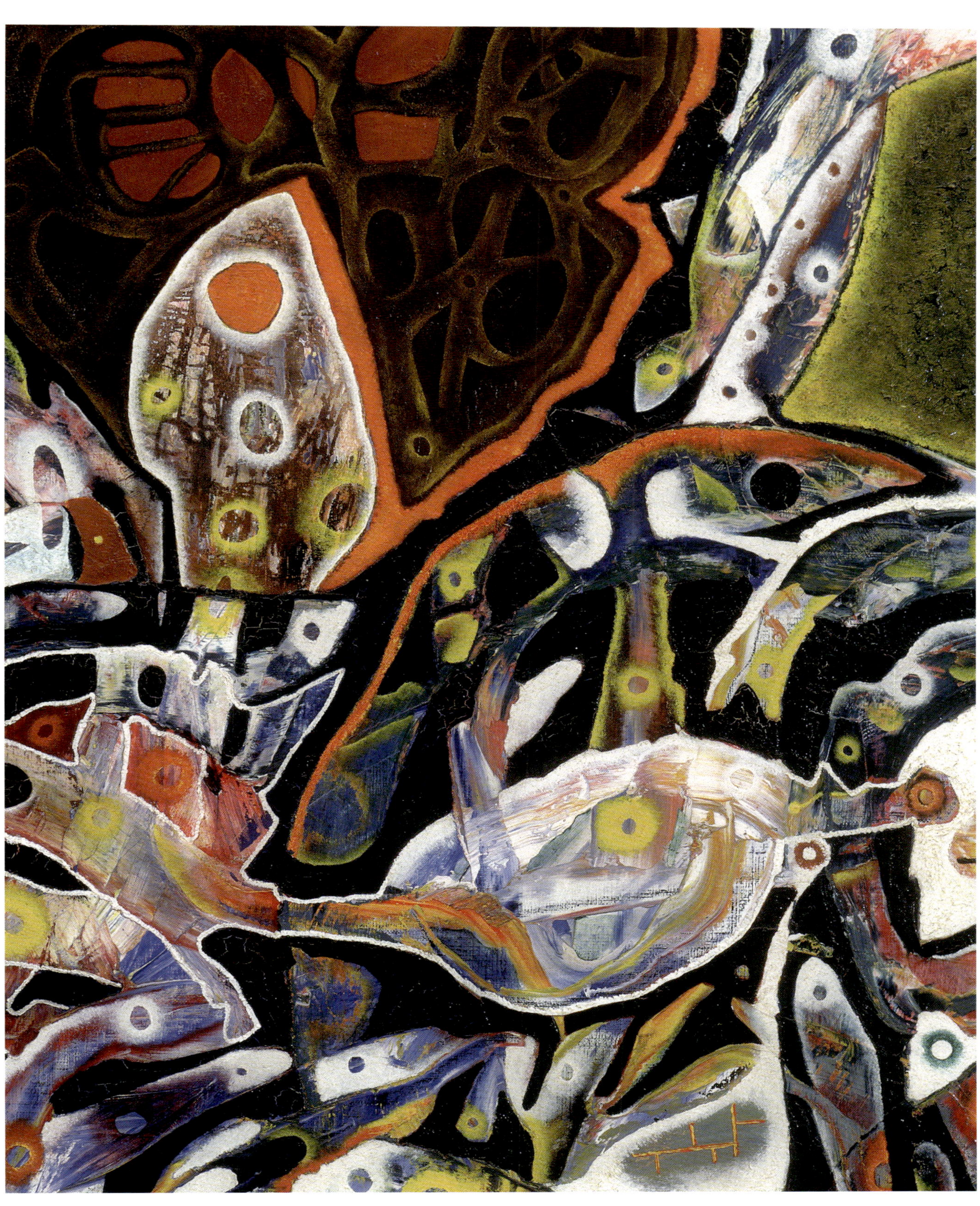

(detail, PLATE 16)

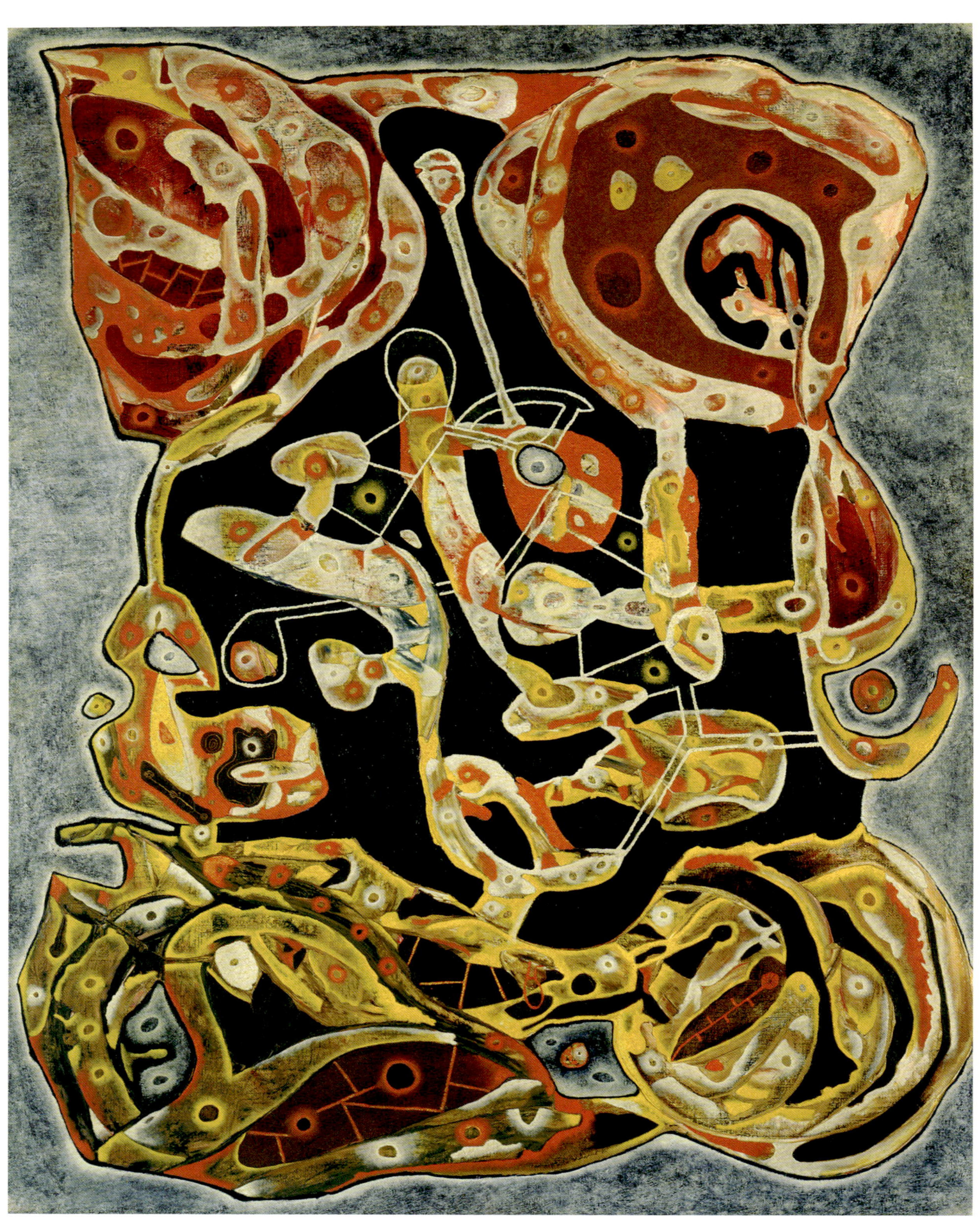

PLATE 17

The Trapeze (*Il trapezio*), 1945

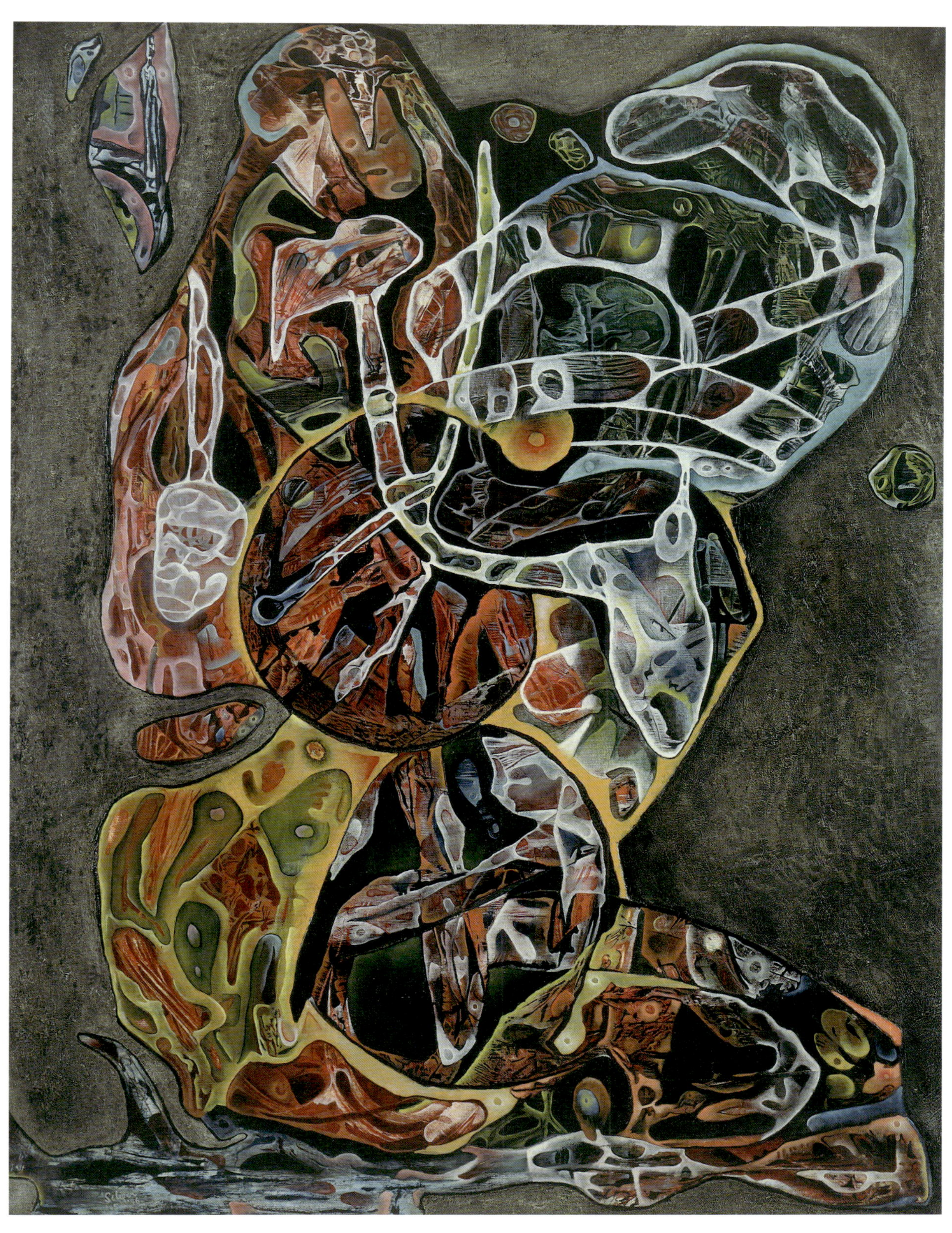

PLATE 18

Homage to Erasmus Darwin (*Omaggio a Erasmus Darwin*), 1945-46

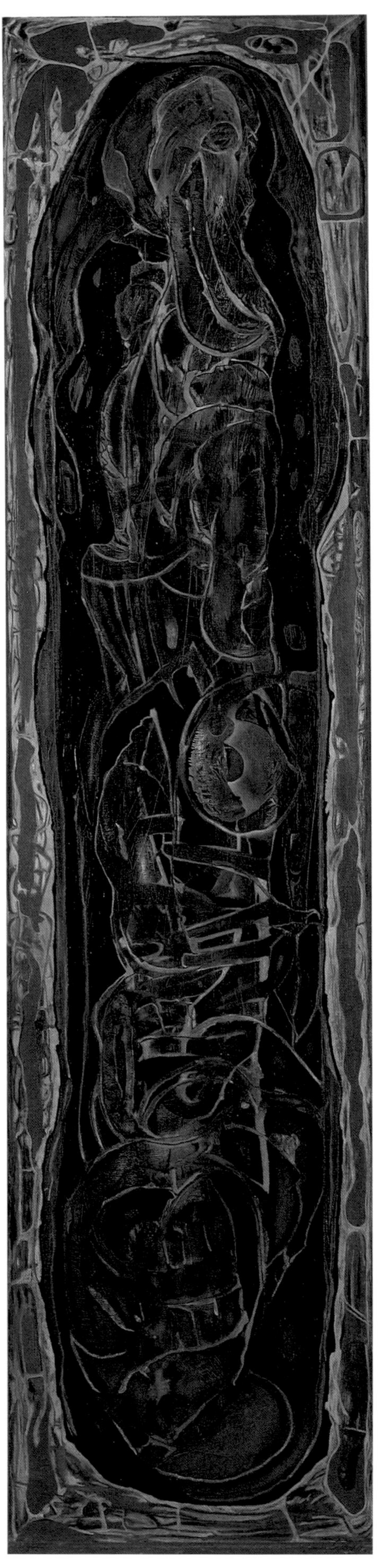

PLATE 19
Natural History: Botanical #1
(*Storia naturale: Botanico #1*),
1946

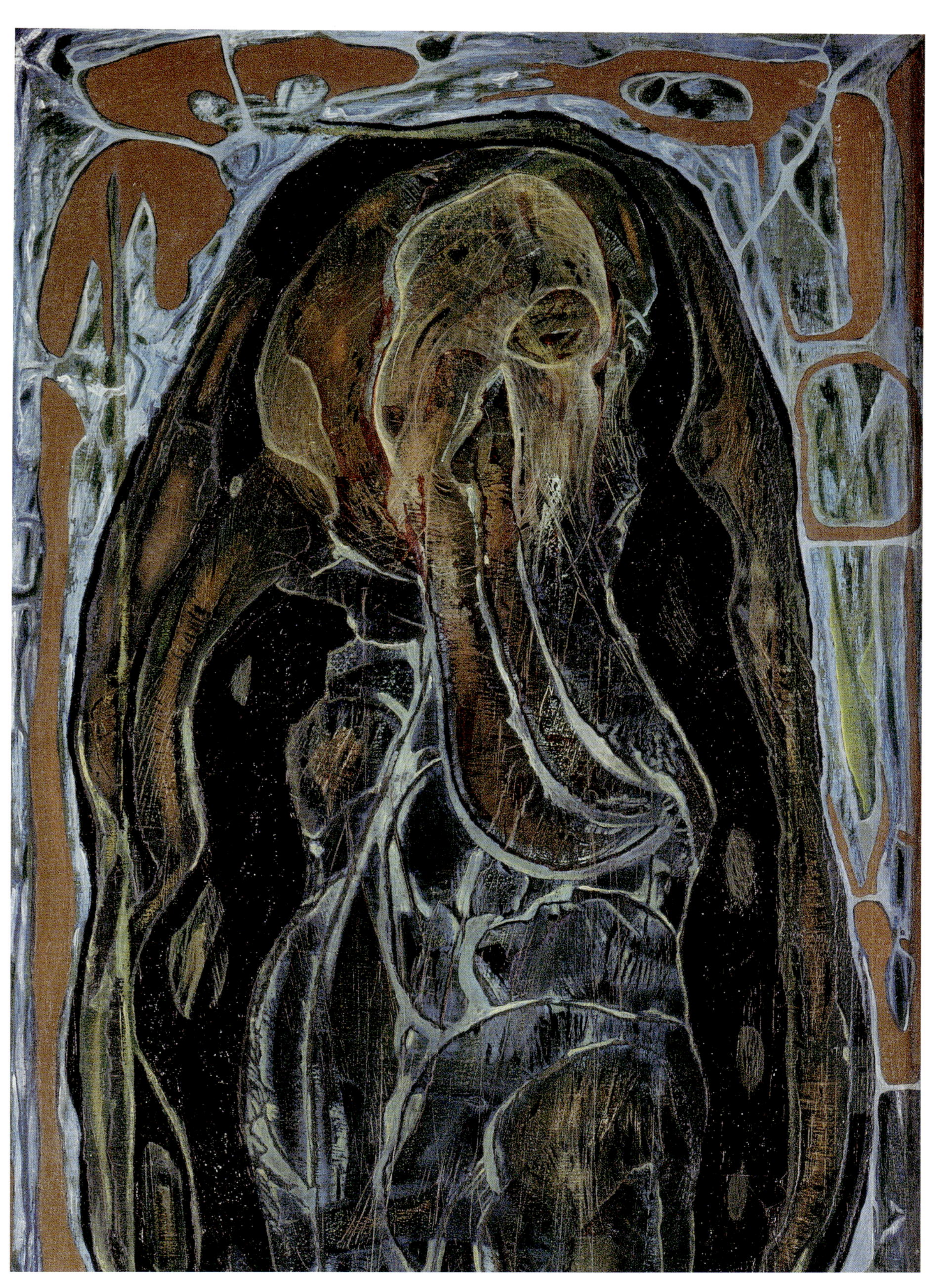

(detail, PLATE 19)

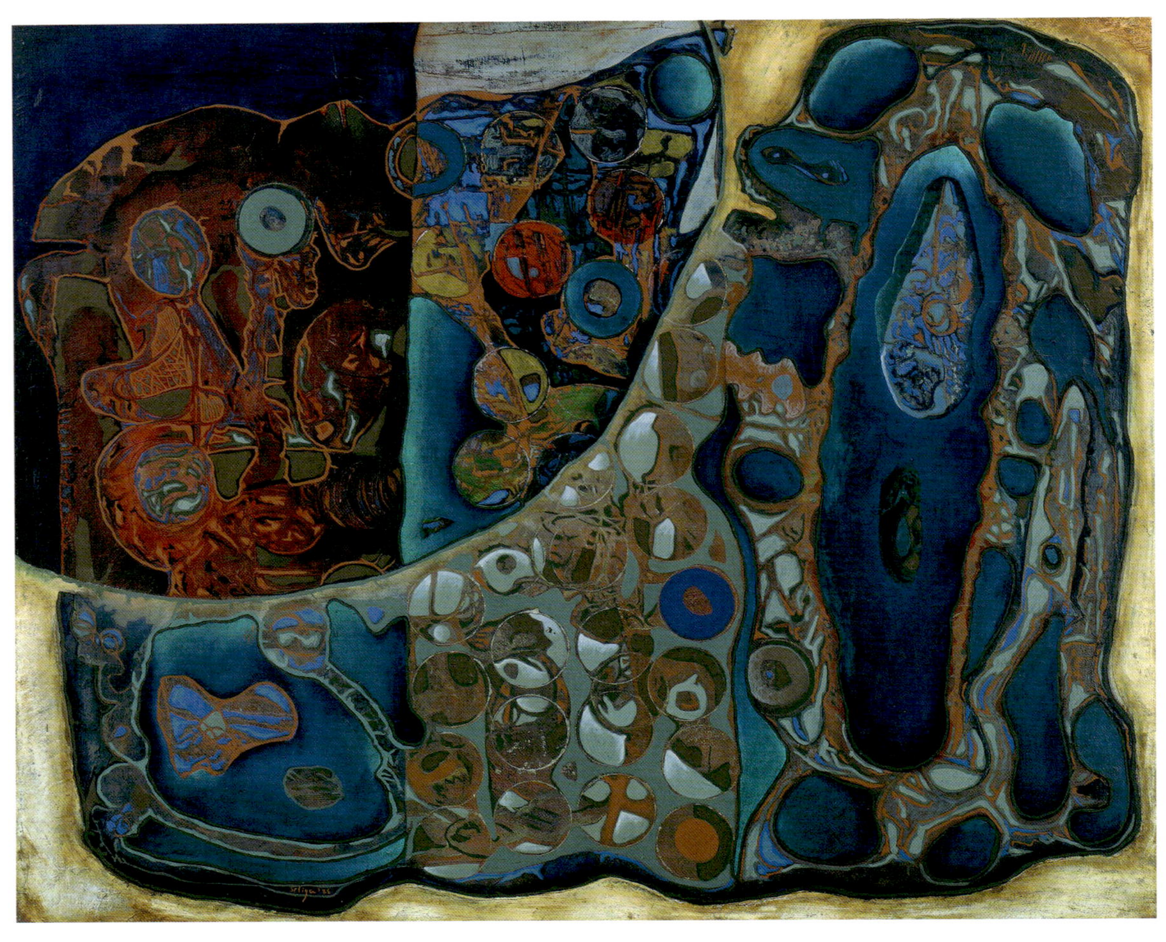

PLATE 20

Natural History: Form Within Rock (*Storia naturale: forma nella roccia*), 1946

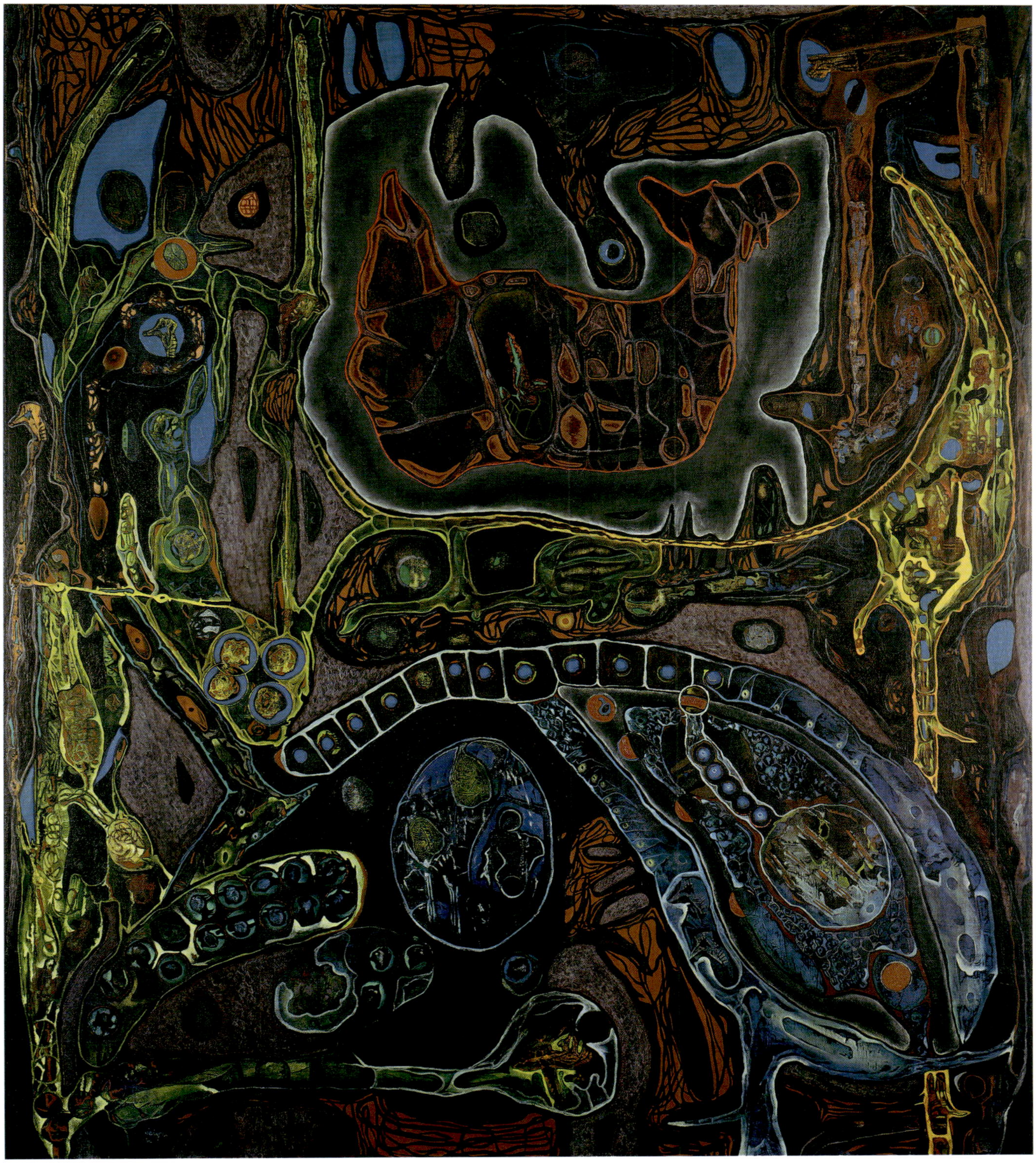

PLATE 21

Natural History: Organic Forms, Plant and Animal (*Storia naturale: forme organiche, pianta e animale*), 1946

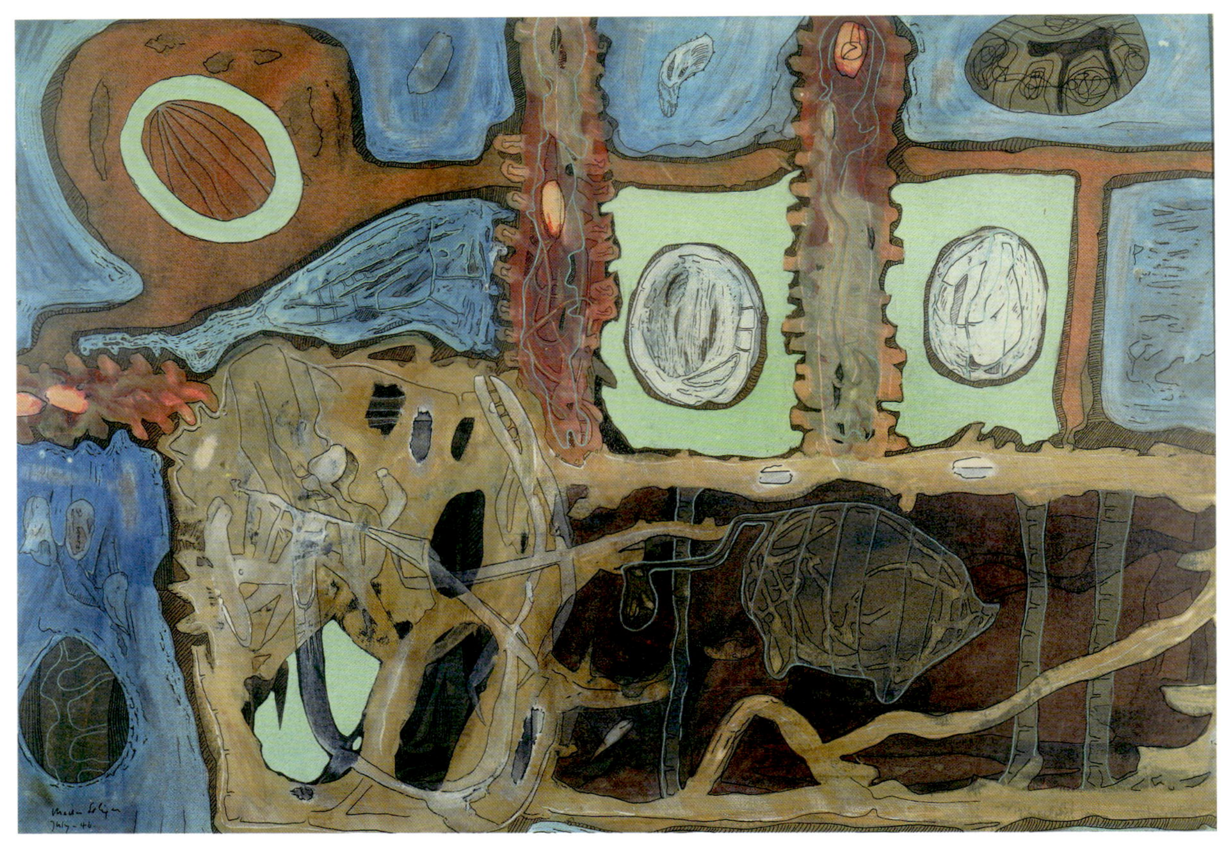

PLATE 22

Natural History: Organic Forms (Plant and Animal) Storia naturale: forme organiche (pianta e animale), 1946

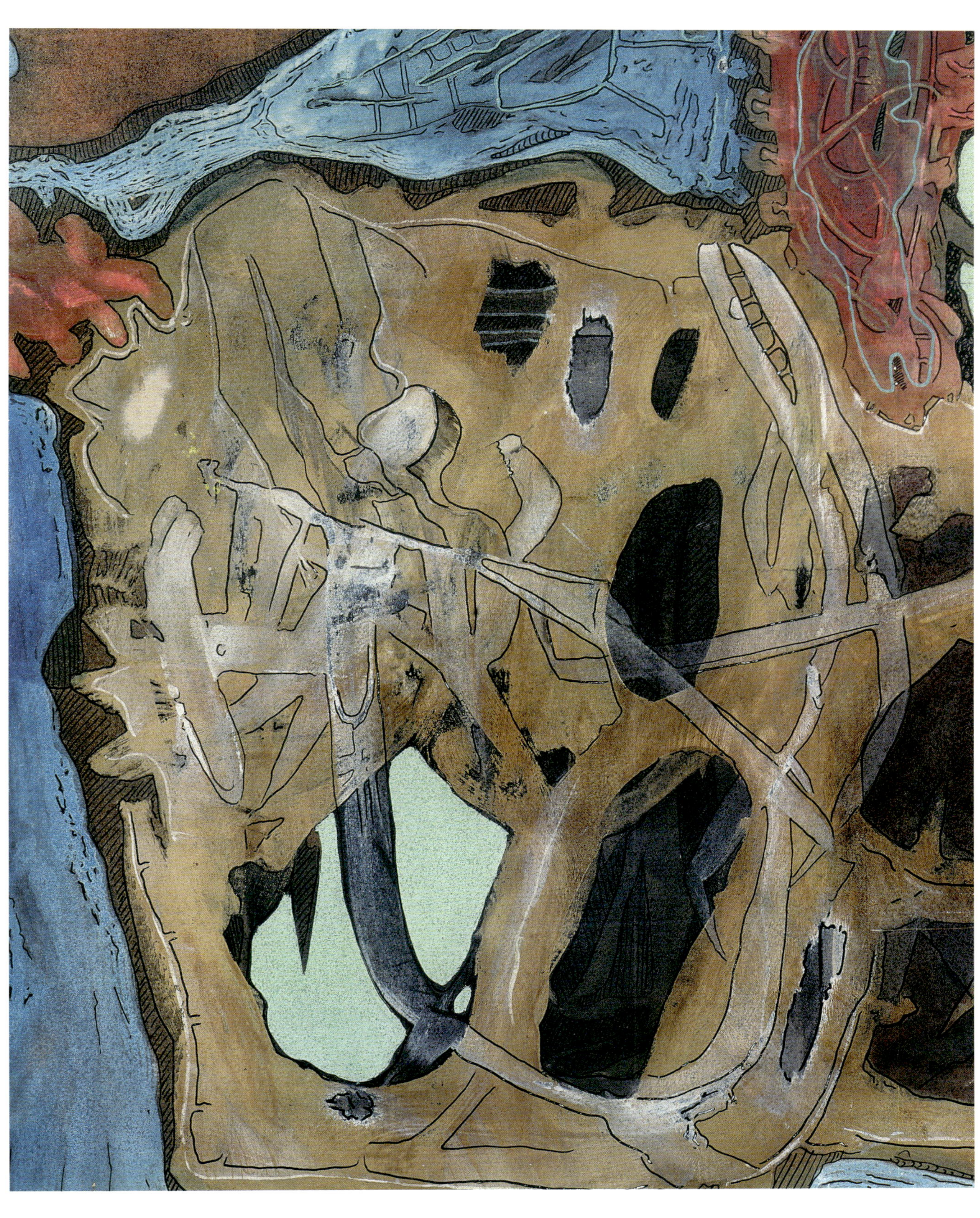

(detail, PLATE 22)

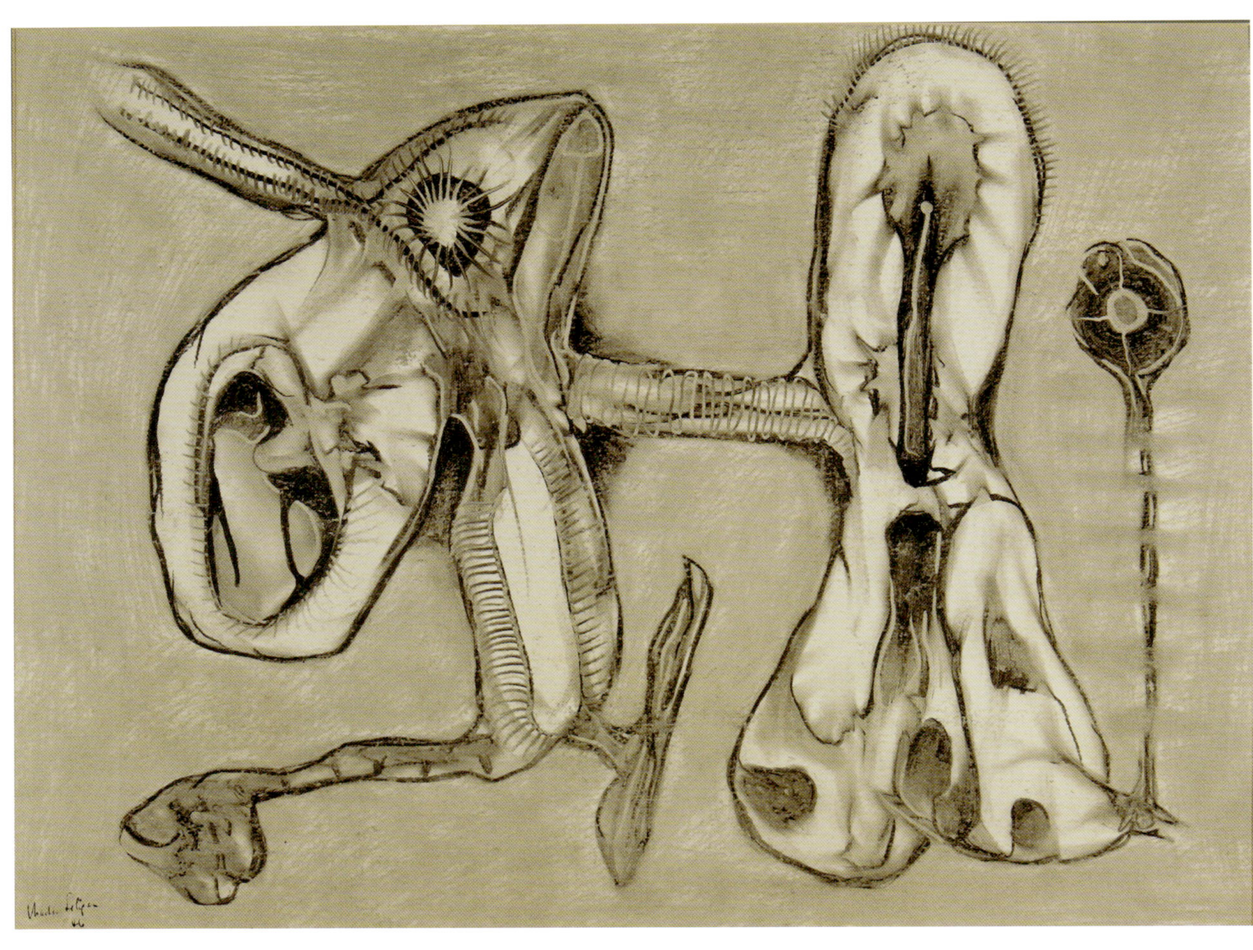

PLATE 23

Study of Organic Forms (*Studio di forme organiche*), 1946

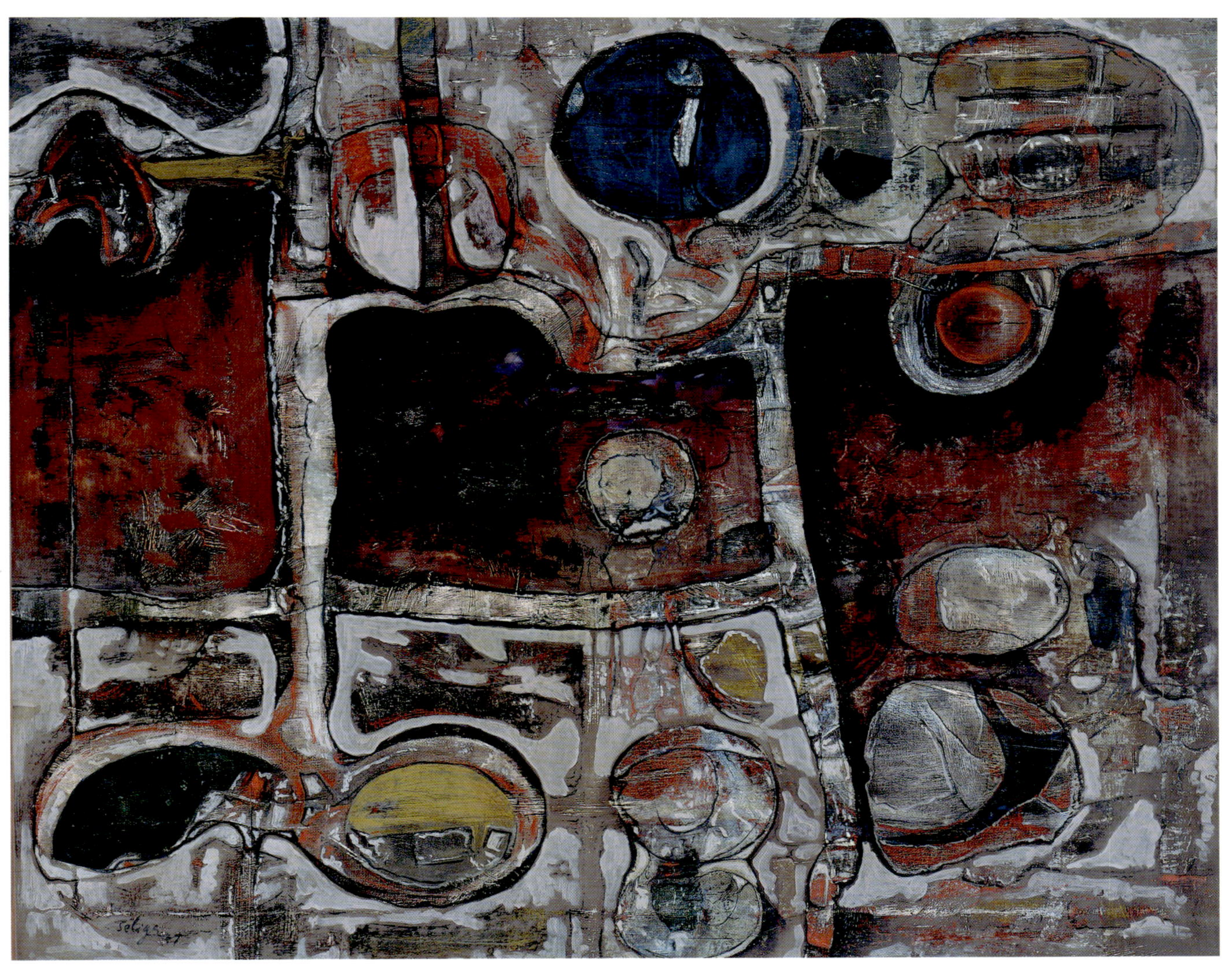

PLATE 24

Earth Crust (*Crosta terrestre*), 1947

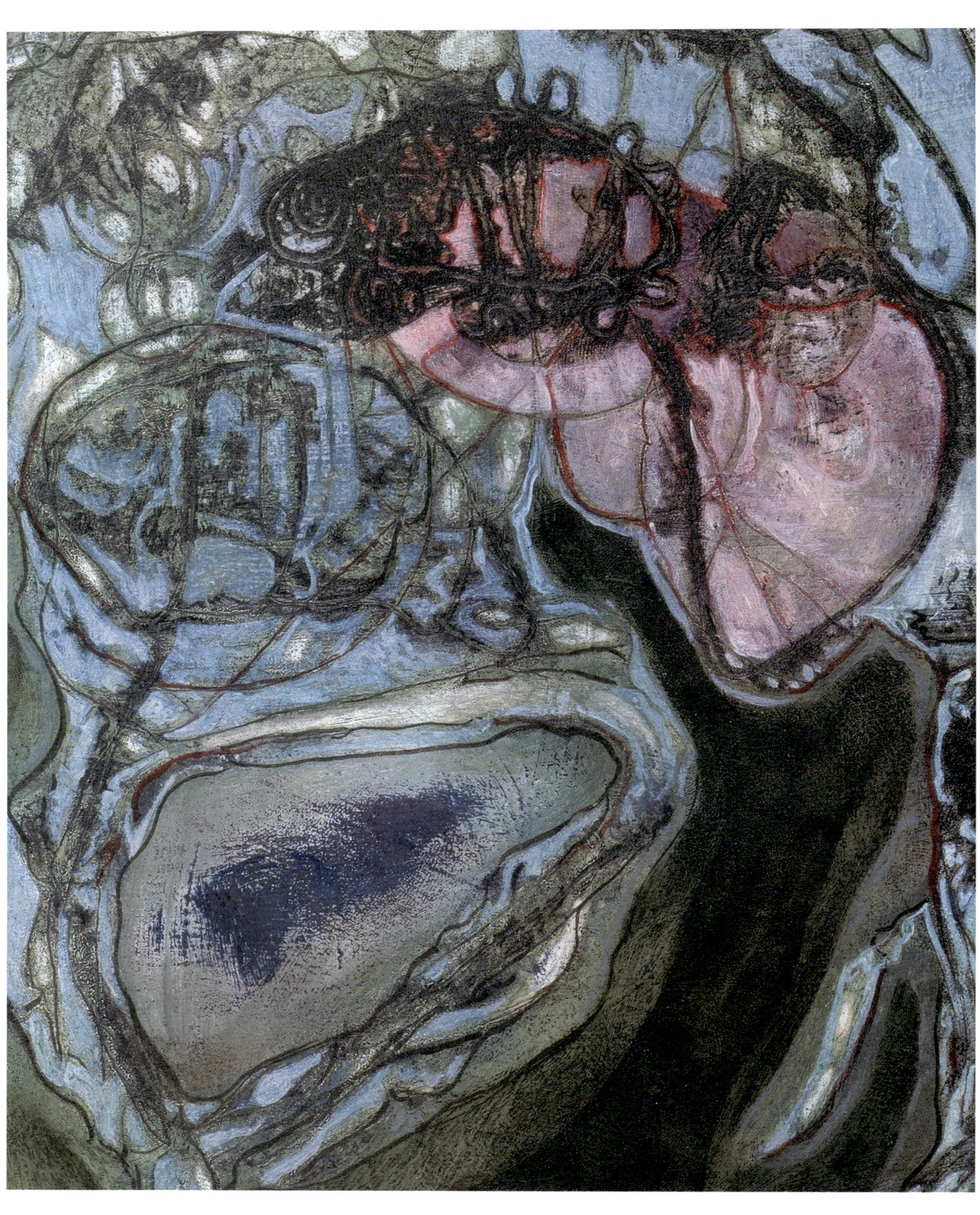

(detail, PLATE 25)

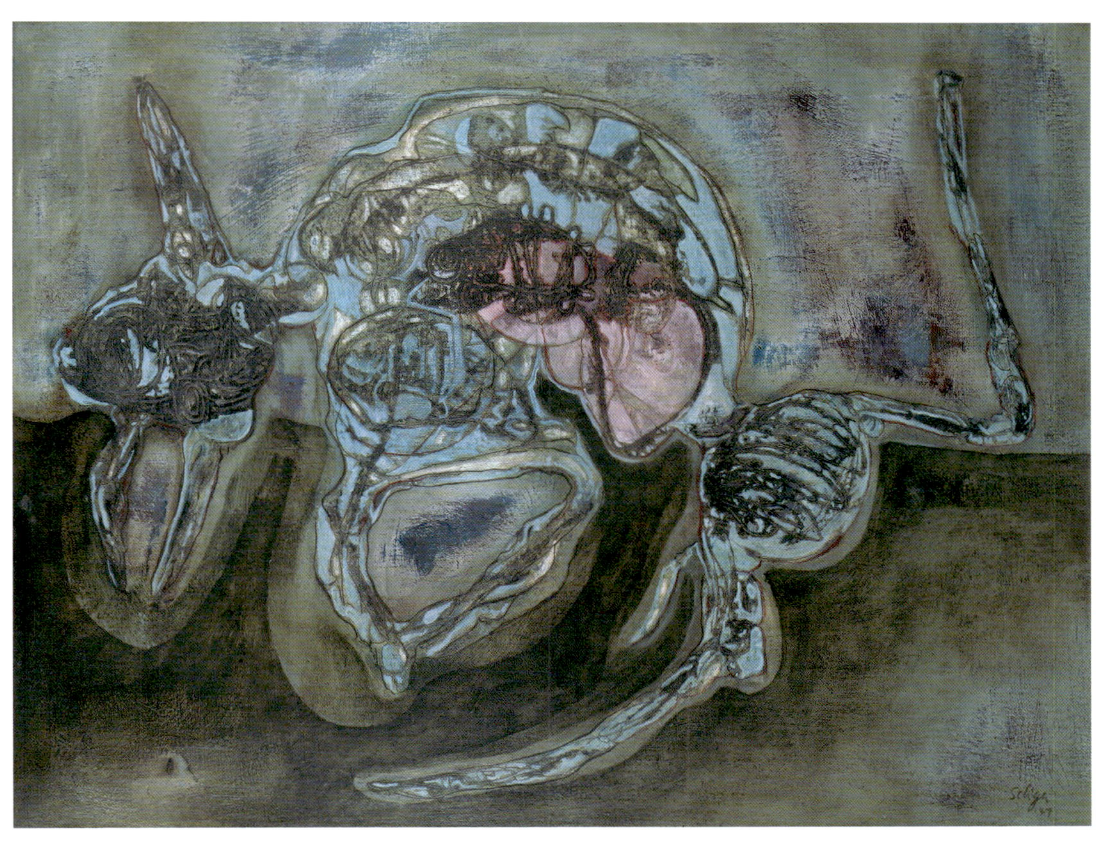

PLATE 25

Metamorphosis (*Metamorfosi*), 1947

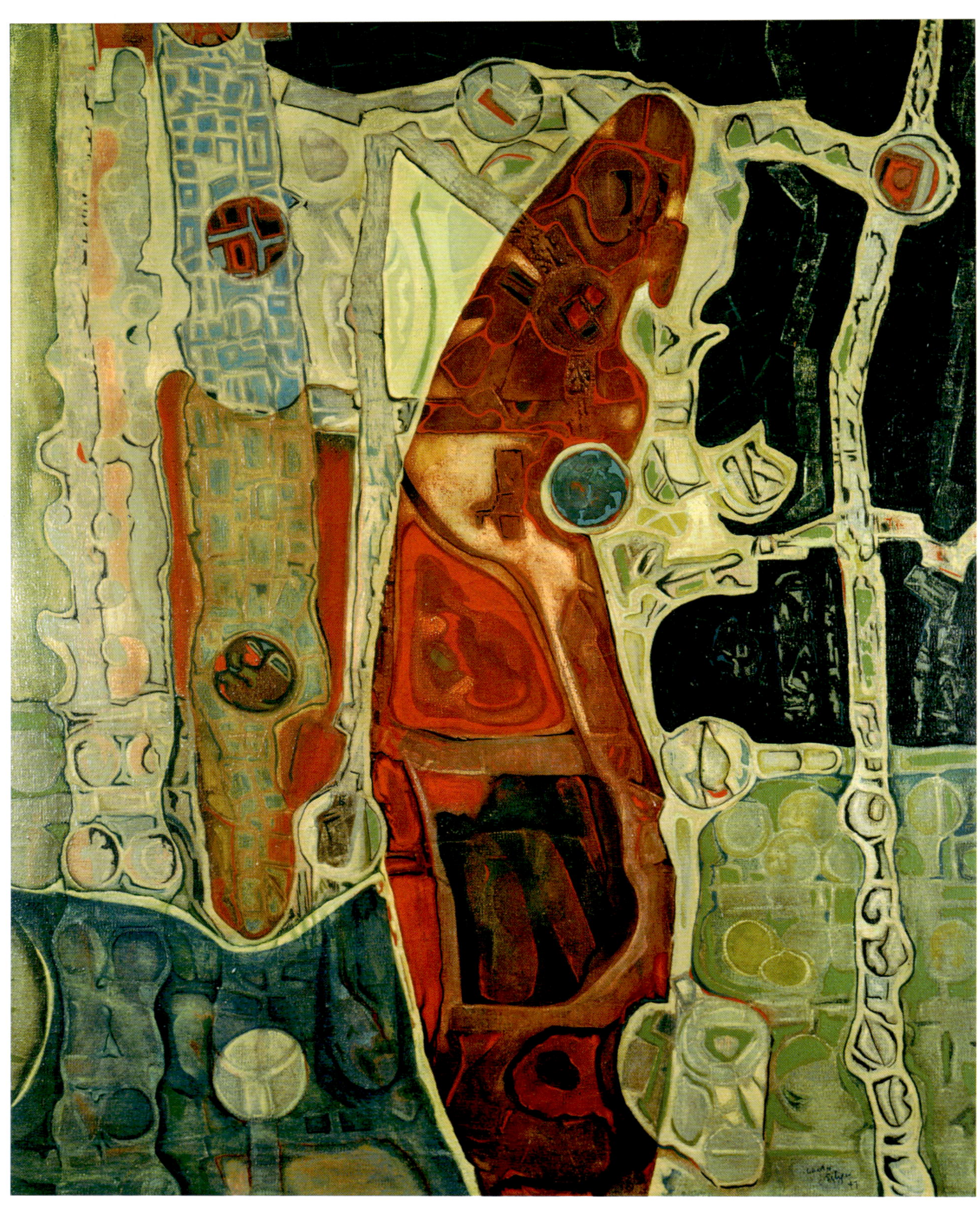

PLATE 26

Sentinel (*Sentinella*), 1947

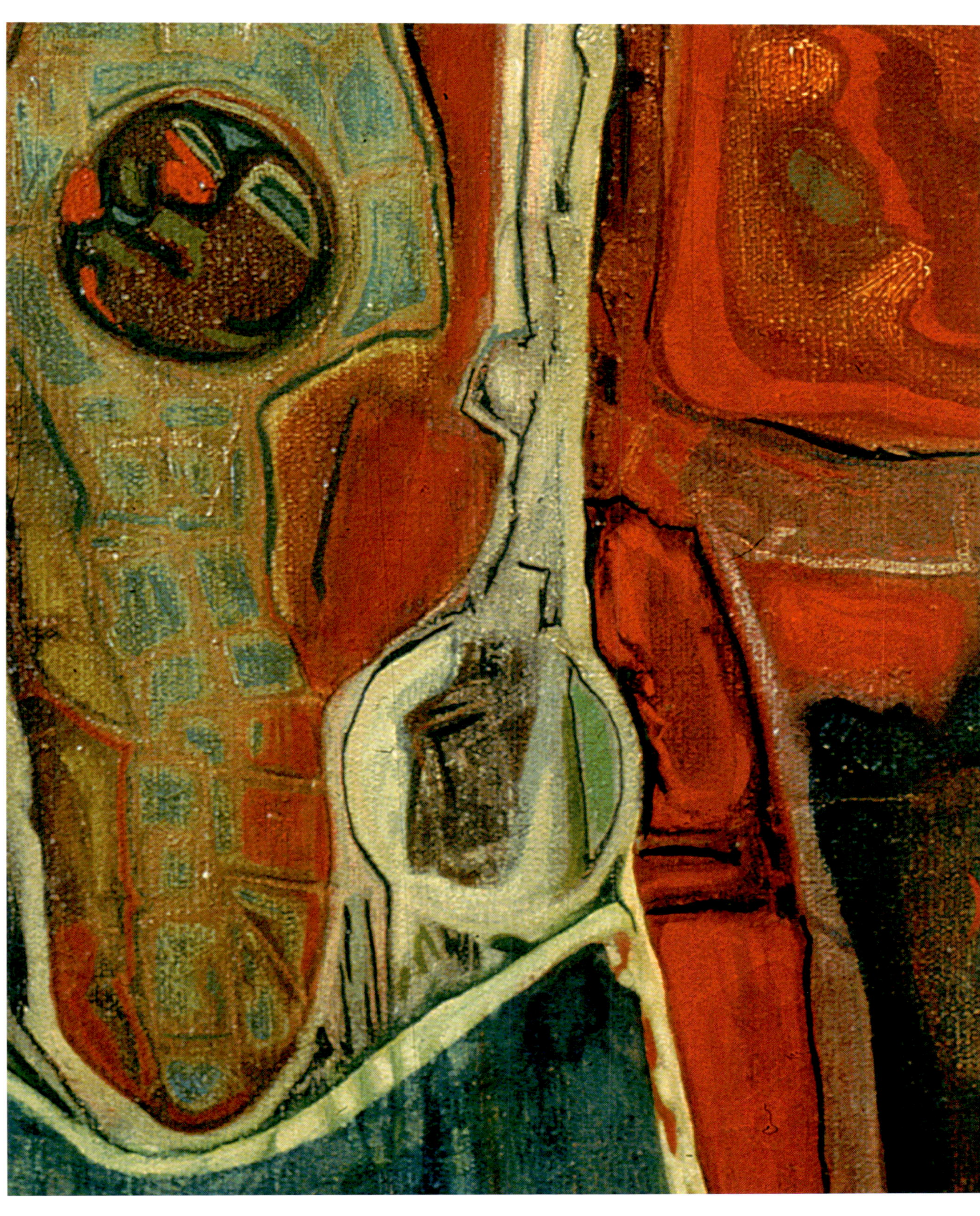

(detail, PLATE 26)

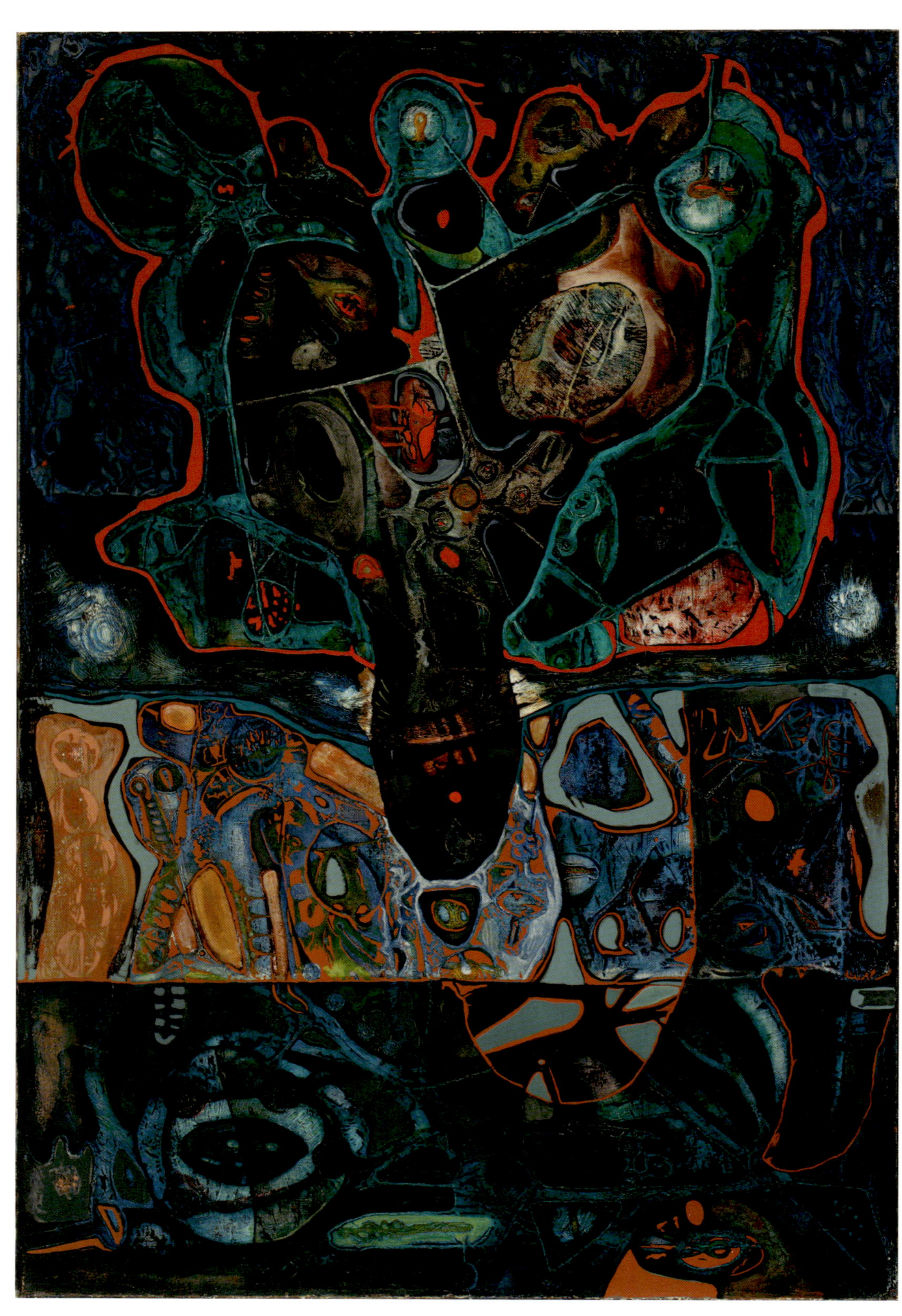

PLATE 27

Subterranean Excavation, Sky and Air (*Scavi sotterranei, cielo e aria*), 1947

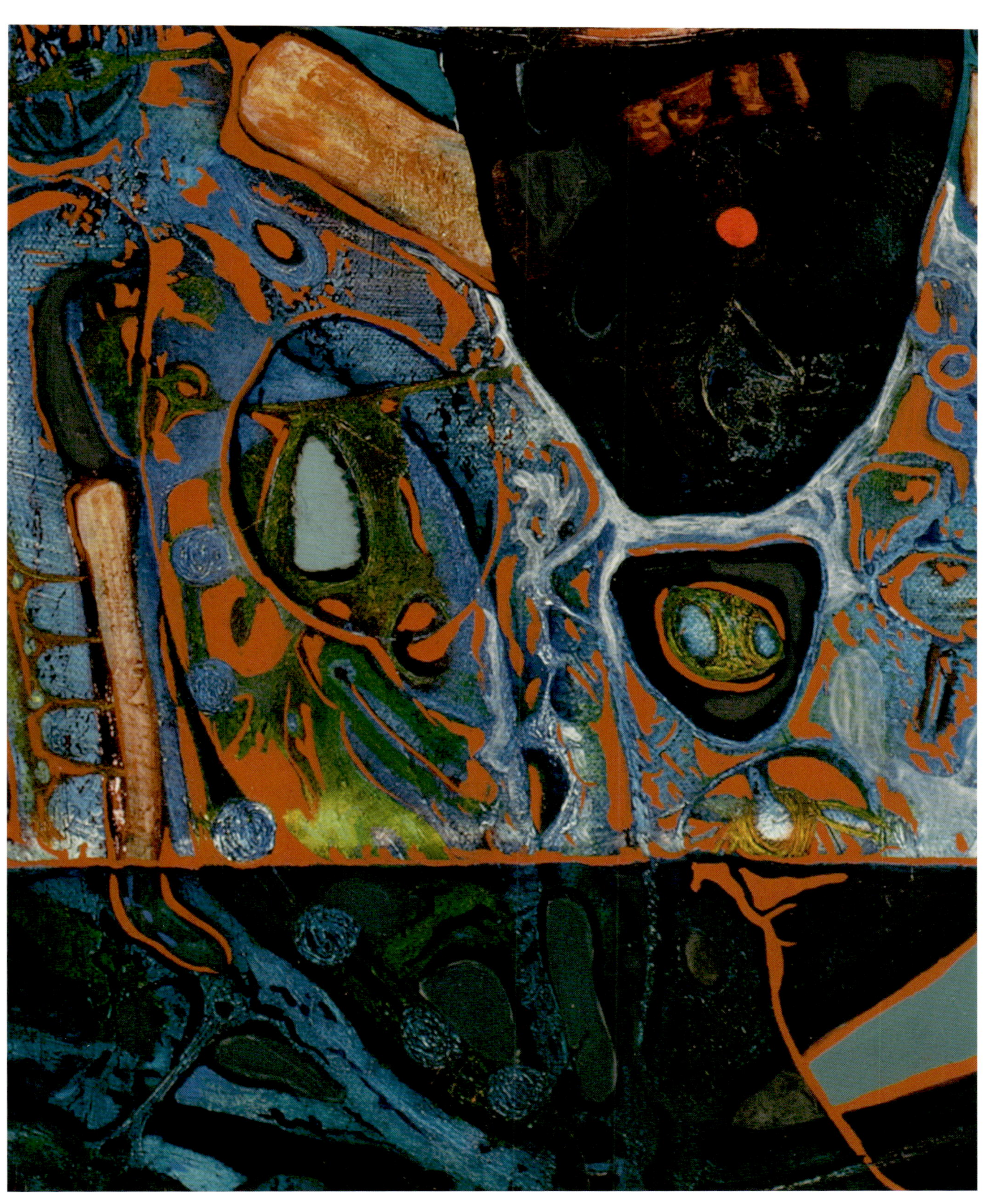

(detail, PLATE 27)

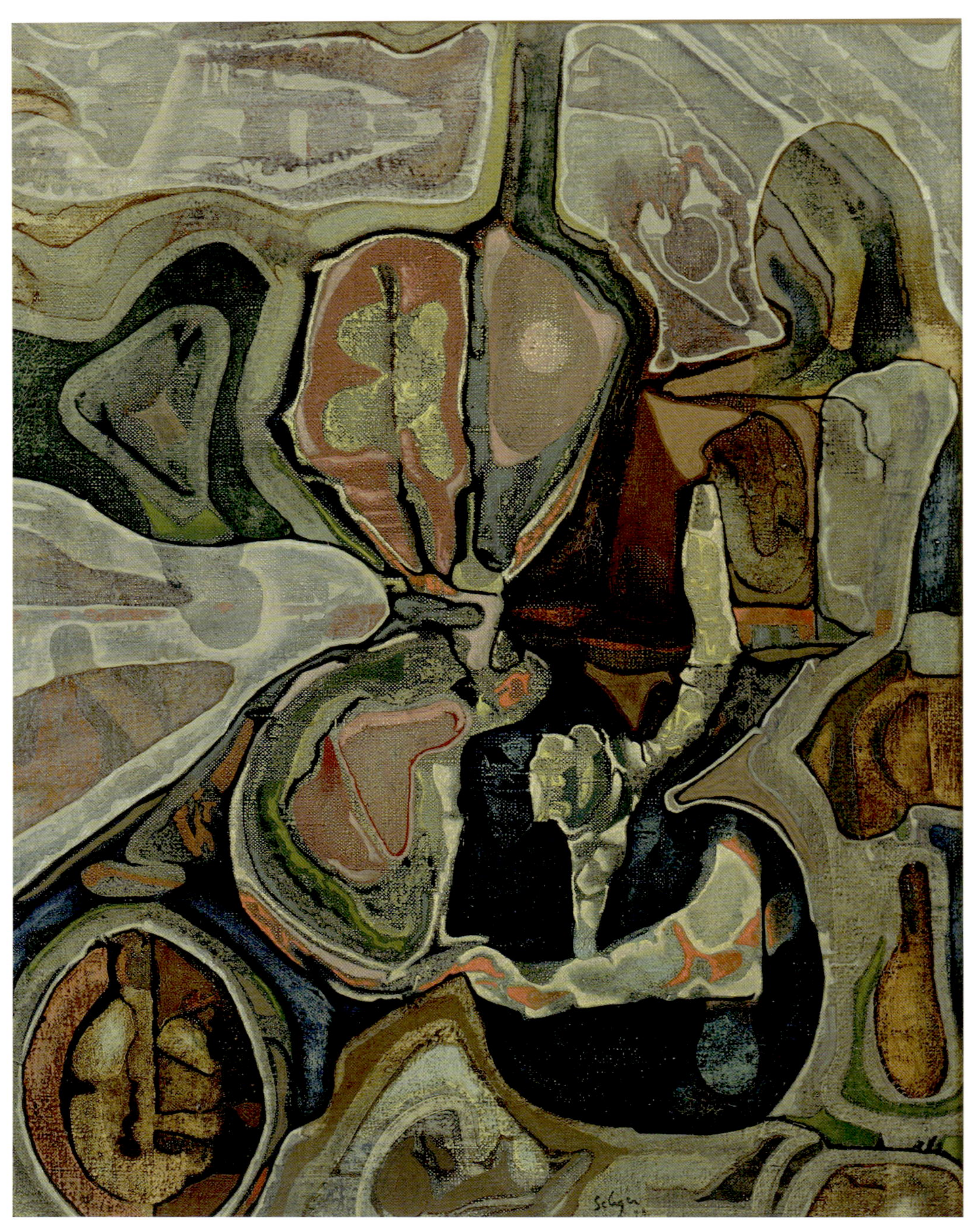

PLATE 28

Botanical Form (*Forma botanica*), 1948

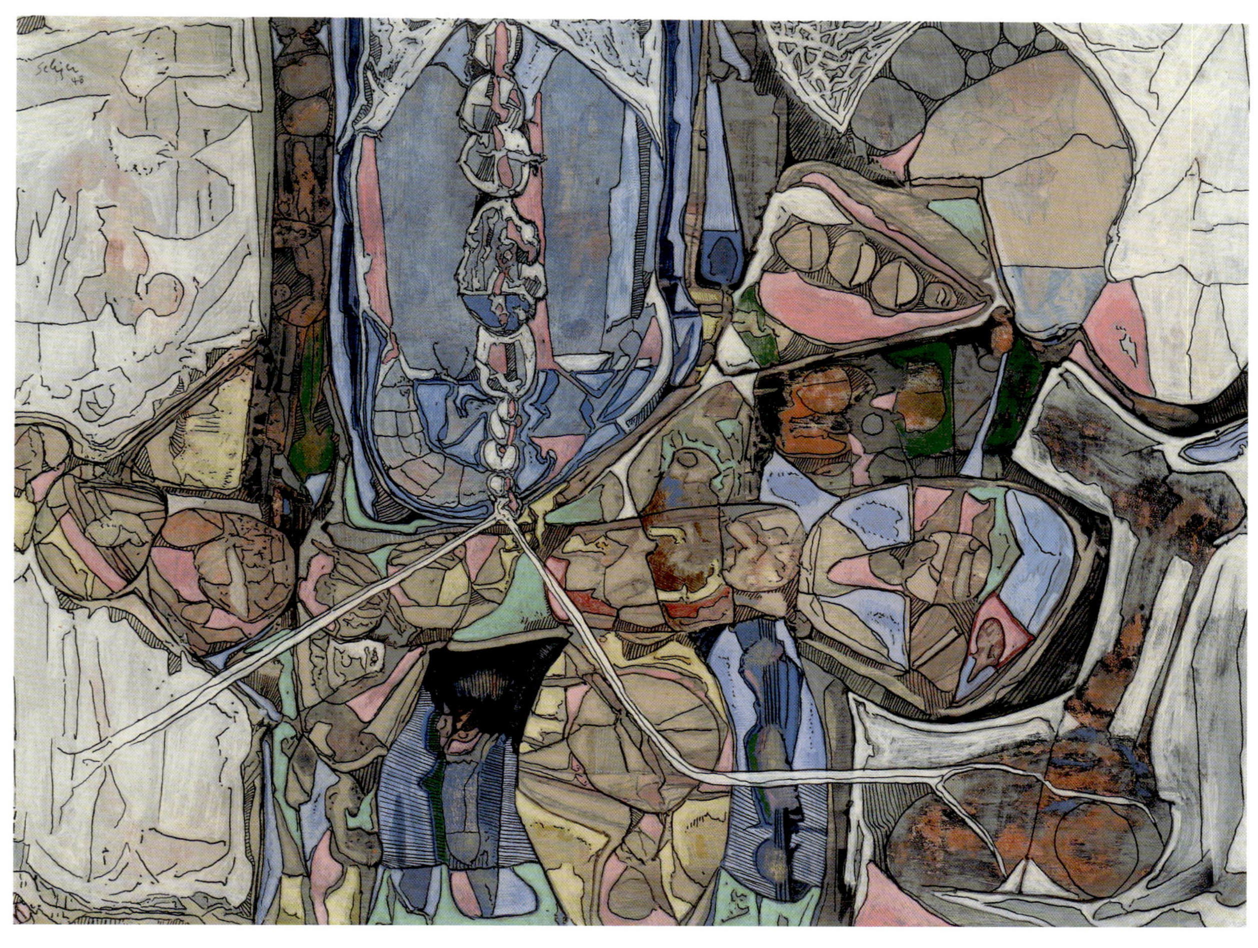

PLATE 29

Botanical Form: Glacial Fragment #15 (*Forma botanica: frammento glaciale #15*), 1948

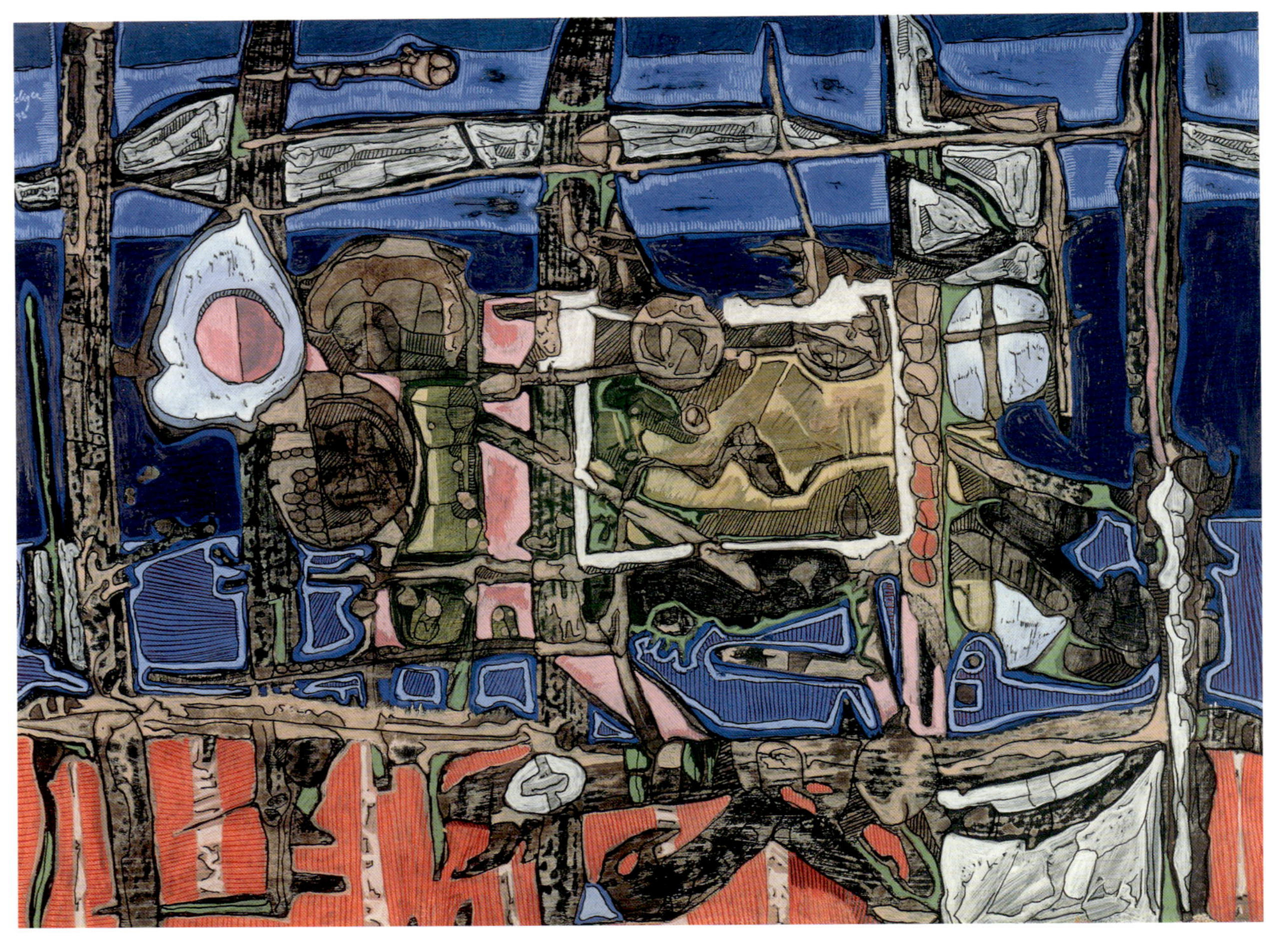

PLATE 30

Organic Form: Air, Sea, Land Enveloped (*Forma organica: avvolta da aria, mare e terra*), 1948

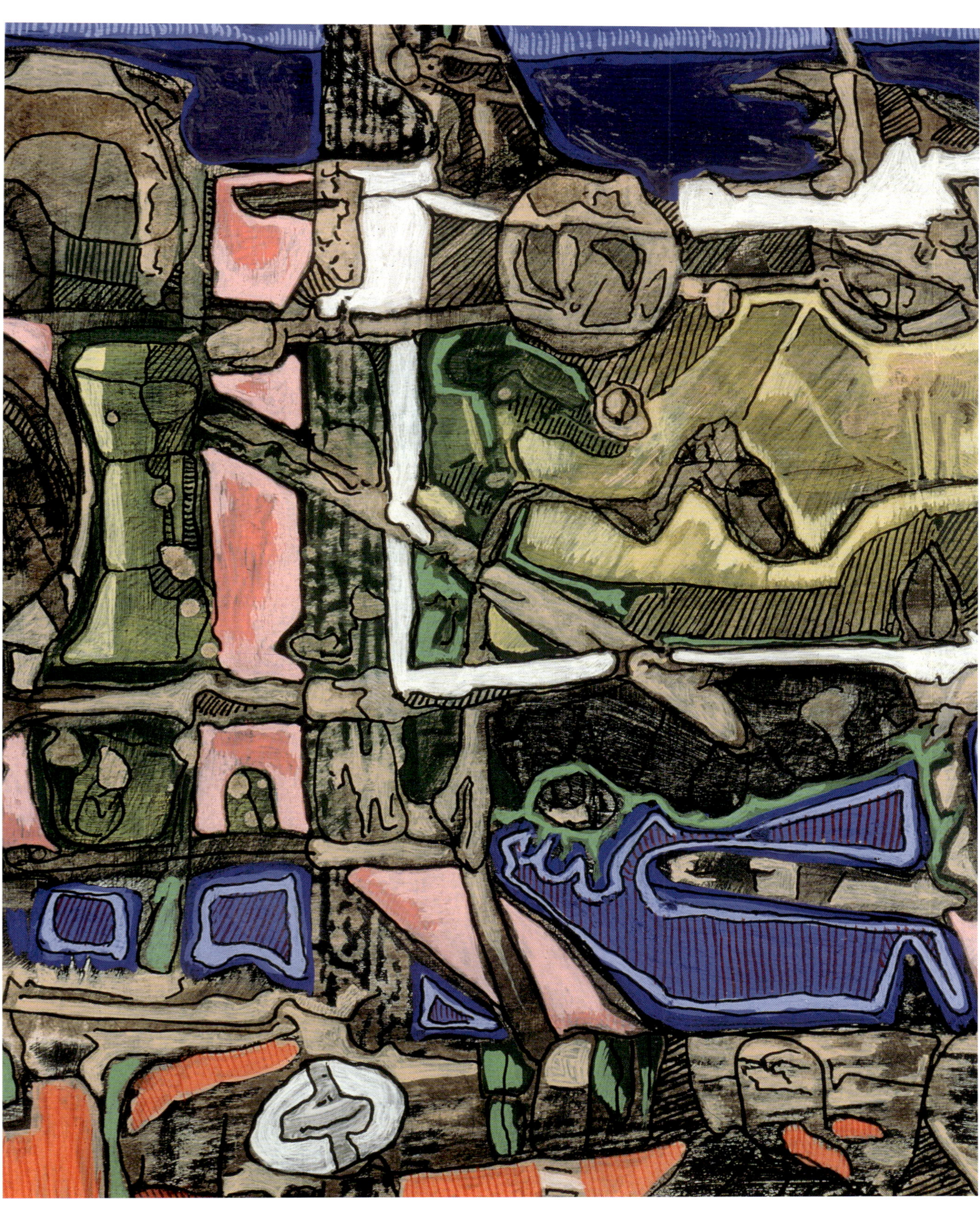

(detail, PLATE 30)

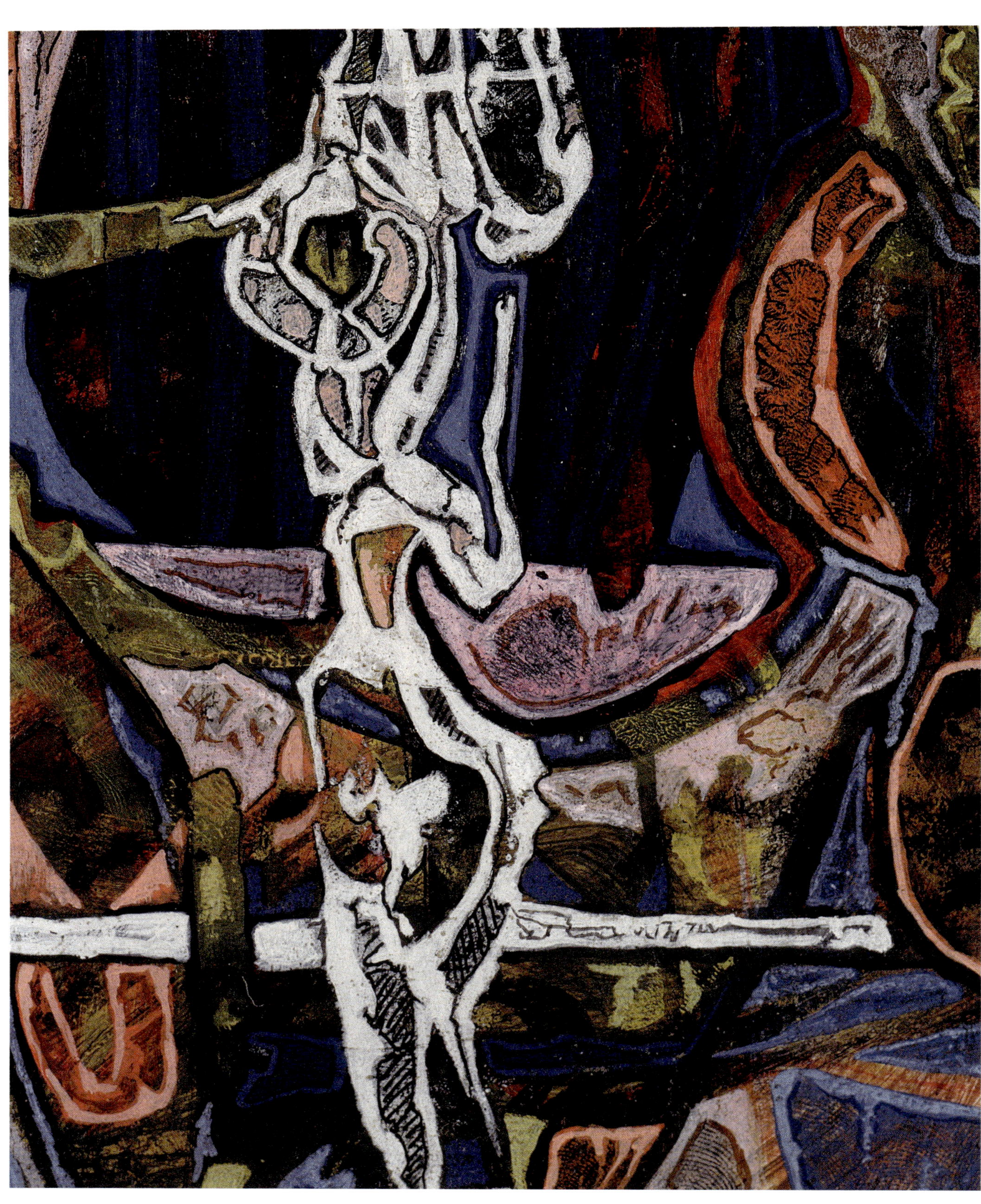

(detail, PLATE 31)

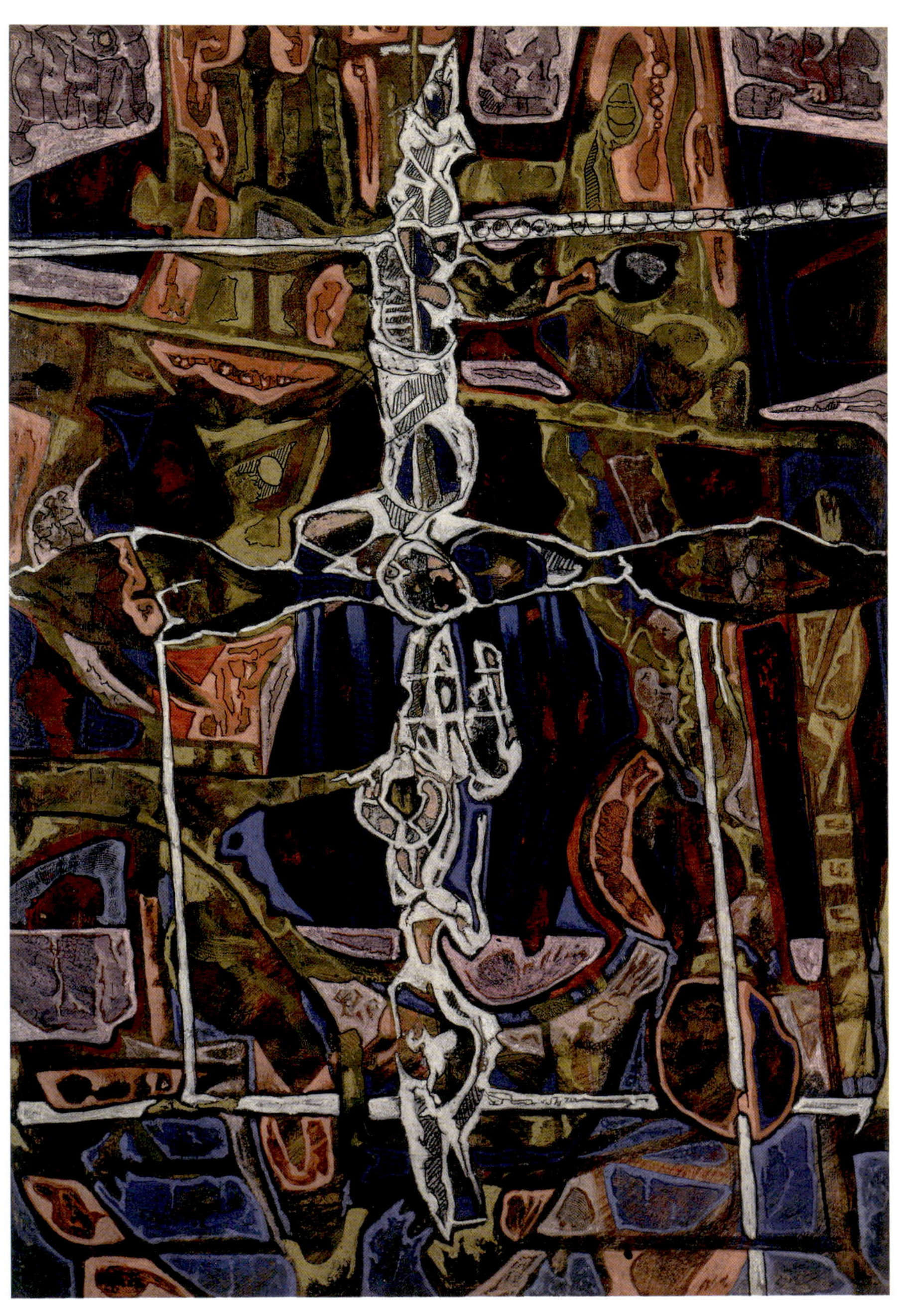

PLATE 31

Suspense (*Tensione*), 1948

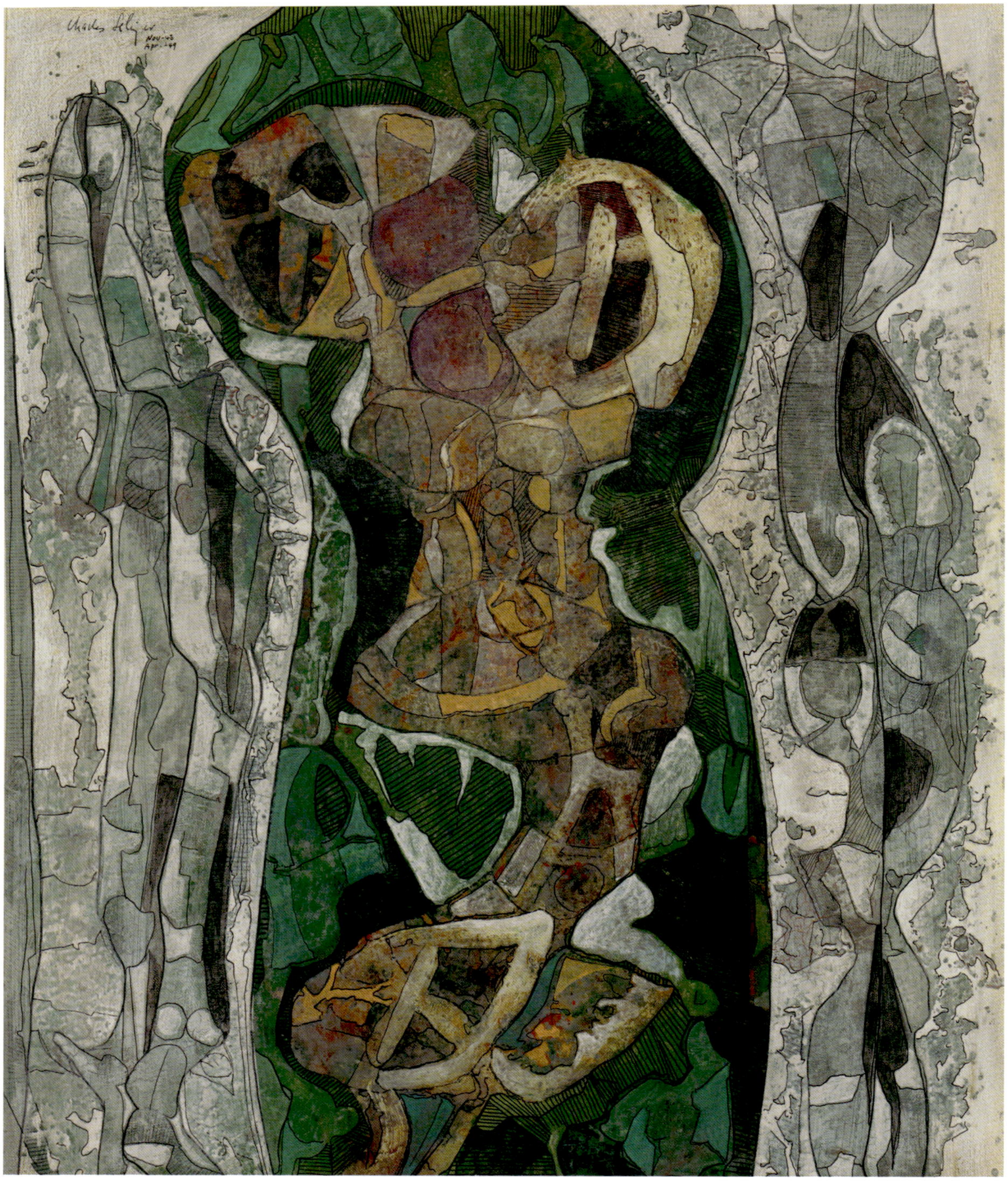

PLATE 32

Winterscape: Interior of a Cocoon (*Paesaggio invernale: interno di un bozzolo*), 1948-49

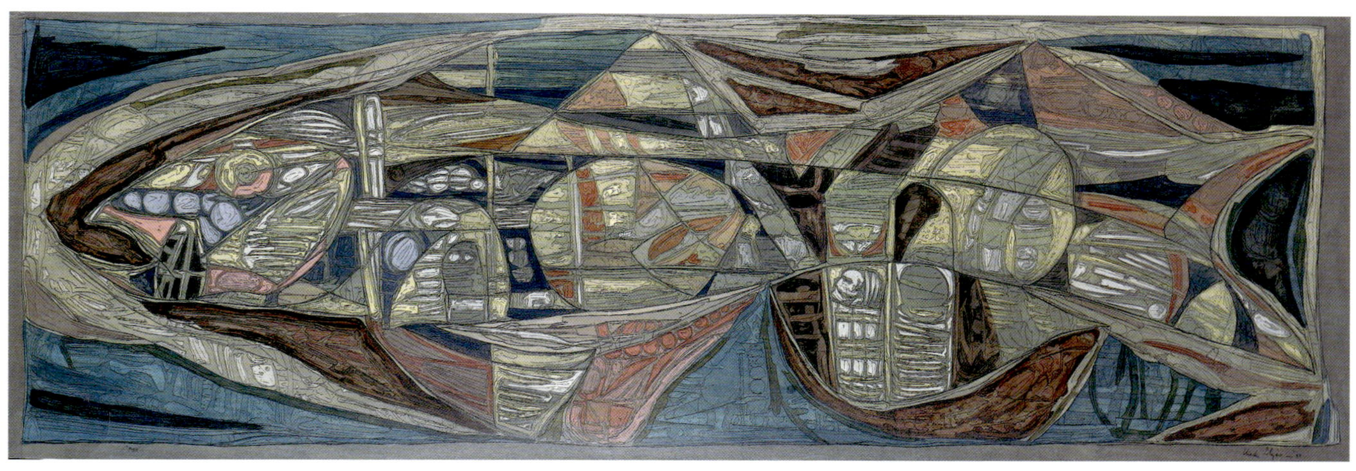

PLATE 33
Fish (*Pesce*), 1949

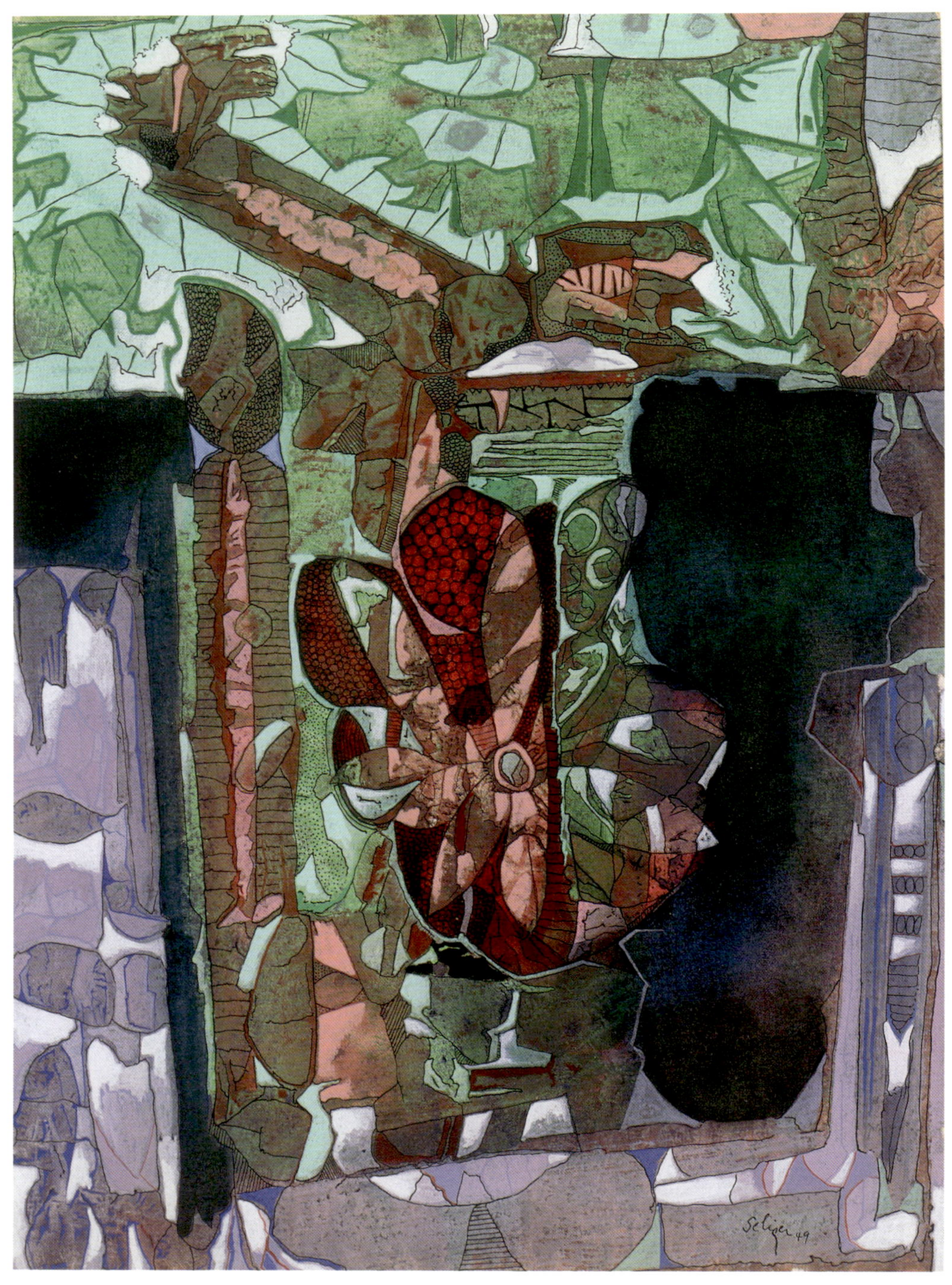

PLATE 34

Hidden Flower Under Earth (*Fiore nascosto sotto la terra*), 1949

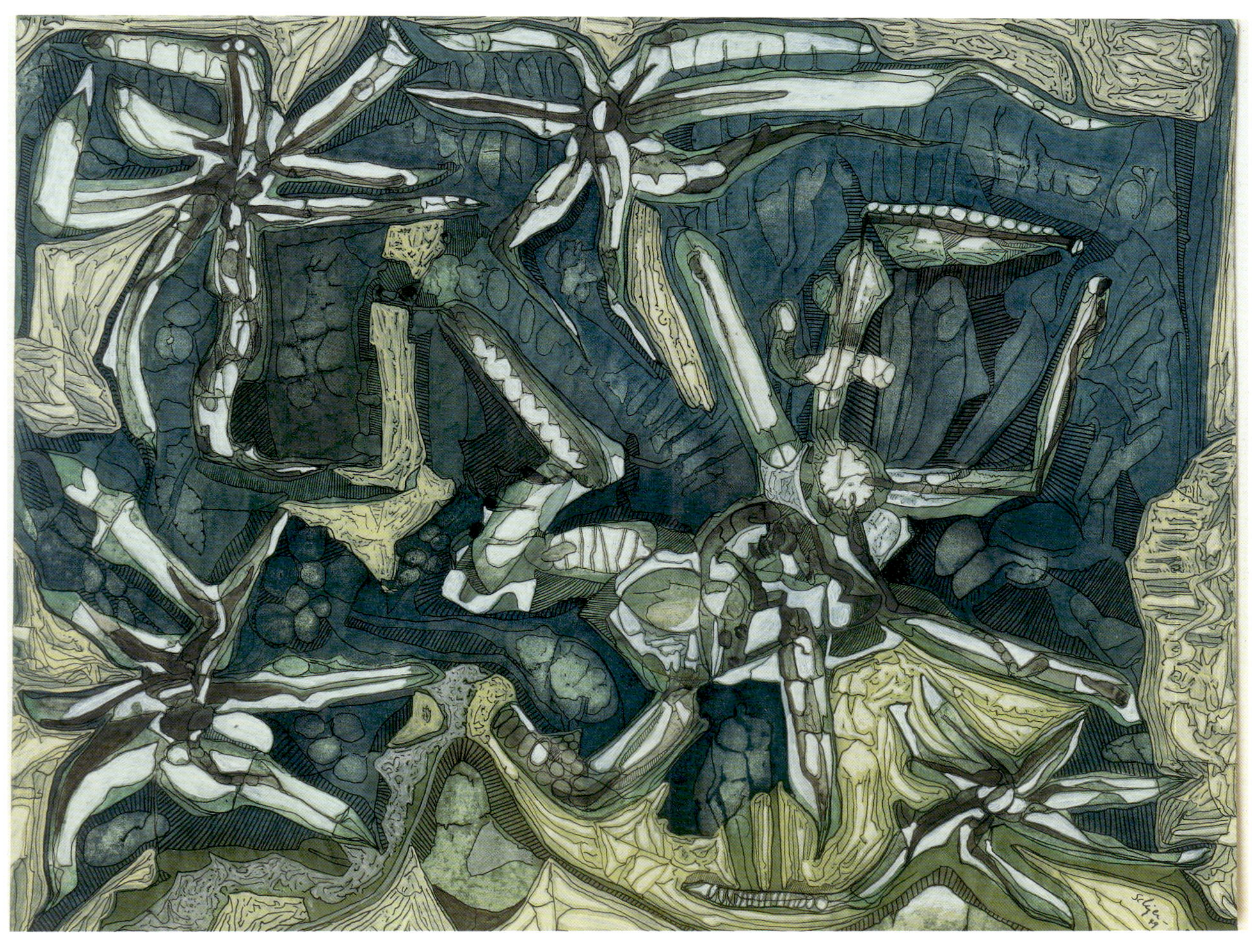

PLATE 35

Undersea Starfish (*Stella marina sotto il mare*), 1949

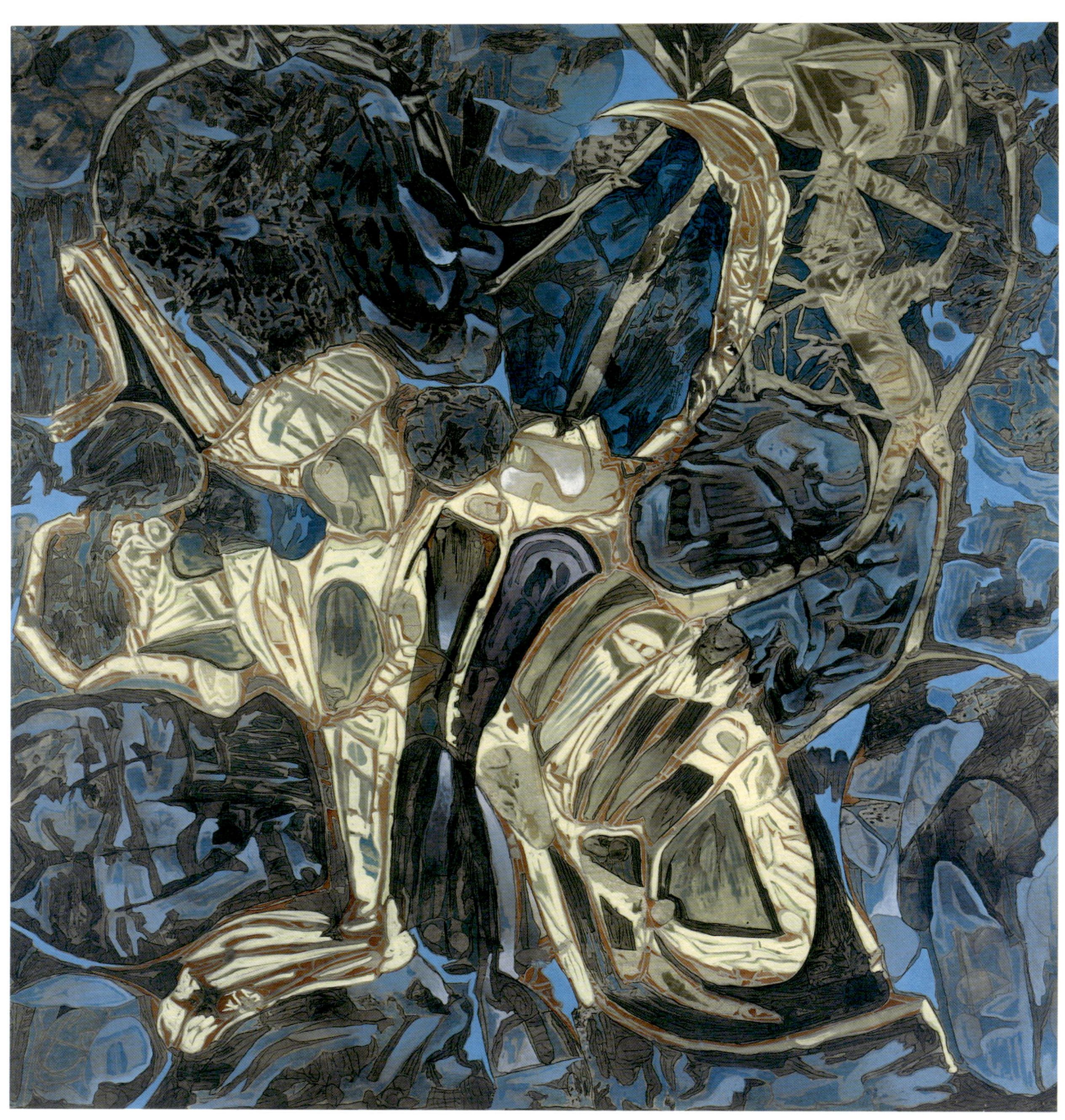

PLATE 36

Confrontation: Scorpion and Tarantula (*Confronto: scorpione e tarantola*), 1950

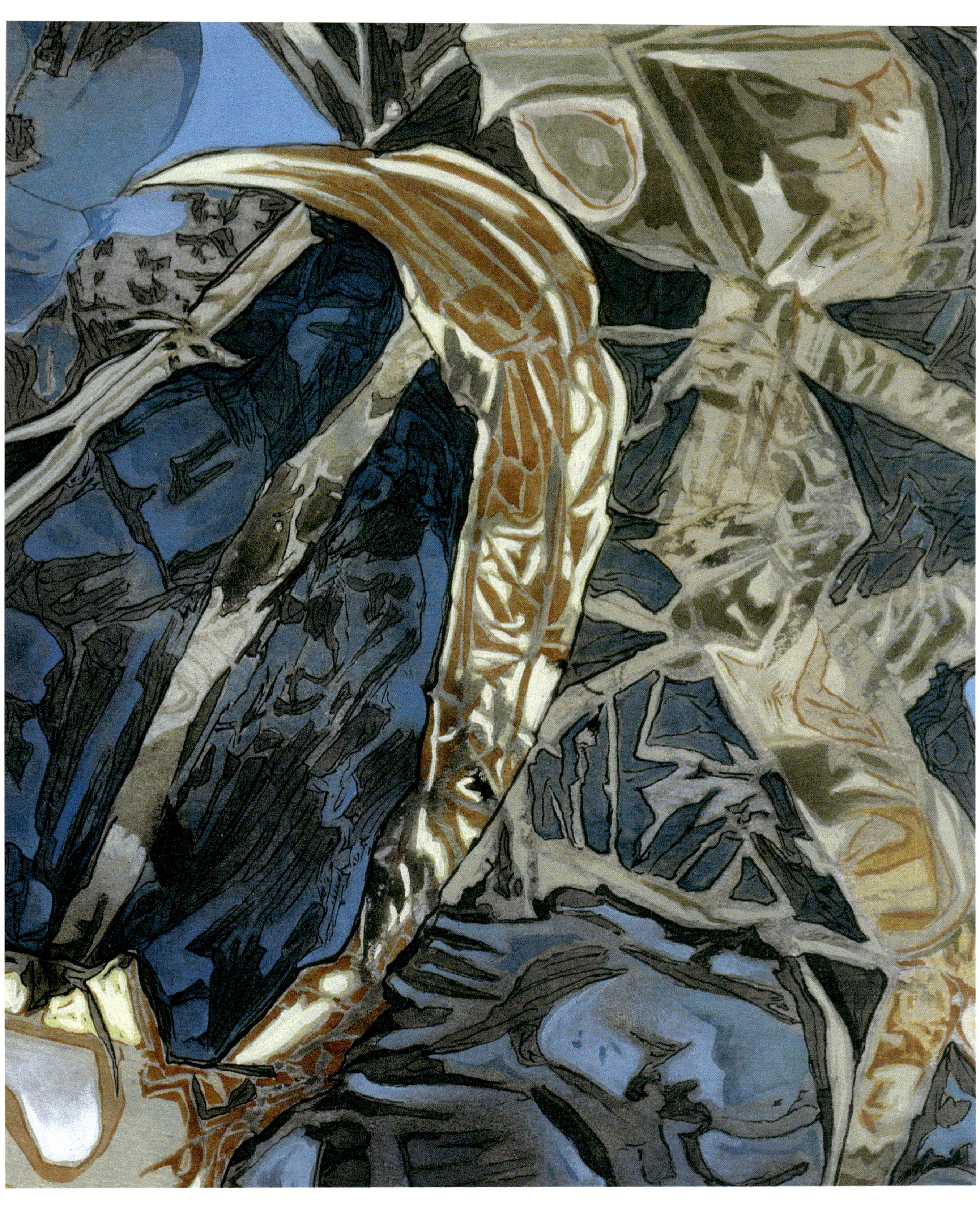

(detail, PLATE 36)

Charles Seliger, July 1954
(Charles Seliger, luglio 1954)
Photograph by Lyonel Feininger.
Estate of Charles Seliger

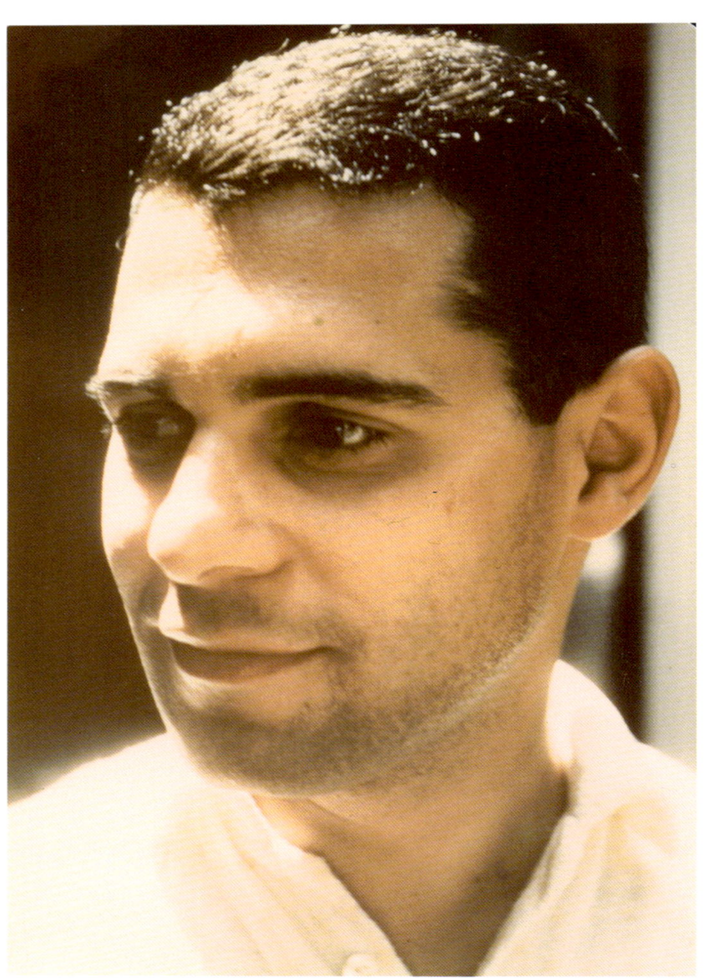

CHECKLIST OF THE EXHIBITION
ELENCO DELLE OPERE

*Dimensions are listed height by width.

All works from the Estate of Charles Seliger are Courtesy of Michael Rosenfeld Gallery LLC, New York, NY.

*Le dimensioni si intendono altezza per larghezza.

Tutte le opere provenienti Estate of Charles Seliger si riproducono per gentile concessione della Michael Rosenfeld Gallery LLC, New York, NY.

Plate 1
Gustave Stresemann (*Gustave Stresemann*), 1942
Oil on canvasboard, 15 x 12 inches (38.1 x 30.5 cm)
Estate of Charles Seliger

Plate 2
Bird and Flower (*Uccello e fiore*), 1943
Oil on canvasboard, 10 x 14 inches (25.4 x 35.6 cm)
Collection of Ruby Tanner Rosenfeld

Plate 3
Primal Markings (*Segni primitive*), 1943
Oil on canvasboard, 16 x 12 inches (40.6 x 30.5 cm)
Collection of Bella Walden Rosenfeld

Plate 4
Primal Markings I (*Segni primitivi I*), 1943
Oil on canvasboard, 25 x 18 inches (63.5 x 45.7 cm)
Estate of Charles Seliger

Plate 5
Biomorphic Series, Organic Form #2
(*Serie biomorfica, forma organica #2*), 1944
India ink, white tempera, and watercolor on paper,
12 x 10 inches (30.5 x 25.4 cm)
Estate of Charles Seliger

Plate 6
Biomorphic Series, Organic Form #4
(*Serie biomorfica, forma organica #4*), 1944
India ink and white tempera on paper, 11 x 14 inches
(27.9 x 35.6 cm)
Estate of Charles Seliger

Plate 7
Biomorphic Series, Organic Form #12
(*Serie biomorfica, forma organica #12*), 1944
India ink, earth, and white tempera on Morilla board,
14 ¾ x 11 inches (37.5 x 27.9 cm)
Collection of Michael Rosenfeld and halley k harrisburg

Plate 8
Biomorphic Series, Organic Form # 18
(*Serie biomorfica, forma organica #18*), 1944
India ink, earth, and white tempera on Morilla board,
11 x 13 ½ inches (27.9 x 34.3 cm)
Estate of Charles Seliger

Plate 9
Confrontation (*Confronto*), 1944
Oil on canvas, 27 ¾ x 22 inches (70.5 x 55.9 cm)
Greenville County Museum of Art, Museum purchase

Plate 10
Cerebral Landscape (*Paesaggio cerebrale*), 1944
Oil on canvas, 24 3/16 x 18 3/16 inches (61.4 x 46.2 cm)
Wadsworth Atheneum Museum of Art, Hartford, CT.
Gift of Mr. and Mrs. Zalstem-Salessky

Plate 11
Don Quixote (*Don Chisciotte*), 1944
Oil on canvas, 30 x 40 inches (76.2 x 101.6 cm)
Whitney Museum of American Art, New York.
Gift of Elaine Graham Weitzen

Plate 12
Interior Space (*Spazio interior*), 1944
Oil on canvas, 36 x 15 inches (91.4 x 38.1 cm)
Estate of Charles Seliger

Plate 13
The Last Cyclops (*L'ultimo ciclope*), 1944
Oil on canvas, 22 x 22 inches (55.9 x 55.9 cm)
Collection of Marjorie and Michael Levine, New York

Plate 14
Sex, Evolution and the Man (*Sesso, evoluzione e l'uomo*), 1944
Ink, watercolor, and collage on paper,
12 x 9 inches (30.5 x 22.9 cm)
Estate of Charles Seliger

Plate 15
Hidden Skeleton (*Scheletro nascosto*), 1945
Oil on canvas, 22 x 28 inches (55.9 x 71.1 cm)
Norton Museum of Art, Purchase R. H. Norton Trust,
2004.24

Plate 16
Orator (*Oratore*), 1945
Oil on canvas, 40 x 30 inches (101.6 x 76.2 cm)
Collection of Dennis Alter

Plate 17
The Trapeze (*Il trapezio*), 1945
Oil on canvas, 36 x 28 inches (91.4 x 71.1 cm)
Private Collection; Courtesy of Michael Rosenfeld Gallery
LLC, New York, NY

Plate 18
Homage to Erasmus Darwin
(*Omaggio a Erasmus Darwin*), 1945-46
Oil on canvas, 35 ¾ x 27 ¾ inches (90.8 x 70.5 cm)
University of Iowa Art Gallery

Plate 19
Natural History: Botanical #1
(*Storia naturale: Botanico #1*), 1946
Oil on canvas, 47 x 11 ¼ inches (119.4 x 28.8 cm)
Estate of Charles Seliger

Plate 20
Natural History: Form Within Rock
(*Storia naturale: forma nella roccia*), 1946
Oil on canvas, 25 x 30 inches (63.5 x 76.2 cm)
The Museum of Modern Art, New York.
Gift of August Hanniball, Jr., 1947

Plate 21
Natural History: Organic Forms, Plant and Animal
(*Storia naturale: forme organiche, pianta e animale*), 1946
Oil on canvas, 54 x 46 inches (137.2 x 116.8 cm)
Collection of halley k harrisburg and Michael Rosenfeld

Plate 22
Natural History: Organic Forms (Plant and Animal)
Storia naturale: forme organiche (pianta e animale), 1946
Watercolor and wax on illustration board,
18 ½ x 26 inches (47 x 66 cm)
Estate of Charles Seliger

Plate 23
Study of Organic Forms (*Studio di forme organiche*), 1946
Ink on paper, 19 ½ x 24 ½ inches (48.3 x 62.2 cm)
Estate of Charles Seliger

Plate 24
Earth Crust (*Crosta terrestre*), 1947
Oil on canvas, 22 x 28 inches (55.9 x 71.1 cm)
Estate of Charles Seliger

Plate 25
Metamorphosis (*Metamorfosi*), 1947
Oil on canvas, 16 x 20 inches (40.6 x 50.8 cm)
Collection of halley k harrisburg and Michael Rosenfeld

Plate 26
Sentinel (*Sentinella*), 1947
Oil on canvas, 33 ½ x 29 ½ inches (85.1 x 75 cm)
Collection of Elaine G. Weitzen

Plate 27
Subterranean Excavation, Sky and Air
(*Scavi sotterranei, cielo e aria*), 1947
Oil on canvas, 34 x 20 inches (86.4 x 50.8 cm)
Gift of Elaine Graham Weitzen and Dr. Hyman G. Weitzen,
Addison Gallery of American Art, Phillips Academy,
Andover, Massachusetts

Plate 28
Botanical Form (*Forma botanica*), 1948
Oil on canvas, 20 x 16 inches (50.8 x 40.6 cm)
Estate of Charles Seliger

Plate 29
Botanical Form: Glacial Fragment #15
(*Forma botanica: frammento glaciale #15*), 1948
Tempera on Masonite, 9 x 11 ⅞ inches (22.9 x 30.2 cm)
Collection of halley k harrisburg and Michael Rosenfeld

Plate 30
Organic Form: Air, Sea, Land Enveloped (*Forma organica: avvolta da aria, mare e terra*), 1948
Tempera on Masonite, 9 x 12 inches (22.9 x 30.5 cm)
Munson-Williams-Proctor Arts Institute,
Edward W. Root Bequest 57.229

Plate 31
Suspense (*Tensione*), 1948
Tempera, oil, and wax on Masonite,
13 x 8 ¾ inches (33 x 22.2 cm)
Collection of Tom and Susan O'Hanlan

Plate 32
Winterscape: Interior of a Cocoon (*Paesaggio invernale: interno di un bozzolo*), 1948-49
Enamel, paint, tempera, and ink on paper, 12 15/16 x 10 ⅝ inches (32.9 x 27 cm)
Solomon R. Guggenheim Museum.
Gift, Dr. Alexandra Adler, 1985. 85.3291

Plate 33
Fish (*Pesce*), 1949
Pastel, oil, tempera, watercolor, and ink on paper,
9 ¾ x 27 ¾ inches (24.8 x 70.5 cm)
Estate of Charles Seliger

Plate 34
Hidden Flower Under Earth
(*Fiore nascosto sotto la terra*), 1949
Tempera, oil, and ink on cardboard,
14 ¼ x 10 ¼ inches (36.2 x 26 cm)
Munson-Williams-Proctor Arts Institute,
Edward W. Root Bequest 57.228

Plate 35
Undersea Starfish (*Stella marina sotto il mare*), 1949
Gesso, ink, tempera, varnish, and oil on illustration board,
10 ¾ x 13 ⅞ inches (27.3 x 35.2 cm)
Collection of the Newark Museum,
Gift of Mr. and Mrs. S.L. Berne, 1949

Plate 36
Confrontation: Scorpion and Tarantula
(*Confronto: scorpione e tarantola*), 1950
Ink, watercolor, and tempera on illustration board,
20 ¾ x 19 ⅜ inches (52.7 x 49.2 cm)
Estate of Charles Seliger

COPYRIGHT AND PHOTO CREDITS

**unless otherwise noted, all images of works of art by Charles Seliger are Courtesy of Michael Rosenfeld Gallery LLC, New York, NY*

PLATES SECTION

14, 23	Photograph by Josh Nefsky
27	Addison Gallery of American Art, Phillips Academy, Andover, Massachusetts
32	Solomon R. Guggenheim Museum

STUHLMAN ESSAY FIGURES

1	Photograph by Kelli Marin
2-4	Estate of Charles Seliger; Courtesy of Michael Rosenfeld Gallery LLC, New York, NY
5	© Adolph and Esther Gottlieb Foundation/Licensed by VAGA, New York, NY
6	Courtesy of the Estate of William Baziotes
7	© 2012 Artists Rights Society (ARS), New York / ADAGP, Paris
8	© 1998 Kate Rothko Prizel & Christopher Rothko / Artists Rights Society (ARS), New York and © The Museum of Modern Art, New York / Licensed by SCALA / Art Resource, NY
9	© 2012 The Pollock-Krasner Foundation / Artists Rights Society (ARS), New York
10	© 2012 Artists Rights Society (ARS), New York / ADAGP, Paris
11	© Estate of the artist and © 2012 Museum Associates / LACMA. Licensed by Art Resource, NY
12	© The Museum of Modern Art, New York / Licensed by SCALA / Art Resource, NY and © 2012 The Pollock-Krasner Foundation / Artists Rights Society (ARS), New York
13	© 2012 The Barnett Newman Foundation, New York / Artists Rights Society (ARS), New York
14	© 2012 Artists Rights Society (ARS), New York / ADAGP, Paris and © The Museum of Modern Art / Licensed by SCALA / Art Resource, NY

DUBOIS ESSAY FIGURES

1	© 2012 Artists Rights Society (ARS), New York / ADAGP, Paris
2	© Lucid Art Foundation
3, 6	Estate of Charles Seliger; Courtesy of Michael Rosenfeld Gallery LLC, New York, NY
4	© 2012 Successió Miró / Artists Rights Society (ARS), New York / ADAGP, Paris and © The Museum of Modern Art, New York / Licensed by SCALA / Art Resource, NY
5	© 2012 Museum of Fine Arts, Boston
7	© 1998 Kate Rothko Prizel & Christopher Rothko / Artists Rights Society (ARS), New York

ADDITIONAL IMAGES

p. 2	detail of signature area (?) from either plate 21, 22, or 30
p. 14	Photograph by Tommy Weber. Estate of Charles Seliger, Courtesy of Michael Rosenfeld Gallery LLC, New York, NY
p. 46	Estate of Charles Seliger. Courtesy of Michael Rosenfeld Gallery LLC, New York, NY
p. 74	detail of *Don Quixote*, 1944, plate 15
p. 124	Photograph by Lyonel Feininger. Estate of Charles Seliger, Courtesy of Michael Rosenfeld Gallery LLC, New York, NY